본문 암기가 저절로 되는 변형 교재

단어
원문 + 해석
빈칸/순서/선택 (4회)
객관식 변형 (4회)
주관식 변형 (3회)
11회독

교과서	모의고사	

쏠북 - '마이갓' 검색	마이갓 잉글리쉬	보듬 책방
*PDF 형식	*PDF / HWP 형식	*실물 책

Composition | 잉글리쉬 마이갓

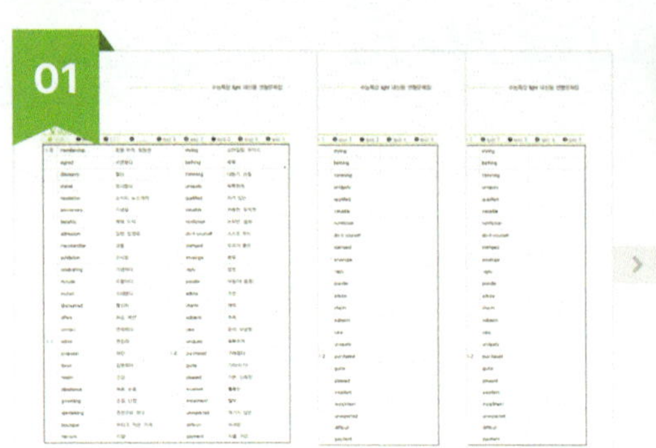

01 단어 암기

총 **3단계**를 거쳐 각 지문에 나오는 모든 단어들을 암기합니다.

02 본문 암기

해석본(한글)을 영어 지문과 함께 보며, **문장 구조와 내용**을 파악합니다.

03 어법·어휘 선택형

두 개 보기 중 올바른 어법 또는 어휘를 고르는 문제입니다.

04 전체 본문 속 빈칸 완성

한글 해석을 참고하여 문맥에 맞는 단어를 빈칸에 채우는 방식을 통해

본문 암기의 빈틈을 없앱니다.

05 Quiz 1. 문장 삽입 / 순서 배열

주어진 문장을 글의 적절한 위치에 삽입하는 문제입니다.

글의 흐름, 연결어 사용, 문맥 이해 능력을 종합적으로 평가합니다.

06 Quiz 2. 어법·어휘 다중 선택 / 고치기

문장 안에 표시된 밑줄 중 잘못된 어법이나 어휘를 모두 찾아내는 문제입니다.

8개~9개의 선지 중에서 어색한 부분을 찾는 고난이도 유형으로 **올바른 형태로 고치는 것**까지 요구됩니다.

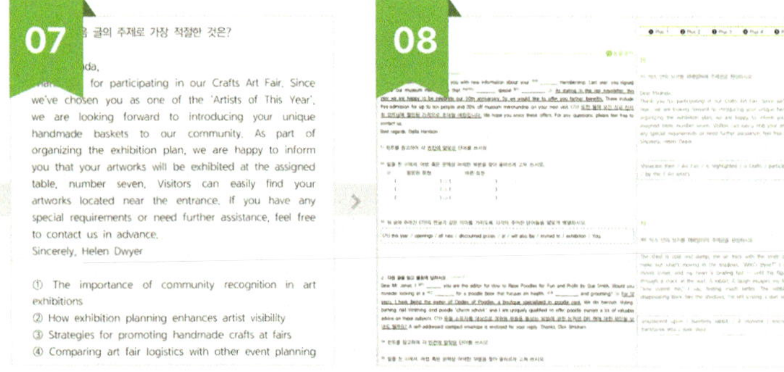

07 Quiz 3. 객관식 3유형

주제 찾기, 내용 일치 불일치 문제와 같은 실전 3유형 문제입니다.

08 Quiz 4. 복합 주관식

단어 배열, 어법 혹은 문맥상 어색한 부분 수정 문제를 포함하여 구성된 세트 문제입니다.

09 Quiz 5. 요약문 주관식

본문의 단어를 활용하여 빈칸에 알맞는 말을 채워 넣는 마지막 문제입니다.

2 5년 고 1
10월 모의고사

마이갓

연습과 실전 모두 잡는 내신대비 완벽
| workbook |

2025년 고1 모의고사

WORK BOOK

10月

——

2025 고1 10월 모의고사 내신대비용 WorkBook & 변형문제

Voca

❶ voca ❷ text ❸ [/] ❹ _____ ❺ quiz 1 ❻ quiz 2 ❼ quiz 3 ❽ quiz 4 ❾ quiz 5

18	appreciation	감사, 감사의 표시	follow-up	후속 조치
	promotional	홍보의, 판촉의	connection	연결, 인맥
	campaign	캠페인, 운동	conscious	의식적인
	advertisement	광고	consistent	일관된
	valued	소중한, 귀중한	reinforce	강화하다
	client	고객	resource	자료, 자원
	feedback	피드백, 의견	article	기사
	invaluable	매우 귀중한	share	공유하다
	contribution	기여, 공헌	maintain	유지하다
	loyalty	충성, 충성심	reach out	연락하다, 손을 뻗다
	be in touch	연락하다, 연락하고 지내다	invested	관심을 기울이는, 몰입한
	warm regards	따뜻한 안부 인사	21	degraded	낙후된, 저하된
19	grocery	식료품점	wellbeing	복지, 행복
	park	주차하다	paradox	역설
	spot	장소, 지점	green space	녹지 공간
	missing	사라진, 없어진	attractiveness	매력
	hesitate	망설이다	displacement	축출, 퇴거
	relief	안도, 안심	ecosystem services	생태계 서비스
	realize	깨닫다	infrastructure	사회 기반 시설
	turn around	뒤돌아보다	afford	감당하다, 여유가 있다
	make sense	이해가 되다	neighbourhood	이웃, 지역
	after all	결국, 결국에는	22	agenda	의제, 안건
	headline	표제, 헤드라인	obstacle	장애물
	forgetful	잘 잊는	kidney	신장
20	sustain	유지하다	context	맥락

Voca

	function	기능하다		chemistry	화학
	decline	감소, 하락		organic	유기(체)의
	krill	크릴		privileged	특권을 가진
	engine	엔진, 동력		evolve	진화하다
	appropriate	적절한		precise	정밀한, 정확한
	long-term	장기적인		universe	우주
	awareness	인식		value	값, 가치
	action	조치, 행동	26	citizenship	시민권
23	immigrant	이민자		nationality	국적
	nondiscrimination	비차별		graduate school	대학원
	foundation	토대, 기초		promote	촉진하다, 홍보하다
	multicultural	다문화의		bill	법안
	virtue	덕, 장점		pass	통과시키다
	merit	공적, 장점		eligible	자격이 있는
	expand	확장하다		Congress	의회, 국회
	absorb	흡수하다		immigrant	이민자
	cultural change	문화 변화		farm	농사짓다
	complain	불평하다		restriction	제한
	legendary	전설적인		naturalized	귀화한
	king	왕	29	subtle	미묘한
24	constant	상수, 불변의 것		nutrition	영양
	gravity	중력		humility	겸손
	aggregate	응집하다, 모으다		millennia	수천 년
	protostar	원시 항성		processed	가공된
	electron	전자		traditional	전통의

Voca

❶ voca　　❷ text　　❸ [/]　　❹ _____　　❺ quiz 1　　❻ quiz 2　　❼ quiz 3　　❽ quiz 4　　❾ quiz 5

	superior	우수한, 더 나은		superhuman	초인적인
	transition	전환		content	함량, 내용
	assumption	가정		legend	전설, 일화
	sausage	소시지		originate	기원하다, 비롯되다
	sweetener	감미료		take hold	확고히 자리 잡다
	sustainable	지속 가능한	32	approximate	대략의, 근사한
30	transparency	투명성		precision	정밀성, 정확도
	accountability	책무성, 책임		discrimination	구별, 식별
	skeptical	회의적인		quantity	수량
	data handling	데이터 처리		lever	지렛대, 레버
	ethical	윤리적인		range	범위
	sustainable investing	지속 가능한 투자		response	반응
	social justice	사회 정의		target	목표
	practice	관행, 실천		accuracy	정확성
	institution	기관		judgement	판단
	condition	조건, 조항		pattern	패턴, 양상
	fee	수수료		species	종(種)
	environmental sustainability	환경적 지속 가능성	33	cognition	인지
31	myth	통념, 신화		rational	이성적인
	miscalculation	오산, 계산 착오		anxiety	불안
	dried	말린		bi-directionality	양방향성
	leafy	잎이 무성한		adjust	조정하다
	correct	정정하다		pathway	경로
	endurance	지속, 지속성		anticipation	기대, 예기
	persuade	설득하다		evidence	증거

Voca

❶ voca　　❷ text　　❸ [/]　　❹ _____　　❺ quiz 1　　❻ quiz 2　　❼ quiz 3　　❽ quiz 4　　❾ quiz 5

	echo	반향하다, 메아리치다		platform	플랫폼
	influence	영향을 미치다		detail	세부 사항
	circumstance	상황		memory	기억
	breakthrough	돌파구, 획기적 발전	36	multisensory	다중 감각의
34	capability	능력		texture	질감
	privilege	특권		fusion	융합
	irrelevant	무관한		atmosphere	분위기
	sentient	감각이 있는, 지각 능력의		interaction	상호 작용
	flourish	번영하다		chew	씹다
	approach	접근(법)		smell	냄새
	rank	순위를 매기다		taste	맛
	virtue	덕, 미덕		sound	소리
	form of life	삶의 형태		function	기능하다
	extend oneself	자기 자신을 확장하다, 노력하다		inspect	자세히 살펴보다
	deserve	마땅히 누리다		ordinary	평범한
	lesser	열등한, 더 적은	37	opposite	반대(의)
35	autobiographical	자전적인		perceive	지각하다, 인식하다
	retention	보유, 유지		principle	원리, 원칙
	rehearse	반복하여 익히다		automatic	자동적인
	cue	단서		confused	혼란스러운
	stabilize	안정화하다		expectation	기대, 요구
	feedback	피드백		logical	논리적인
	algorithm	알고리즘		recognize	인식하다
	periodic	주기적인		spoon	숟가락
	accessible	접근 가능한		instruction	지시

Voca

❶ voca	❷ text	❸ [/]	❹ ____	❺ quiz 1	❻ quiz 2	❼ quiz 3	❽ quiz 4	❾ quiz 5

38	metric	지표, 측정 기준		motivate	동기를 부여하다
	colony	군집		reward	보상
	pheromonal	페로몬의		slot	칸, 슬롯
	programmed	프로그램된, 예정된		bonus	보너스
	dynamic	역동적인		head start	유리한 출발
	nurture	양육, 양성		appeal	매력
	pattern	양식, 패턴		finish line	결승선
	march	행진하다		stamp	도장
	hexagonal	육각형의		identical	동일한
	propel	추진하다		perceive	인지하다, 알아차리다
	choreography	안무(비유적)	41~42	creativity	창의성
39	customer	고객		divergent	확산적인, 다양한
	consumer	소비자		originality	독창성
	consume	소비하다		derivative	파생적인, 모방적인
	outdated	구식의		dataset	데이터셋
	fashionable	유행의, 유행하는		constraint	제한
	industry	산업		breakthrough	획기적 발전, 돌파구
	extend	확장하다		setback	좌절, 차질
	indefinitely	무기한으로		trial and error	시행착오
	marketing	마케팅		refine	정제하다, 다듬다
	division	부서, 분과		innovation	혁신
	permanent	영구적인		motivation	동기 부여
	frequently	자주, 빈번하게	43~45	billionaire	억만장자
40	illusory	착각의, 환상의		newsstand	신문 가판대
	progress	진전		compensate	보상하다

Voca

| ❶ voca | ❷ text | ❸ [/] | ❹ ____ | ❺ quiz 1 | ❻ quiz 2 | ❼ quiz 3 | ❽ quiz 4 | ❾ quiz 5 |

convenience	편의		
generosity	관대함		
wealthy	부유한		
introduce	소개하다		
head start	유리한 출발		
forget	잊다		
offer	제안하다		
gratitude	감사		
willingness	의지, 기꺼이 하려는 마음		

Voca Test

❶ voca	❷ text	❸ [/]	❹ _____	❺ quiz 1	❻ quiz 2	❼ quiz 3	❽ quiz 4	❾ quiz 5

18	appreciation							
	promotional							
	campaign							
	advertisement							
	valued							
	client							
	feedback							
	invaluable							
	contribution							
	loyalty							
	be in touch							
	warm regards							
19	grocery							
	park							
	spot							
	missing							
	hesitate							
	relief							
	realize							
	turn around							
	make sense							
	after all							
	headline							
	forgetful							
20	sustain							

	follow-up							
	connection							
	conscious							
	consistent							
	reinforce							
	resource							
	article							
	share							
	maintain							
	reach out							
	invested							
21	degraded							
	wellbeing							
	paradox							
	green space							
	attractiveness							
	displacement							
	ecosystem services							
	infrastructure							
	afford							
	neighbourhood							
22	agenda							
	obstacle							
	kidney							
	context							

Voca Test

❶ voca	❷ text	❸ [/]	❹ ＿＿	❺ quiz 1	❻ quiz 2	❼ quiz 3	❽ quiz 4	❾ quiz 5

	function				chemistry	
	decline				organic	
	krill				privileged	
	engine				evolve	
	appropriate				precise	
	long-term				universe	
	awareness				value	
	action			26	citizenship	
23	immigrant				nationality	
	nondiscrimination				graduate school	
	foundation				promote	
	multicultural				bill	
	virtue				pass	
	merit				eligible	
	expand				Congress	
	absorb				immigrant	
	cultural change				farm	
	complain				restriction	
	legendary				naturalized	
	king			29	subtle	
24	constant				nutrition	
	gravity				humility	
	aggregate				millennia	
	protostar				processed	
	electron				traditional	

Voca Test

❶ voca	❷ text	❸ [/]	❹ ____	❺ quiz 1	❻ quiz 2	❼ quiz 3	❽ quiz 4	❾ quiz 5

	superior	superhuman
	transition	content
	assumption	legend
	sausage	originate
	sweetener	take hold
	sustainable	**32** approximate
30	transparency	precision
	accountability	discrimination
	skeptical	quantity
	data handling	lever
	ethical	range
	sustainable investing	response
	social justice	target
	practice	accuracy
	institution	judgement
	condition	pattern
	fee	species
	environmental sustainability	**33** cognition
31	myth	rational
	miscalculation	anxiety
	dried	bi-directionality
	leafy	adjust
	correct	pathway
	endurance	anticipation
	persuade	evidence

Voca Test

| ❶ voca | ❷ text | ❸ [/] | ❹ ____ | ❺ quiz 1 | ❻ quiz 2 | ❼ quiz 3 | ❽ quiz 4 | ❾ quiz 5 |

	voca			voca	
	echo			platform	
	influence			detail	
	circumstance			memory	
	breakthrough	36	multisensory	
34	capability			texture	
	privilege			fusion	
	irrelevant			atmosphere	
	sentient			interaction	
	flourish			chew	
	approach			smell	
	rank			taste	
	virtue			sound	
	form of life			function	
	extend oneself			inspect	
	deserve			ordinary	
	lesser	37	opposite	
35	autobiographical			perceive	
	retention			principle	
	rehearse			automatic	
	cue			confused	
	stabilize			expectation	
	feedback			logical	
	algorithm			recognize	
	periodic			spoon	
	accessible			instruction	

Voca Test

❶ voca	❷ text	❸ [/]	❹ _____	❺ quiz 1	❻ quiz 2	❼ quiz 3	❽ quiz 4	❾ quiz 5

38	metric							
	colony							
	pheromonal							
	programmed							
	dynamic							
	nurture							
	pattern							
	march							
	hexagonal							
	propel							
	choreography							
39	customer							
	consumer							
	consume							
	outdated							
	fashionable							
	industry							
	extend							
	indefinitely							
	marketing							
	division							
	permanent							
	frequently							
40	illusory							
	progress							

	motivate							
	reward							
	slot							
	bonus							
	head start							
	appeal							
	finish line							
	stamp							
	identical							
	perceive							
41~42	creativity							
	divergent							
	originality							
	derivative							
	dataset							
	constraint							
	breakthrough							
	setback							
	trial and error							
	refine							
	innovation							
	motivation							
43~45	billionaire							
	newsstand							
	compensate							

Voca Test

❶ voca	❷ text	❸ [/]	❹ _____	❺ quiz 1	❻ quiz 2	❼ quiz 3	❽ quiz 4	❾ quiz 5
convenience								
generosity								
wealthy								
introduce								
head start								
forget								
offer								
gratitude								
willingness								

Voca Test

❶ voca	❷ text	❸ [/]	❹ ＿＿＿	❺ quiz 1	❻ quiz 2	❼ quiz 3	❽ quiz 4	❾ quiz 5

18	감사, 감사의 표시				후속 조치		
	홍보의, 판촉의				연결, 인맥		
	캠페인, 운동				의식적인		
	광고				일관된		
	소중한, 귀중한				강화하다		
	고객				자료, 자원		
	피드백, 의견				기사		
	매우 귀중한				공유하다		
	기여, 공헌				유지하다		
	충성, 충성심				연락하다, 손을 뻗다		
	연락하다, 연락하고 지내다				관심을 기울이는, 몰입한		
	따뜻한 안부 인사			21	낙후된, 저하된		
19	식료품점				복지, 행복		
	주차하다				역설		
	장소, 지점				녹지 공간		
	사라진, 없어진				매력		
	망설이다				축출, 퇴거		
	안도, 안심				생태계 서비스		
	깨닫다				사회 기반 시설		
	뒤돌아보다				감당하다, 여유가 있다		
	이해가 되다				이웃, 지역		
	결국, 결국에는			22	의제, 안건		
	표제, 헤드라인				장애물		
	잘 잊는				신장		
20	유지하다				맥락		

Voca Test

❶ voca	❷ text	❸ [/]	❹ ＿＿＿	❺ quiz 1	❻ quiz 2	❼ quiz 3	❽ quiz 4	❾ quiz 5

	기능하다			화학				
	감소, 하락			유기(체)의				
	크릴			특권을 가진				
	엔진, 동력			진화하다				
	적절한			정밀한, 정확한				
	장기적인			우주				
	인식			값, 가치				
	조치, 행동		26	시민권				
23	이민자			국적				
	비차별			대학원				
	토대, 기초			촉진하다, 홍보하다				
	다문화의			법안				
	덕, 장점			통과시키다				
	공적, 장점			자격이 있는				
	확장하다			의회, 국회				
	흡수하다			이민자				
	문화 변화			농사짓다				
	불평하다			제한				
	전설적인			귀화한				
	왕		29	미묘한				
24	상수, 불변의 것			영양				
	중력			겸손				
	응집하다, 모으다			수천 년				
	원시 항성			가공된				
	전자			전통의				

Voca Test

❶ voca	❷ text	❸ [/]	❹ _____	❺ quiz 1	❻ quiz 2	❼ quiz 3	❽ quiz 4	❾ quiz 5

	우수한, 더 나은			초인적인	
	전환			함량, 내용	
	가정			전설, 일화	
	소시지			기원하다, 비롯되다	
	감미료			확고히 자리 잡다	
	지속 가능한		32	대략의, 근사한	
30	투명성			정밀성, 정확도	
	책무성, 책임			구별, 식별	
	회의적인			수량	
	데이터 처리			지렛대, 레버	
	윤리적인			범위	
	지속 가능한 투자			반응	
	사회 정의			목표	
	관행, 실천			정확성	
	기관			판단	
	조건, 조항			패턴, 양상	
	수수료			종(種)	
	환경적 지속 가능성		33	인지	
31	통념, 신화			이성적인	
	오산, 계산 착오			불안	
	말린			양방향성	
	잎이 무성한			조정하다	
	정정하다			경로	
	지속, 지속성			기대, 예기	
	설득하다			증거	

Voca Test

❶ voca　　❷ text　　❸ [/]　　❹ _____　　❺ quiz 1　　❻ quiz 2　　❼ quiz 3　　❽ quiz 4　　❾ quiz 5

	반향하다, 메아리치다			플랫폼
	영향을 미치다			세부 사항
	상황			기억
	돌파구, 획기적 발전		36	다중 감각의
34	능력			질감
	특권			융합
	무관한			분위기
	감각이 있는, 지각 능력의			상호 작용
	번영하다			씹다
	접근(법)			냄새
	순위를 매기다			맛
	덕, 미덕			소리
	삶의 형태			기능하다
	자기 자신을 확장하다, 노력하다			자세히 살펴보다
	마땅히 누리다			평범한
	열등한, 더 적은		37	반대(의)
35	자전적인			지각하다, 인식하다
	보유, 유지			원리, 원칙
	반복하여 익히다			자동적인
	단서			혼란스러운
	안정화하다			기대, 요구
	피드백			논리적인
	알고리즘			인식하다
	주기적인			숟가락
	접근 가능한			지시

Voca Test

❶ voca　　❷ text　　❸ [/]　　❹ _____　　❺ quiz 1　　❻ quiz 2　　❼ quiz 3　　❽ quiz 4　　❾ quiz 5

38	지표, 측정 기준		동기를 부여하다
	군집		보상
	페로몬의		칸, 슬롯
	프로그램된, 예정된		보너스
	역동적인		유리한 출발
	양육, 양성		매력
	양식, 패턴		결승선
	행진하다		도장
	육각형의		동일한
	추진하다		인지하다, 알아차리다
	안무(비유적)	41~42	창의성
39	고객		확산적인, 다양한
	소비자		독창성
	소비하다		파생적인, 모방적인
	구식의		데이터셋
	유행의, 유행하는		제한
	산업		획기적 발전, 돌파구
	확장하다		좌절, 차질
	무기한으로		시행착오
	마케팅		정제하다, 다듬다
	부서, 분과		혁신
	영구적인		동기 부여
	자주, 빈번하게	43~45	억만장자
40	착각의, 환상의		신문 가판대
	진전		보상하다

Voca Test

❶ voca	❷ text	❸ [/]	❹ ＿＿	❺ quiz 1	❻ quiz 2	❼ quiz 3	❽ quiz 4	❾ quiz 5
편의								
관대함								
부유한								
소개하다								
유리한 출발								
잇다								
제안하다								
감사								
의지, 기꺼이 하려는 마음								

2025 고1 10월 모의고사

❶ voca   ❷ text   ❸ [/]   ❹ ____   ❺ quiz 1   ❻ quiz 2   ❼ quiz 3   ❽ quiz 4   ❾ quiz 5

25-10-고1-18

❶ Dear Mr. Kelly, My name is Mark Smith, and I am the manager of Lomos Tours.
친애하는 Kelly 씨께, 제 이름은 Mark Smith이며, 저는 Lomos Tours의 매니저입니다.

❷ I express our sincere appreciation for your continued trust and loyalty.
저는 당신의 지속적인 신뢰와 충심에 우리의 진심 어린 감사를 표합니다.

❸ Next year, as part of a new promotional campaign, Lomos Tours will be airing an advertisement.
내년에, 새로운 홍보 캠페인의 일환으로, Lomos Tours는 광고를 방영하려고 합니다.

❹ We plan to include the experiences of some of our most valued clients.
우리는 우리의 가장 소중한 몇몇 고객님들의 경험을 담을 계획입니다.

❺ Since you traveled with us last summer, I would like to kindly ask if you would be willing to share a few words about your experience.
당신은 지난여름에 우리와 함께 여행하셨기에, 저는 당신의 경험에 대해 몇 마디 말씀을 기꺼이 공유해 주실 수 있는지 정중히 부탁드리고 싶습니다.

❻ Your feedback would be invaluable in helping us promote our services.
당신의 피드백은 우리가 서비스를 홍보하는 것을 도와주는 데 매우 소중할 것입니다.

❼ A member of our team will be in touch with you shortly.
우리 팀의 직원 한 명이 곧 연락드릴 것입니다.

❽ Thank you in advance for your contributions.
당신의 기여에 미리 감사드립니다.

❾ Warm regards, Mark Smith.
따뜻한 안부를 전하며, Mark Smith.

25-10-고1-19

❶ After finishing my shopping, I walked out of the grocery store and headed to the spot where I'd parked my car.
쇼핑을 마친 후에, 나는 식료품 가게를 걸어나가 내가 차를 주차했던 장소로 향했다.

❷ But it wasn't there.
그러나 그것이 거기에 없었다.

❸ I wasn't the kind of person to forget where I'd parked.
나는 내가 주차했던 장소를 잊어버릴 그런 사람이 아니었다.

❹ I knew I was in the right place — so where was my car?
나는 내가 정확한 장소에 있다는 것을 알았지만, 그렇다면 내 차는 어디에 있는 걸까?

❺ I looked around, but nothing made sense.
나는 주위를 둘러보았지만, 도무지 아무것도 이해되지 않았다.

❻ Not knowing what to do, I called my husband at home and said, "My car is missing! I can't find my car." I heard him laughing on the other end of the line.
무엇을 해야 할지 몰라, 나는 집에 있는 남편에게 전화를 걸어 "내 차가 없어졌어요! 나는 차를 못 찾겠어요."라고 말했다. 나는 그가 전화기의 반대편에서 웃는 것을 들었다.

❼ "Your car is here outside the house! You took mine today, remember?" I turned around — and there it was.
"당신의 차는 여기 집 밖에 있어요! 당신은 오늘 내 차를 가져갔어요. 기억나죠?" 나는 돌아보았고, 그것은 거기에 있었다.

❽ I couldn't help but laugh at myself. With a sigh of relief, I walked over to the car. Everything was fine after all.
나는 실소를 금할 수 없었다. 안도의 숨을 내쉬며, 나는 차로 걸어갔다. 결국 모든 것이 괜찮았다.

25-10-고1-20

❶ One of the most important aspects of sustaining long-term relationships is communication.
장기적인 관계를 유지하는 데 가장 중요한 측면 중 하나는 소통이다.

❷ It's easy to connect with someone and then let the relationship get stuck due to a lack of follow-up.
누군가와 친해지고 나서 추후 연락 부족으로 인해 그 관계가 정체되도록 내버려 두기 쉽다.

❸ To keep the connection alive, make a conscious effort to stay in touch.
관계를 유지하기 위해 연락하고 지내려는 의식적인 노력을 기울여라.

❹ This doesn't mean constantly reaching out with requests or updates but rather maintaining a friendly and consistent line of communication.
이는 요청이나 최근 소식을 가지고 끊임없이 연락을 취하는 것이 아니라 오히려 친근하고 일관된 소통의 끈을 유지하는 것을 의미한다.

❺ A simple message to check in or share something of value can go a long way in reinforcing your relationship.
안부를 확인하거나 가치 있는 무언가를 공유하는 간단한 메시지가 여러분의 관계를 강화하는 데 도움이 될 수 있다.

❻ For example, if you come across an article or resource that you think might interest a connection, share it with them, even if you haven't spoken in a while.
예를 들어, 여러분이 자신과 관계가 있는 사람의 흥미를 끌 수 있다고 여기는 기사나 자료를 우연히 발견하면, 한동안 이야기하지 않았다고 할지라도 그들과 그것을 공유하라.

❼ This shows that you're thinking of them and are invested in maintaining the relationship.
이는 여러분이 그들을 생각하고 있으며 관계를 지속하는 데 노력을 쏟고 있다는 것을 보여 준다.

25-10-고1-21

❶ Currently, urban regeneration projects in degraded areas have been promoted as improving the wellbeing of residents and solving environmental injustice problems.
현재 낙후된 지역에서 도시 재생 프로젝트는 거주자들의 복지를 향상시키고 환경적 불평등 문제를 해결하는 것으로서 추진되어 왔다.

❷ However, such environmental improvements in ethnic communities and/or low-income households can create an urban green space paradox.
하지만 소수 민족 공동체들 및/또는 저소득층 가구에서 그러한 환경 개선은 도시 녹색 공간의 역설을 만들 수 있다.

❸ The creation of new, high-quality green spaces can increase attractiveness, making these neighbourhoods more desirable.
새로운 양질의 녹색 공간의 조성은 매력을 증가시킬 수 있어 이 지역을 더 탐나게 만든다.

❹ By contrast, the cost of housing can rise, and residents may not be able to afford the rent.
대조적으로 주거비가 오를 수 있고, 거주자들은 임대료를 지불할 여유가 없을지도 모른다.

❺ This results in the exclusion or displacement of the poor neighbourhood's residents, who were intended to benefit from the ecosystem services provided by the new green space.
이는 가난한 지역 거주자들의 배제 혹은 퇴거를 야기하는데, 그들은 새로운 녹색 공간에 의해 제공되는 생태계 서비스로부터 혜택을 얻도록 의도되어 있었다.

❻ In turn, the residents may only be able to afford to live in a similar degraded neighbourhood to the one they left, with low access to green infrastructure.
결국 그 거주자들은 녹색 사회 기반 시설에 접근성이 낮은 채로, 그들이 떠났던 곳과 비슷한 낙후된 지역에나 거주할 형편이 될 수 있을지도 모른다.

25-10-고1-22

❶ An increasing awareness of our effect on the ocean is slowly seeping into the public agenda, dragging behind it a conversation that is decades overdue.
해양에 미치는 우리의 영향에 대한 커지는 인식이 공공 안건으로 서서히 스며들면서 수십 년 동안 미뤄 온 대화를 그것 뒤로 끌고 온다.

❷ But this conversation faces a massive obstacle.
하지만 이 대화는 거대한 장애물을 직면한다.

❸ It's almost impossible to discuss what to do about something changing if you don't initially know how it works.
만약 여러분이 그것이 어떻게 작동하는지를 애초에 알지 못한다면 변화하는 어떤 것에 대해 무엇을 해야 할지를 논의하는 것은 거의 불가능하다.

❹ If a doctor tells a patient that they have a problem with their kidneys, the patient probably already has at least a vague idea about where their kidneys are and what they're up to.
만약 의사가 환자에게 신장에 문제가 있다고 말한다면, 그 환자는 아마도 신장이 어디에 있고 무엇을 하는지에 대해 적어도 막연한 이해는 이미 가지고 있을 것이다.

❺ They learned about that part of their own personal life-support system at school.
그들은 학교에서 자기 개인의 생명 유지 체계의 그 부분에 대해 배웠다.

❻ But that's not the case for the oceans.
하지만 해양의 경우는 그렇지 않다.

❼ When we see a news story about the long-term decline in the numbers of krill in the Southern Ocean, it sounds generally like a bad thing.
우리가 남극해 크릴 수의 장기적 감소에 대한 신문 기사를 볼 때, 일반적으로 그것은 나쁜 일처럼 들린다.

❽ But there's far more to it than the risk of whales going hungry. Krill are a part of the ocean engine.
하지만 거기에는 고래가 굶주리는 위험보다 훨씬 더 많은 것이 있다. 크릴은 해양 엔진의 일부이다.

❾ We need to understand at least some of the context before we can discuss the change and take appropriate action.
우리는 변화에 대해 논의하고 적절한 조치를 취할 수 있기 전에 최소한 어느 정도의 맥락은 이해할 필요가 있다.

25-10-고1-23

❶ Rome was said to have been a melting pot from the very start.
로마는 맨 처음부터 용광로였다고 일컬어졌다.

❷ The historian Livy claimed the city's original population was comprised of immigrants flooding in from all directions, attracted by Romulus's deliberate policy of nondiscrimination.
역사학자 Livy는 그 도시의 원래 인구가 Romulus의 의도적인 비차별 정책에 의해 이끌려 사방에서 몰려든 이민자들로 구성되었다고 주장했다.

❸ It was this initial openness, Livy asserts, that laid the foundations for the later strength and success of the city.
Livy가 주장하길, 그 도시의 이후의 힘과 성공을 위한 토대를 놓은 것은 바로 이러한 초기의 개방성이었다.

❹ Romans described their city as multicultural in the generations after its foundation.
로마인들은 도시의 설립 이후 여러 세대에 걸쳐 자신들의 도시를 다문화적이라고 묘사했다.

❺ Tradition held that only a minority of the city's legendary kings were Romanborn, with the others all arriving as immigrants before being chosen for the throne for their virtues and merits.
전통적으로 그 도시의 전설적인 왕들 중 소수만이 로마 태생이었고, 나머지 왕들은 그들의 덕성과 공로로 왕위에 선택되기 전에 모두 이민자로 이주해 왔다고 한다.

❻ As the empire expanded across three continents, Rome eagerly adopted new cultural influences and absorbed incoming groups — perhaps a little too eagerly for some, who, like the poet Juvenal, complained about the rapid rate of cultural change.
제국이 세 대륙에 걸쳐 확장되면서 로마는 적극적으로 새로운 문화적 영향을 채택하였고, 유입되는 집단들을 흡수했다. 이것은 아마도 어떤 사람들에게는 다소 지나치게 적극적이었을지도 모르는데, 그들은 시인 Juvenal처럼 그 급격한 문화 변화 속도에 대해 불평했다.

25-10-고1-24

❶ The laws and constants of physics and the fundamental forces in our universe have very precise forms and values.
물리학 법칙들과 상수들 그리고 우리 우주의 근본 힘들은 매우 정밀한 공식의 형태들과 값들을 가진다.

❷ This means that, if they were only very slightly different, life would not have been possible.
이는 만약 그것들이 아주 약간만 다르다면 생명체가 가능하지 않았을 것임을 의미한다.

❸ For instance, the precise value of gravity has enabled our universe to arise by permitting the aggregation of dust and gas particles to protostars around which planets later came to orbit, including the Earth around the Sun.
예를 들어, 중력의 정밀한 값은 태양 주위의 지구를 포함하여 행성들이 나중에 그 주위를 공전하게 되는 원시 항성들로 먼지와 가스 입자들이 응집하는 것을 허용함으로써 우리 우주가 생겨나는 것을 가능하게 했다.

❹ If the value of the electron had been ever so slightly larger or smaller, chemistry, as we know it, would not have been possible and life, which is based on organic chemistry, could not have started.
만약 전자의 값이 아주 약간이라도 더 크거나 작았더라면, 우리가 알고 있는 대로의 화학 반응은 가능하지 않았을 것이며 유기 화학 반응에 기반을 둔 생명체는 시작될 수 없었을 것이다.

❺ The universe was not designed for us to evolve, we have no privileged position in the universe; however, the laws and constants of physics allowed advanced life to evolve.
우주는 우리가 진화하도록 설계되지 않았고, 우리는 우주에서 어떠한 특권적인 지위를 가지지 않는다. 그러나 물리학 법칙들과 상수들은 고등 생명체가 진화하는 것을 가능하게 했다.

25-10-고1-26

❶ Dalip Singh Saund was an Indianborn American politician.
Dalip Singh Saund는 인도에서 태어난 미국인 정치인이었다.

❷ After graduating from the University of Punjab in India, he moved to the U.S. to attend graduate school.
인도에서 University of Punjab을 졸업한 후에 그는 대학원에 다니기 위해 미국으로 이주했다.

❸ He earned his doctoral degree at the University of California in 1924 but could not get a job because of his nationality.
그는 1924년에 University of California에서 박사 학위를 받았지만 자신의 국적 때문에 직업을 구할 수 없었다.

❹ The next year, he began farming in Imperial Valley, but he was not able to buy land without U.S. citizenship.
다음 해에 그는 Imperial Valley에서 농사를 시작했지만 미국 시민권이 없어 땅을 구입할 수 없었다.

❺ Dalip developed an interest in politics and he often spoke out on Indian and political topics.
Dalip은 정치학에 대한 관심을 발전시켰고 그는 종종 인도 및 정치 주제에 대해 발언했다.

❻ He went to Washington, D.C. and promoted a bill that would allow Indians to become U.S. citizens.
그는 Washington, D.C.에 가서 인도인이 미국 시민이 될 수 있도록 하는 법안을 홍보했다.

❼ The bill was passed in 1946, and three years later Dalip received U.S. citizenship.
그 법안은 1946년에 통과되었고 3년 후에 Dalip은 미국 시민권을 받았다.

❽ He later became the first Asian to be elected to the U.S. Congress.
그는 후에 미국 의회에 당선된 최초의 아시아인이 되었다.

25-10-고1-29

❶ Human beings have evolved to make the most of the resources available to them in ways that are subtle and complicated.
인간은 그들에게 이용 가능한 자원들을 미묘하고 복잡한 방식들로 최대한 이용하도록 진화해 왔다.

❷ When we change our diets, especially when we do so quickly, we are effectively conducting huge experiments in nutrition.
우리가 우리의 식단을 바꿀 때, 특히 우리가 매우 빠르게 그렇게 할 때, 우리는 실질적으로 영양 섭취에서 거대한 실험을 시행하고 있는 것이다.

❸ We ought to have more humility.
우리는 더 겸손해져야 한다.

❹ Nutritional science is still young and there is so much we do not know.
영양학은 여전히 역사가 짧고 우리가 모르는 것이 너무나 많다.

❺ If we have eaten certain foods in certain ways for millennia, we should assume until it is proven otherwise that there is probably a good reason why.
만약 우리가 수천 년 동안 특정한 방식들로 특정한 음식들을 먹어 왔다면, 우리는 그것이 다르게 증명될 때까지는 아마도 그렇게 하는 타당한 이유가 있을 것이라고 추측해야 한다.

❻ Traditional foods that don't fit neatly on the contemporary dietary food plate should generally be chosen over highly processed ones that do.
일반적으로 현대의 균형 잡힌 식단의 식사에 딱 들어맞지 않는 전통 음식이 딱 들어맞는 매우 가공된 음식보다 우선 선택되어야 한다.

❼ We should assume that traditionally made fatty blood sausages are preferable to lean, factory-made salamis; that spoonfuls of honey are superior to sprinkles of sweeteners.
우리는 전통적으로 만들어진 지방이 많은 블러드 소시지가 지방이 적고 공장에서 만들어진 살라미 소시지보다 더 선호되며, 그리고 몇 스푼의 꿀이 소량의 감미료보다 더 나은 것으로 추측해야 한다.

❽ Witnessing how poorly traditional societies are faring as they undergo a nutrition transition should make those who have already completed it question whether their diets have moved too far.
전통 사회들이 영양 전환을 겪으면서 얼마나 형편없이 살아가고 있는지를 목격하는 것은 이미 그것(전환)을 완료한 이들로 하여금 자신들의 식단이 너무 멀리 간 것은 아닌지 의문을 제기하도록 만들어야 할 것이다.

25-10-고1-30

❶ While convenience and technology are crucial, they are not the only factors driving Gen Z's financial decisions.
편리함과 기술이 중요하지만 그것들이 Z세대의 재정상 결정을 이끄는 유일한 요인들은 아니다.

❷ This generation is incredibly values-driven, and they want to bank with institutions that match their personal beliefs and values.
이 세대는 매우 가치 지향적이며 개인의 신념과 가치에 부합하는 기관과 거래하기를 원한다.

❸ Transparency is vital. Gen Z is skeptical of large corporations and institutions that lack accountability.
투명성이 매우 중요하다. Z세대는 책무성이 부족한 대규모의 기업과 기관에 회의적이다.

❹ They have grown up in a world where information is freely available, and they expect complete transparency from the brands they support.
그들은 정보를 자유롭게 이용할 수 있는 세상에서 자라 왔고, 자신이 지지하는 브랜드로부터 완전한 투명성을 기대한다.

❺ Banks, for example, must clearly communicate fees, terms, and conditions, as well as how they handle customers' data.
예를 들어 은행은 그들이 고객의 데이터를 처리하는 방식뿐 아니라 수수료, 약관, 조항을 투명하게 전달해야 한다.

❻ Moreover, ethical banking practices are more important than ever.
게다가 윤리적인 은행 업무는 그 어느 때보다 중요하다.

❼ Gen Z cares about the environment, social justice, and the ethical implications of their financial decisions.
Z세대는 환경, 사회 정의, 그리고 자신의 재정상 결정의 윤리적 함의에 관심이 있다.

❽ They are interested in sustainable investing, supporting businesses that match their values, and ensuring that their money is not being used to fund harmful practices.
그들은 지속 가능한 투자, 자신의 가치에 부합하는 기업을 지지하는 것, 그리고 자신의 돈이 유해한 관행에 자금을 대는 데 사용되고 있지 않음을 확실히 하는 것에 관심이 있다.

❾ Banks that offer socially responsible investment opportunities and are committed to environmental sustainability will attract Gen Z's attention.
사회적으로 책임 있는 투자 기회를 제공하고 환경적 지속 가능성에 전념하는 은행은 Z세대의 관심을 끌 것이다.

25-10-고1-31

❶ Myths aren't only stories.
통념은 단지 이야기가 아니다.

❷ For example, a well-known myth that persists today is the supposed high iron content in spinach.
예를 들어 오늘날에도 지속되는 잘 알려진 하나의 통념은 시금치에 있다고 여겨지는 높은 철분 함량이다.

❸ This is a legend that dates back to 1890 and originates from a simple miscalculation by physiologist Gustav von Bunge.
이것은 1890년으로 거슬러 올라가 생리학자 Gustav von Bunge의 단순한 계산 착오에서 비롯된 전해오는 이야기이다.

❹ He accurately determined that 100 grams of spinach contained 35 milligrams of iron but he was analyzing dried spinach, which held ten times more iron than the same amount of fresh leafy greens.
그가 시금치 100그램이 철분 35밀리그램을 함유하고 있다는 사실을 정확하게 밝혀냈지만, 그는 말린 시금치를 분석하고 있었고, 그것은 같은 양의 말리지 않은 푸른잎채소(시금치)보다 열 배 많은 철분을 갖고 있었다.

❺ Although the error was swiftly corrected, the correction was just as swiftly forgotten.
그 오류는 빠르게 수정되었지만 그 수정은 그만큼 빠르게 잊혀졌다.

❻ The myth had taken hold.
이 통념은 확고히 자리를 잡았다.

❼ Popeye, who gained superhuman strength from the leafy greens and defended himself with iron fists, contributed to its endurance and even today, some nearly 150 years later, parents the world over use this tale to try to persuade their children into eating the healthy vegetable.
Popeye는 푸른잎채소(시금치)에서 초인적인 힘을 얻고 강철 주먹으로 자신을 방어했기에 그것의 지속에 기여했고, 약 150년이 지난 오늘날에도 전 세계 부모들은 자녀들이 건강한 그 채소를 먹도록 설득하기 위해 이 이야기를 이용한다.

25-10-고1-32

❶ The technical term often used to describe animals' judgement of numbers is the approximate number system.
동물들의 수에 대한 분별력을 기술하는 데 자주 사용되는 전문 용어는 '어림 수 짐작 능력'이다.

❷ What it does not provide is precision.
그것이 제공하지 않는 것은 정확성이다.

❸ It shows—and this is the same in every species tested—a characteristic pattern of errors, with discrimination becoming less accurate as the quantities get bigger.
그것은 수량이 더 커질수록 판별이 덜 정확해지는 특징적인 오류 패턴을 보여 주는데, 이것은 실험된 모든 종에서 동일하다.

❹ Rhesus monkeys can tell one from two, two from three, three from four, four from five … but start to fail from five upwards.
붉은털원숭이는 1과 2, 2와 3, 3과 4, 4와 5는 구별할 수 있지만, 5 위로는 실패하기 시작한다.

❺ Rats that learned to press a lever a given number of times, from four up to twenty-four, became markedly less and less precise in their responses as the number increased: by the top end of the range they would merely produce a spread of numbers around the target.
네 번에서 스물네 번까지 주어진 횟수만큼 레버를 누르도록 학습했던 쥐는 숫자가 커질수록 그들의 반응에 있어서 두드러지게 점점 덜 정확해졌다. 그 범위의 상한선에 다다랐을 때, 그들은 단지 목표(숫자) 주변에 퍼져 있는 숫자들을 산출하곤 했다.

❻ It is a common observation that when testing the accuracy of animals' number sense, the size of the numbers matters.
동물의 수 감각의 정확성을 측정할 때, 숫자의 크기가 중요하다는 것은 공통된 관찰이다.

25-10-고1-33

❶ Despite the cultural trope depicting emotions as the opposite of rational thought, cognition — what we commonly refer to as thinking — is actually a key building block of emotion.
감정을 합리적인 사고의 반대로 묘사하는 문화적인 비유적 표현에도 불구하고, 우리가 흔히 생각이라고 일컫는 것, 즉 인지는 사실 감정의 핵심 구성 요소이다.

❷ How we think about our circumstances shapes the emotions we experience; then those emotions echo back to influence how we think.
우리가 우리의 상황에 대해 '생각하는' 방식은 우리가 경험하는 감정을 형성한다. 그다음에 그 감정들은 반향되어 우리가 생각하는 방식에 영향을 미친다.

❸ For instance, if you walk into a test thinking you are bad at taking tests, your anxiety will be increased.
예를 들어, 만약 여러분이 시험 보는 것을 잘 못한다고 생각하며 시험을 보러 걸어 들어간다면, 여러분의 불안은 증가할 것이다.

❹ Then you don't feel good about your performance on the test, and that becomes evidence for continuing to think that you're bad at test taking.
그러면 여러분은 그 시험에서 자신의 수행에 대해 기분이 좋지 않고, 그것은 여러분이 시험 보는 것을 잘 못한다고 '생각하는' 것을 지속하는 근거가 된다.

❺ In this way there's simply no pulling emotion and cognition apart.
이런 식으로 감정과 인지는 결코 분리할 수 없다.

❻ This bi-directionality of cognition and emotion allows us to adjust difficult emotions by changing the way we think.
인지와 감정의 이러한 양방향성은 우리가 생각하는 방식을 바꿈으로써 어려운 감정들을 조정하는 것을 가능하게 한다.

❼ By thinking differently — I get nervous sometimes, but I'm still a good test taker, or that nervous feeling is just excitement and anticipation, it means I'm ready — you can work those pathways to your advantage.
'나는 때때로 긴장하지만, 여전히 시험 보는 것을 잘하는 사람이다.' 혹은 '그 긴장되는 느낌은 단지 흥분과 기대이며, 그것은 내가 준비되었다는 것을 의미한다.'라고 다르게 생각함으로써, 여러분은 그러한 경로들을 여러분에게 유리하게 작동시킬 수 있다.

25-10-고1-34

❶ What is the Capabilities Approach (CA), and why would lawyers passionate about animal justice care about it?
능력 접근법(CA)이란 무엇이며, 동물 정의에 열정을 가진 법률가들이 왜 그것에 관심을 가질까?

❷ It is easy to say what it is not.
그것이 아닌 것을 말하는 것이 쉽다.

❸ The CA does not rank animals by likeness to humans or seek special privileges for those considered most "like us," as do some other popular theoretical approaches.
CA는 다른 널 리 퍼진 이론적 접근들이 그러하듯, 동물들을 인간과의 유사성에 따라 순위를 매기거나 가장 '우리와 비슷한' 존재로 여겨지는 동물에게 각별한 특권을 부여하려 하지 않는다.

❹ The CA has concern for the finch and the pig as much as the whale and the elephant.
CA는 고래와 코끼리에게 만큼이나 핀치와 돼지에게도 관심을 가진다.

❺ And it argues that the human form of life is simply irrelevant when we think about what each type of animal needs and deserves.
그리고 그것은 우리가 각 종류의 동물이 필요로 하고 마땅히 누려야 할 것에 대해 생각할 때, 인간의 삶의 형태는 그저 무관하다고 주장한다.

❻ What is relevant is their own forms of life.
관련이 있는 것은 '그들 고유의' 삶의 형태이다.

❼ Just as humans seek to be able to enjoy the characteristic goods of a human life, so a finch seeks a finch's life and the whale a whale's life.
꼭 인간이 인간다운 삶의 고유한 좋은 것들을 누릴 수 있기를 추구하는 것처럼, 핀치는 핀치의 삶을, 고래는 고래의 삶을 추구한다.

❽ We should extend ourselves and learn, not lazily picture animals as lesser humans, seeking a life sort of like our own.
우리는 스스로를 확장하고 배워야 하며, 동물들을 열등한 인간으로, 우리와 같은 식의 삶을 추구한다고 성의 없이 상상해서는 안 된다.

❾ According to the CA, each sentient creature should have the opportunity to flourish in the form of life characteristic for that creature.
CA에 따르면, 지각 능력이 있는 각각의 생명체는 그 생명체에게 고유한 삶의 형태로 번영할 기회를 가져야 한다.

25-10-고1-35

❶ Social media serves as an important context to facilitate autobiographical remembering.
소셜 미디어는 자전적 기억을 촉진하는 중요한 맥락으로 작용한다.

❷ Personal events posted on social media platforms are better remembered and less forgotten than those not posted, independent of the characteristics of the events.
소셜 미디어 플랫폼에 게시된 개인적 사건들은 그 사건들의 특성과 무관하게 게시되지 않은 것들보다 더 잘 기억되고 덜 잊힌다.

❸ This may be because sharing memories online allows individuals to rehearse and make sense of what happened, thus facilitating longterm memory retention.
이것은 온라인에서 기억을 공유하는 것이 개인이 일어난 일을 되풀이하고 이해하도록 해서 장기 기억 유지를 촉진하기 때문일 수 있다.

❹ Online feedback such as comments and likes as well as technological features such as algorithms and periodic reminders can further serve as memory cues for the posted event details.
알고리즘과 주기적인 알림과 같은 기술적 기능들뿐만 아니라, 댓글과 좋아요와 같은 온라인 피드백도 게시된 사건의 세부 사항에 대한 기억 단서로 한 층 더 작용할 수 있다.

❺ As a result, event details shared on social media are likely stabilized and remembered over time, whereas those not shared may become inaccessible or forgotten.
그 결과, 소셜 미디어에 공유된 사건 세부 사항들은 시간이 지나면서 안정화되고 기억될 가능성이 높은 반면에, 공유되지 않은 것들은 접근할 수 없게 되거나 잊힐 수 있다.

25-10-고1-36

❶ Multisensory experiences are a central part of our everyday lives, yet we often take them for granted, especially when our senses function normally or are corrected to normal with aids like glasses.
다중 감각 경험은 우리 일상생활의 주요한 부분이지만, 우리는 특히 감각이 정상적으로 작동하거나 안경과 같은 보조 도구로 정상으로 교정될 때 그것들을 종종 당연하게 여긴다.

❷ However, closer inspection to any, even the most ordinary experiences, reveals the remarkable multisensory world in which we live.
그러나 어떤, 심지어는 가장 평범한 경험조차 더 자세히 살펴보는 것은 우리가 살고 있는 놀라운 다중 감각 세계를 보여 준다.

❸ Consider the experience of eating a regular meal.
일상의 식사를 하는 경험을 생각해 봐라.

❹ At first, it may seem like an ordinary experience, but it is actually a fusion of the senses.
처음에는 그것이 평범한 경험처럼 보일 수 있지만, 실제로 그것은 감각들의 융합이다.

❺ We first eat with our eyes, but we are also exposed to countless sensory signals that influence our eating experience such as food textures, tastes, and smells.
우리는 처음에는 눈으로 식사하지만, 또한 음식의 질감, 맛, 냄새와 같이 우리의 식사 경험에 영향을 미치는 수많은 감각 신호에도 노출된다.

❻ And it does not stop there.
그리고 그것은 거기서 멈추지 않는다.

❼ Even the sounds that come both from the atmospheres in which we eat and our interactions with the food (such as chewing) and the tools we use to eat influence our eating experience.
심지어 우리가 식사하는 상황과 음식(씹기)이나 우리가 식사에 사용하는 도구와의 상호 작용 둘 다에서 나오는 소리들도 우리의 식사 경험에 영향을 미친다.

25-10-고1-37

❶ As children, the principle of opposites is foreign.
어릴 때 반대의 원리는 낯설다.

❷ Children perceive words and their meanings separately from each other.
아이들은 단어들과 그 의미들을 서로 분리해서 인식한다.

❸ It is only in later development that we understood that individual words directly connect to one another.
우리가 개별 단어들이 직접적으로 서로 연결되어 있다는 것을 이해하게 되는 것은 나중의 발달 단계가 되어서이다.

❹ For many children, for instance, it is not clear that 'Right' is the opposite of 'Left'.
예를 들어 많은 아이들에게 '오른쪽'이 '왼쪽'의 반대라는 것은 분명하지 않다.

❺ A vivid example of this can be seen when children learn to ride a bicycle.
이것의 생생한 사례는 아이들이 자전거 타는 것을 배울 때 보여질 수 있다.

❻ If parents tell their child "Don't go to the left," they will often find that the child will continue riding straight ahead and not automatically turn to the right.
부모들이 자녀에게 "왼쪽으로 가지 마."라고 말하면, 부모는 아이가 곧장 앞으로 계속 가고 자동적으로 오른쪽으로 방향을 틀지 않는 것을 종종 보게 될 것이다.

❼ The same applies to the logical connection between 'Yes' and 'No' as perceived by parents.
같은 원리가 부모가 인식하는 '예'와 '아니요' 사이의 논리적 관계에도 적용된다.

❽ When we were children and were told, for example, "No, don't eat with your hands," we were confused and didn't know what our parents expected from us.
우리가 아이였을 때, 예를 들어 "안 돼, 손으로 먹지 마."라는 말을 들었을 때, 우리는 혼란스러웠고, 우리 부모가 우리로부터 기대하는 것이 무엇인지 몰랐다.

❾ Our confusion was about whether we should continue eating or not and if so, how?
우리의 혼란은 계속 먹어야 하는 건지 아닌지, 만약 먹는다면 어떻게 해야 하는지에 대한 것이었다.

❿ Only later did we recognize the connection and understand that we should continue eating, but not with our hands but with a fork or a spoon.
나중에서야 우리는 그 연관성을 인식했고, 우리가 손이 아니라 포크나 숟가락으로 계속 먹어야 한다는 것을 이해하게 되었다.

25-10-고1-38

❶ Humans are not the most social animal.
인간이 '가장' 사회적인 동물은 아니다.

❷ Ants, bees, and termites put humanity to shame on many metrics of sociality.
개미, 벌, 그리고 흰개미는 많은 사회성 측정 기준에서 인류를 부끄럽게 한다.

❸ A wide variety of relatives live together with perfectly harmonious behavior and collectively care for their young.
매우 다양한 동족들이 완벽하게 조화로운 행동으로 함께 살고 집단적으로 그들의 어린 새끼들을 돌본다.

❹ But while insect colonies are impressively social places, it's not our kind of social life.
그러나 곤충 군집들이 인상적으로 사회적인 장소인 반면, 그것은 '우리의' 사회생활의 종류가 아니다.

❺ Bees always build hexagonal hives, ants march in lines, and termites move in zigzag formations.
벌들은 항상 육각형의 벌집을 짓고, 개미들은 줄지어 행진하며, 흰개미들은 지그재그 대형으로 움직인다.

❻ These patterns recur predictably because they are tightly programmed genetically and propelled pheromonally.
이러한 패턴들은 그것들이 유전적으로 긴밀하게 프로그램되어 있으며 페로몬에 의해 추진되기 때문에 예측할 수 있게 반복된다.

❼ We humans are more free, less tightly programmed genetically, so our social patterns can be more diverse and dynamic.
우리 인간은 더 자유롭고, 유전적으로 덜 긴밀하게 프로그램되어 있어서 우리의 사회적 패턴들은 더 다양하고 역동적일 수 있다.

❽ Every group dances a slightly different dance, and these choreographies change across generations.
모든 집단은 약간 다른 춤을 추는데, 이러한 안무들은 세대에 걸쳐 변한다.

❾ We still think and act in ways that are in harmony with others around us, but it is through patterns that are more shaped by nurture, not just nature.
우리는 여전히 우리 주변의 다른 사람들과 조화를 이루는 방식으로 생각하고 행동하지만, 그것은 단지 본성만이 아니라 양육에 의해 더 많이 형성되는 패턴들을 통해서이다.

25-10-고1-39

❶ Those who purchase the goods of a company are called customers.
어떤 회사의 상품을 구매하는 사람들은 고객이라 불린다.

❷ Individuals who purchase goods for personal use are called consumers: beings who consume.
개인적인 용도로 상품을 구매하는 사람들은 소비자, 즉 소비하는 존재라 불린다.

❸ Therefore, companies have invented multiple ways to ensure that their customers consume the produced items in larger and larger quantities and more and more frequently.
따라서 기업들은 그들의 고객이 생산된 물품을 반드시 점점 더 많이, 점점 더 자주 소비하게 하기 위한 다양한 방법들을 고안해 왔다.

❹ Those who sell food have an easy time, for food is literally consumed, so there is always a need to purchase new food.
음식을 판매하는 사람들은 수월한 편인데, 왜냐하면 음식은 말 그대로 소비되므로 새로운 음식을 구매할 필요는 항상 있기 때문이다.

❺ But with more permanent things, companies must invent reasons for their customers to continue to consume them.
그러나 보다 영구적인 물건의 경우, 기업들은 고객이 그것들을 계속 소비할 이유를 만들어 내야 한다.

❻ One approach is to make the stuff that people already have outdated by convincing them that it is no longer fashionable.
한 가지 접근법은 사람들이 이미 가지고 있는 물건이 더 이상 유행하지 않는다고 설득하여 그것을 구식이 되게 하는 것이다.

❼ The entire fashion industry is built to convince people that fashion matters, so they must purchase new clothing, even though the old is still perfectly functionable.
전체 패션 산업은 기존 옷이 여전히 완벽하게 기능하더라도 유행이 중요하고 그래서 그들이 새 옷을 사야 한다고 사람들을 설득하기 위해 만들어져 있다.

❽ Fashion today extends to far more things than clothes: automobiles, mobile phones, computers — the list is extended indefinitely, limited only by the limits of the creative minds of the marketing divisions of companies.
오늘날 유행은 옷을 넘어 자동차, 휴대전화, 컴퓨터 등 훨씬 많은 것들로 확장된다. 그 목록은 끝없이 확장되며, 다만 기업에 속한 마케팅 부서의 창의적 사고의 한계에 의해서만 제한될 뿐이다.

25-10-고1-40

❶ Kivetz, Urminsky, and Zheng partnered with a café to test the motivating effect of illusory progress in an experiment.
Kivetz, Urminsky, Zheng은 착각된 진전이 주는 동기 부여 효과를 실험에서 시험해 보기 위해 한 카페와 협력했다.

❷ Customers received a reward card that offered one free coffee after they'd bought ten.
고객들은 열 잔을 산 후에 무료 커피 한 잔을 제공하는 보상 카드를 받았다.

❸ While half of the customers received a card with ten open slots, the other half got a card with twelve open slots.
고객들 중 절반은 열 개의 빈칸이 있는 카드를 받은 반면, 나머지 절반은 열두 개의 빈칸이 있는 카드를 받았다.

❹ Yet the twelve-slot card had two preexisting "bonus" stamps, so, strictly speaking, these were identical reward programs.
하지만 열두 칸짜리 카드에는 이미 찍힌 두 개의 '보너스' 도장이 있어서, 엄밀히 말하면 이것들은 동일한 보상 프로그램이었다.

❺ Every customer who got a card needed to make ten coffee purchases (and collect ten stamps) to get their free coffee. But the appeal of the free stamps was high.
카드를 받은 모든 고객은 무료 커피를 받기 위해 열 잔의 커피를 구매해야 했고(그리고 도장 열 개를 모아야 했다), 그러나 무료 도장의 매력은 컸다.

❻ People who thought they'd gotten a head start came back to the café more often, filling in their reward card more quickly than the others.
자신이 앞선 출발을 했다고 생각한 사람들은 카페에 더 자주 돌아왔고, 다른 사람들보다 더 빨리 그들의 보상 카드를 채웠다.

❼ When the card came with two out of twelve slots already filled, it felt to customers like they were already 16 percent finished with the goal before they'd even started.
열두 칸 중 두 칸이 이미 채워진 채로 카드가 손에 들어왔을 때, 그것은 고객들에게 시작도 하기 전에 이미 목표의 16퍼센트를 끝낸 것처럼 느껴졌다.

❽ Believing they were closer to the reward, they were more motivated to reach the finish line.
자신들이 보상에 더 가까워졌다고 믿었기 때문에, 그들은 결승선에 도달하는 데 더 큰 동기를 부여받았다.

25-10-고1-41~42

❶ Creativity is the ability to generate novel and valuable ideas.
창의성이란 새롭고 가치 있는 아이디어를 만들어 내는 능력이다.

❷ It involves divergent thinking, imagination, and a willingness to experiment and take risks.
그것은 확산적 사고, 상상력, 그리고 실험을 하고 위험을 감수하려는 의지를 포함한다.

❸ While AI can be a powerful tool for creative efforts, it also carries the risk of limiting originality and innovation.
AI는 창의적인 노력을 위한 강력한 도구가 될 수 있지만, 또한 독창성과 혁신을 제한할 위험을 수반한다.

❹ AI algorithms are trained on existing datasets, often identifying patterns and trends in past creations.
AI 알고리즘은 종종 과거의 창작물에서 패턴과 경향을 식별하며 기존의 데이터 세트를 바탕으로 훈련된다.

❺ While this can be useful for generating new content in similar styles or formats, it can also lead to derivative works that lack genuine originality.
이것은 유사한 스타일이나 형식으로 새로운 콘텐츠를 만들어 내는 데 유용할 수 있지만, 그것은 또한 진정한 독창성이 부족한 모방적인 작품들로 이어질 수 있다.

❻ If artists and designers rely too heavily on AI for inspiration and content generation, they may find themselves trapped in a cycle of imitation, unable to break free from the constraints of the AI's training data.
예술가와 디자이너가 영감과 콘텐츠 생성을 위해 AI에 지나치게 의존한다면, 그들은 AI의 훈련 데이터라는 제한으로부터 벗어날 수 없는 상태에서 모방의 순환에 갇힌 자신을 발견할지 모른다.

❼ Moreover, the ease with which AI can generate content can discourage the kind of struggle and experimentation that often leads to breakthroughs.
더욱이, AI로 콘텐츠를 생성할 수 있는 편의성은 종종 획기적인 발전으로 이어지는 그런 종류의 노력과 실험을 방해할 수 있다.

❽ The creative process is often messy and repetitive, involving numerous failures and setbacks.
창의적인 과정은 종종 골치 아프고 반복적이며 수많은 실패와 좌절을 수반한다.

❾ It is through these challenges that we refine our skills, develop our unique perspectives, and push the boundaries of what is possible.
우리가 자신의 기술을 연마하고, 고유한 관점을 발전시키며, 가능한 것의 경계를 넓혀가는 것은 바로 이러한 어려움들을 통해서이다.

❿ If AI provides instant solutions, it can skip this essential process of learning through trial and error, ultimately inhibiting the development of true creative talent.
만약 AI가 즉각적인 해결책을 제공한다면, 그것은 시행착오를 통한 이 본질적인 학습 과정을 건너뛸 수도 있으며, 궁극적으로는 진정한 창의적 재능의 발달을 방해한다.

25-10-고1-43~45

❶ When billionaire James Walker was once asked by a journalist, "Is there anyone richer than you?", he replied, "Yes, there is one young man I'll never forget." He told the story of when he first met David at a New York airport.

억만장자 James Walker가 한 기자로부터 "당신보다 부유한 사람이 있나요?"라는 질문을 받았을 때, 그는 "예, 제가 절대 잊지 못할 한 젊은이가 있습니다."라고 대답했다. 그는 New York에 있는 한 공항에서 David를 처음 만났을 때의 이야기를 들려주었다.

❷ Years ago, James was broke and stuck at the airport, killing time reading newspaper headlines at the newsstand.

수년 전, James는 무일푼으로 공항에 묶인 채 신문 가판대에 있는 신문 제목들을 읽으며 무료한 시간을 보내고 있었다.

❸ One headline caught his eye, but he had no money to buy the paper.

한 기사 제목이 그의 시선을 사로잡았지만, 그는 신문을 살 돈이 없었다.

❹ Just then, David, working at the newsstand noticed James.

바로 그때, 신문 가판대에서 일하고 있던 David가 James를 발견했다.

❺ He asked, "Would you like to buy this, sir?" But, James hesitated, saying he had no money.

"선생님, 이거 사고 싶으신가요?"라고 그가 물었다. 하지만 James는 돈이 없다고 말하며 주저했다.

❻ David smiled and said, "Me, too. But I have enough for this. Take it as a gift."

David는 미소 지으며 "저도 그래요. 하지만 이것을 살 정도는 있어요. 선물로 가져가세요."라고 말했다.

❼ Three months later, James, still broke, met him at the newsstand once more.

3개월 후, 여전히 무일푼인 James는 그 신문 가판대에서 그를 다시 한번 만났다.

❽ Again, David gave him a newspaper without expecting anything in return.

또다시 David는 그에게 아무런 보답도 기대하지 않고 신문 한 부를 주었다.

❾ Years passed and James became a wealthy businessman, but he never forgot the young man he had met at the airport.

수년이 흘러서 James는 부유한 사업가가 되었지만, 그는 그가 공항에서 만났던 그 청년을 결코 잊지 못했다.

❿ He found David running a small bookstore and visited him there.
그는 David가 작은 서점을 운영하고 있다는 것을 알아냈고, 거기로 그를 방문했다.

⓫ He introduced himself, saying, "David, you helped me twice when you had almost nothing. I want to give you anything you wish."
James는 자기를 소개하며 "David, 당신은 당신이 가진 게 거의 없을 때 나를 두 번이나 도와주었어요. 나는 당신이 원하는 것은 무엇이든 당신에게 주고 싶어요."라고 말했다.

⓬ He looked at him and said, "You can't truly compensate me."
그러자 David는 그를 바라보며 "당신은 나에게 진정으로 보답할 수 없어요."라고 말했다.

⓭ James asked, "Why not?" David replied, "Because I gave to you when I had almost nothing. You're offering me something now that you have everything. That's just generosity at convenience. So, I can't accept your offer."
James가 "왜 할 수 없죠?"라고 묻자 David는 "나는 가진 게 거의 없을 때 당신에게 베풀었기 때문이에요. 당신은 이제 모든 것을 가졌으니 나에게 뭔가를 주려고 하는 거잖아요. 그건 그저 편의에 따른 관대함일 뿐이죠. 그러니 저는 당신의 제안을 받아들일 수 없어요."라고 답했다.

⓮ James realized that money doesn't make someone rich.
James는 돈이 누군가를 부유하게 만들지 않는다는 것을 깨달았다.

⓯ Remembering that moment, he said to the journalist, "It's the willingness to give even when you have very little that makes you wealthy. And so, David is the richest person I have ever met."
그 순간을 회상하며 그는 기자에게 말했다. "당신을 부유하게 만드는 것은 거의 가진 게 없을 때조차도 베풀려는 의지인 거죠. 그러므로 David가 제가 이제껏 만난 가장 부유한 사람입니다."

2025 고1 10월 모의고사　　　　　　점수 :　　　　　점 / 230점

❶ voca　　❷ text　　❸ [/]　　❹ ____　　❺ quiz 1　　❻ quiz 2　　❼ quiz 3　　❽ quiz 4　　❾ quiz 5

25-10-고1-18

Dear Mr. Kelly, My name is Mark Smith, and I am the manager of Lomos Tours. I [express / impress]1) our sincere appreciation for your continued trust and [loyalty / royalty]2). Next year, as part of a [new / newly]3) promotional campaign, Lomos Tours will be [aired / airing]4) an advertisement. We plan to [exclude / include]5) the experiences of some of our most valued clients. Since you traveled with us last summer, I would like to kindly ask if you would be willing to [share / sharing]6) a few words about your experience. Your feedback would be invaluable in helping us [promote / promoting]7) our services. A member of our team will be in touch with you [short / shortly]8). Thank you in advance for your contributions.

Warm regards, Mark Smith

친애하는 Kelly 씨께, 제 이름은 Mark Smith이며, 저는 Lomos Tours의 매니저입니다. 저는 당신의 지속적인 신뢰와 충심에 우리의 진심 어린 감사를 표합니다. 내년에, 새로운 홍보 캠페인의 일환으로, Lomos Tours는 광고를 방영하려고 합니다. 우리는 우리의 가장 소중한 몇몇 고객님들의 경험을 담을 계획입니다. 당신은 지난여름에 우리와 함께 여행하셨기에, 저는 당신의 경험에 대해 몇 마디 말씀을 기꺼이 공유해 주실 수 있는지 정중히 부탁드리고 싶습니다. 당신의 피드백은 우리가 서비스를 홍보하는 것을 도와주는 데 매우 소중할 것입니다. 우리 팀의 직원 한 명이 곧 연락드릴 것입니다. 당신의 기여에 미리 감사드립니다. 따뜻한 안부를 전하며, Mark Smith

25-10-고1-19

After finishing my shopping, I walked out of the grocery store and [headed / was headed]9) to the spot where I'd parked my car. But it wasn't there. I wasn't the kind of person to forget where I'd parked. I knew I was in the right place — so where was my car? I looked around, but [nothing / something]10) made sense. Not knowing what to do, I [called / was called]11) my husband at home and said, "My car is missing! I can't find my car." I heard him [laughing / to laugh]12) on the other end of the line. "Your car is here outside the house! You took mine today, remember?" I [turned / was turned]13) around — and there it was. I couldn't help but [laugh / laughing]14) at myself. With a sigh of relief, I walked over to the car. [Everything / Something]15) was fine after all.

쇼핑을 마친 후에, 나는 식료품 가게를 걸어나가 내가 차를 주차했던 장소로 향했다. 그러나 그것이 거기에 없었다. 나는 내가 주차했던 장소를 잊어버릴 그런 사람이 아니었다. 나는 내가 정확한 장소에 있다는 것을 알았지만, 그렇다면 내 차는 어디에 있는 걸까? 나는 주위를 둘러보았지만, 도무지 아무것도 이해되지 않았다. 무엇을 해야 할지 몰라, 나는 집에 있는 남편에게 전화를 걸어 "내 차가 없어졌어요! 나는 차를 못 찾겠어요."라고 말했다. 나는 그가 전화기의 반대편에서 웃는 것을 들었다. "당신의 차는 여기 집 밖에 있어요! 당신은 오늘 내 차를 가져갔어요. 기억나죠?" 나는 돌아보았고, 그것은 거기에 있었다. 나는 실소를 금할 수 없었다. 안도의 숨을 내쉬며, 나는 차로 걸어갔다. 결국 모든 것이 괜찮았다.

25-10-고1-20

One of the most important [aspect / aspects]16) of sustaining long-term relationships [are / is]17) communication. It's easy to connect with someone and then [let / letting]18) the relationship get stuck [because / due to]19) a lack of follow-up. To keep the connection alive, make a [conscious / consciously]20) effort to stay in touch. This doesn't mean [constant / constantly]21) reaching out with requests or updates but rather maintaining a friendly and [consistent / inconsistent]22) line of communication. A [complex / simple]23) message to check in or share something of value can go a long way in reinforcing your relationship. For example, if you come across an article or resource [that / what]24) you think might interest a connection, share [it / them]25) with them, even if you haven't spoken in a while. This shows [that / what]26) you're thinking of them and are invested in maintaining the relationship.

장기적인 관계를 유지하는 데 가장 중요한 측면 중 하나는 소통이다. 누군가와 친해지고 나서 추후 연락 부족으로 인해 그 관계가 정체되도록 내버려 두기 쉽다. 관계를 유지하기 위해 연락하고 지내려는 의식적인 노력을 기울여라. 이는 요청이나 최근 소식을 가지고 끊임없이 연락을 취하는 것이 아니라 오히려 친근하고 일관된 소통의 끈을 유지하는 것을 의미한다. 안부를 확인하거나 가치 있는 무언가를 공유하는 간단한 메시지가 여러분의 관계를 강화하는 데 도움이 될 수 있다. 예를 들어, 여러분이 자신과 관계가 있는 사람의 흥미를 끌 수 있다고 여기는 기사나 자료를 우연히 발견하면, 한동안 이야기하지 않았다고 할지라도 그들과 그것을 공유하라. 이는 여러분이 그들을 생각하고 있으며 관계를 지속하는 데 노력을 쏟고 있다는 것을 보여 준다.

25-10-고1-21

Currently, urban regeneration projects in degraded areas [had / have]27) been promoted as improving the wellbeing of residents and solving environmental [injustice / justice]28) problems. However, such environmental improvements in ethnic communities and/or [high-income / low-income]29) households can [create / be created]30) an urban green space paradox. The creation of new, high-quality green spaces can [decrease / increase]31) attractiveness, making these neighbourhoods [less / more]32) desirable. By contrast, the cost of housing can [fall / rise]33), and residents may not be able to afford the rent. This [results from / results in]34) the exclusion or displacement of the poor neighbourhood's residents, who [intended / were intended]35) to benefit from the ecosystem services provided by the new green space. In turn, the residents may only be able to afford to [live / living]36) in a similar [degraded / degrading]37) neighbourhood to the one they left, with [high / low]38) access to green infrastructure.

현재 낙후된 지역에서 도시 재생 프로젝트는 거주자들의 복지를 향상시키고 환경적 불평등 문제를 해결하는 것으로서 추진되어 왔다. 하지만 소수 민족 공동체들 및/또는 저소득층 가구에서 그러한 환경 개선은 도시 녹색 공간의 역설을 만들 수 있다. 새로운 양질의 녹색 공간의 조성은 매력을 증가시킬 수 있어 이 지역을 더 탐나게 만든다. 대조적으로 주거비가 오를 수 있고, 거주자들은 임대료를 지불할 여유가 없을지도 모른다. 이는 가난한 지역 거주자들의 배제 혹은 퇴거를 야기하는데, 그들은 새로운 녹색 공간에 의해 제공되는 생태계 서비스로부터 혜택을 얻도록 의도되어 있었다. 결국 그 거주자들은 녹색 사회 기반 시설에 접근성이 낮은 채로, 그들이 떠났던 곳과 비슷한 낙후된 지역에나 거주할 형편이 될 수 있을지도 모른다.

25-10-고1-22

An [increased / increasing]39) awareness of our effect on the ocean is slowly seeping into the [private / public]40) agenda, dragging behind it a conversation that is decades overdue. But this conversation faces a [massive / minimal]41) obstacle. It's almost impossible to discuss [that / what]42) to do about something changing if you don't initially know how it works. If a doctor tells a patient that they have a problem with their kidneys, the patient probably already has at least a [clear / vague]43) idea about where their kidneys are and what they're up to. They learned about that part of their own [personal / personally]44) life-support system at school. But that's not the case for the oceans. When we see a news story about the [long-term / short-term]45) decline in the numbers of krill in the Southern Ocean, it sounds generally [alike / like]46) a bad thing. But there's far [less / more]47) to it than the risk of whales going hungry. Krill are a part of the ocean engine. We need to understand at least some of the context before we can discuss the change and [take / taking]48) appropriate action.

해양에 미치는 우리의 영향에 대한 커지는 인식이 공공 안건으로 서서히 스며들면서 수십 년 동안 미뤄 온 대화를 그것 뒤로 끌고 온다. 하지만 이 대화는 거대한 장애물을 직면한다. 만약 여러분이 그것이 어떻게 작동하는지를 애초에 알지 못한다면 변화하는 어떤 것에 대해 무엇을 해야 할지를 논의하는 것은 거의 불가능하다. 만약 의사가 환자에게 신장에 문제가 있다고 말한다면, 그 환자는 아마도 신장이 어디에 있고 무엇을 하는지에 대해 적어도 막연한 이해는 이미 가지고 있을 것이다. 그들은 학교에서 자기 개인의 생명 유지 체계의 그 부분에 대해 배웠다. 하지만 해양의 경우는 그렇지 않다. 우리가 남극해 크릴 수의 장기적 감소에 대한 신문 기사를 볼 때, 일반적으로 그것은 나쁜 일처럼 들린다. 하지만 거기에는 고래가 굶주리는 위험보다 훨씬 더 많은 것이 있다. 크릴은 해양 엔진의 일부이다. 우리는 변화에 대해 논의하고 적절한 조치를 취할 수 있기 전에 최소한 어느 정도의 맥락은 이해할 필요가 있다.

25-10-고1-23

Rome was said to have been a melting pot from the very start. The historian Livy claimed the city's original population [was / were]49) comprised of immigrants flooding in from all directions, attracted by Romulus's deliberate policy of nondiscrimination. It was this [initial / initially]50) openness, Livy asserts, that laid the foundations for the later strength and success of the city. Romans [described / subscribed]51) their city as multicultural in the generations [after / before]52) its foundation. Tradition held that only a [majority / minority]53) of the city's legendary kings [was / were]54) Romanborn, with the others all arriving as immigrants before being chosen for the throne for their virtues and merits. As the empire [expanded / was expanded]55) across three continents, Rome eagerly [adapted / adopted]56) new cultural influences and [absorbed / was absorbed]57) incoming groups — perhaps a little too eagerly for some, who, like the poet Juvenal, complained about the [rapid / steady]58) rate of cultural change.

로마는 맨 처음부터 용광로였다고 일컬어졌다. 역사학자 Livy는 그 도시의 원래 인구가 Romulus의 의도적인 비차별 정책에 의해 이끌려 사방에서 몰려든 이민자들로 구성되었다고 주장했다. Livy가 주장하길, 그 도시의 이후의 힘과 성공을 위한 토대를 놓은 것은 바로 이러한 초기의 개방성이었다. 로마인들은 도시의 설립 이후 여러 세대에 걸쳐 자신들의 도시를 다문화적이라고 묘사했다. 전통적으로 그 도시의 전설적인 왕들 중 소수만이 로마 태생이었고, 나머지 왕들은 그들의 덕성과 공로로 왕위에 선택되기 전에 모두 이민자로 이주해 왔다고 한다. 제국이 세 대륙에 걸쳐 확장되면서 로마는 적극적으로 새로운 문화적 영향을 채택하였고, 유입되는 집단들을 흡수했다. 이것은 아마도 어떤 사람들에게는 다소 지나치게 적극적이었을지도 모르는데, 그들은 시인 Juvenal처럼 그 급격한 문화 변화 속도에 대해 불평했다.

25-10-고1-24

The laws and constants of physics and the [fundamental / fundamentally]59) forces in our universe have very precise forms and values. This means [that / what]60), if they were only very slightly [different / similar]61), life would not have been possible. For instance, the precise value of gravity [had / has]62) enabled our universe to arise by [permitting / rejecting]63) the aggregation of dust and gas particles to protostars around which planets later came to orbit, including the Earth around the Sun. If the value of the electron [had / has]64) been ever so slightly larger or smaller, chemistry, as we know it, would not have been [possible / impossible]65) and life, [which / that]66) is based on organic chemistry, could not have started. The universe was not designed for us to [evolve / revolve]67), we have no privileged position in the universe; however, the laws and constants of physics [allowed / were allowed]68) advanced life to evolve.

물리학 법칙들과 상수들 그리고 우리 우주의 근본 힘들은 매우 정밀한 공식의 형태들과 값들을 가진다. 이는 만약 그것들이 아주 약간만 다르다면 생명체가 가능하지 않았을 것임을 의미한다. 예를 들어, 중력의 정밀한 값은 태양 주위의 지구를 포함하여 행성들이 나중에 그 주위를 공전하게 되는 원시 항성들로 먼지와 가스 입자들이 응집하는 것을 허용함으로써 우리 우주가 생겨나는 것을 가능하게 했다. 만약 전자의 값이 아주 약간이라도 더 크거나 작았더라면, 우리가 알고 있는 대로의 화학 반응은 가능하지 않았을 것이며 유기 화학 반응에 기반을 둔 생명체는 시작될 수 없었을 것이다. 우주는 우리가 진화하도록 설계되지 않았고, 우리는 우주에서 어떠한 특권적인 지위를 가지지 않는다. 그러나 물리학 법칙들과 상수들은 고등 생명체가 진화하는 것을 가능하게 했다.

25-10-고1-26

Dalip Singh Saund was an Indianborn American politician. After graduating from the University of Punjab in India, he [moved / was moved]69) to the U.S. to [attend / attending]70) graduate school. He [earned / was earned]71) his doctoral degree at the University of California in 1924 but could not get a job [because / because of]72) his nationality. The next year, he began farming in Imperial Valley, but he was not able to buy land without U.S. citizenship. Dalip developed an interest in politics and he often spoke out on Indian and political topics. He went to Washington, D.C. and promoted a bill that would allow Indians [become / to become]73) U.S. citizens. The bill [passed / was passed]74) in 1946, and three years later Dalip [received / was received]75) U.S. citizenship. He later became the first Asian to be elected to the U.S. Congress.

Dalip Singh Saund는 인도에서 태어난 미국인 정치인이었다. 인도에서 University of Punjab을 졸업한 후에 그는 대학원에 다니기 위해 미국으로 이주했다. 그는 1924년에 University of California에서 박사 학위를 받았지만 자신의 국적 때문에 직업을 구할 수 없었다. 다음 해에 그는 Imperial Valley에서 농사를 시작했지만 미국 시민권이 없어 땅을 구입할 수 없었다. Dalip은 정치학에 대한 관심을 발전시켰고 그는 종종 인도 및 정치 주제에 대해 발언했다. 그는 Washington, D.C.에 가서 인도인이 미국 시민이 될 수 있도록 하는 법안을 홍보했다. 그 법안은 1946년에 통과되었고 3년 후에 Dalip은 미국 시민권을 받았다. 그는 후에 미국 의회에 당선된 최초의 아시아인이 되었다.

25-10-고1-29

Human beings [had / have]76) evolved to make the most of the resources available to [them / themselves]77) in ways that are [obvious / subtle]78) and [complicated / complicating]79). When we change our diets, especially when we do so quickly, we are effectively conducting huge experiments in nutrition. We ought to have [less / more]80) humility. Nutritional science is still young and there is so [little / much]81) we do not know. If we [had / have]82) eaten certain foods in certain ways for millennia, we should assume until it is proven otherwise that there is probably a good reason why. Traditional foods that don't fit [neat / neatly]83) on the contemporary dietary food plate should generally be chosen over [high / highly]84) processed ones that [are / do]85). We should assume [that / what]86) traditionally made fatty blood sausages are preferable to lean, factory-made salamis; that spoonfuls of honey [are / is]87) superior to sprinkles of sweeteners. Witnessing how [poor / poorly]88) traditional societies are faring as they undergo a nutrition transition should make those who [had / have]89) already completed it question whether their diets [had / have]90) moved too far.

인간은 그들에게 이용 가능한 자원들을 미묘하고 복잡한 방식들로 최대한 이용하도록 진화해 왔다. 우리가 우리의 식단을 바꿀 때, 특히 우리가 매우 빠르게 그렇게 할 때, 우리는 실질적으로 영양 섭취에서 거대한 실험을 시행하고 있는 것이다. 우리는 더 겸손해져야 한다. 영양학은 여전히 역사가 짧고 우리가 모르는 것이 너무나 많다. 만약 우리가 수천 년 동안 특정한 방식들로 특정한 음식들을 먹어 왔다면, 우리는 그것이 다르게 증명될 때까지는 아마도 그렇게 하는 타당한 이유가 있을 것이라고 추측해야 한다. 일반적으로 현대의 균형 잡힌 식단의 식사에 딱 들어맞지 않는 전통 음식이 딱 들어맞는 매우 가공된 음식보다 우선 선택되어야 한다. 우리는 전통적으로 만들어진 지방이 많은 블러드 소시지가 지방이 적고 공장에서 만들어진 살라미 소시지보다 더 선호되며, 그리고 몇 스푼의 꿀이 소량의 감미료보다 더 나은 것으로 추측해야 한다. 전통 사회들이 영양 전환을 겪으면서 얼마나 형편없이 살아가고 있는지를 목격하는 것은 이미 그것(전환)을 완료한 이들로 하여금 자신들의 식단이 너무 멀리 간 것은 아닌지 의문을 제기하도록 만들어야 할 것이다.

25-10-고1-30

While convenience and technology [are / is]91) crucial, they are not the only factors [driven / driving]92) Gen Z's financial decisions. This generation is incredibly values-driven, and they want to bank with institutions that [match / matches]93) their personal beliefs and values. Transparency is vital. Gen Z is [certain / skeptical]94) of large corporations and institutions that lack accountability. They [had / have]95) grown up in a world where information is freely available, and they expect [complete / completely]96) transparency from the brands they support. Banks, for example, must clearly [communicate / be communicated]97) fees, terms, and conditions, as well as how they handle customers' data. Moreover, ethical banking practices [are / is]98) more important than ever. Gen Z cares about the environment, social justice, and the ethical implications of their [financial / financially]99) decisions. They are interested in sustainable investing, [support / supporting]100) businesses that match their values, and ensuring that their money is not being used to fund harmful practices. Banks that offer socially responsible investment opportunities and [are / x]101) committed to environmental sustainability will attract Gen Z's attention.

편리함과 기술이 중요하지만 그것들이 Z세대의 재정상 결정을 이끄는 유일한 요인들은 아니다. 이 세대는 매우 가치 지향적이며 개인의 신념과 가치에 부합하는 기관과 거래하기를 원한다. 투명성이 매우 중요하다. Z세대는 책무성이 부족한 대규모의 기업과 기관에 회의적이다. 그들은 정보를 자유롭게 이용할 수 있는 세상에서 자라 왔고, 자신이 지지하는 브랜드로부터 완전한 투명성을 기대한다. 예를 들어 은행은 그들이 고객의 데이터를 처리하는 방식뿐 아니라 수수료, 약관, 조항을 투명하게 전달해야 한다. 게다가 윤리적인 은행 업무는 그 어느 때보다 중요하다. Z세대는 환경, 사회 정의, 그리고 자신의 재정상 결정의 윤리적 함의에 관심이 있다. 그들은 지속 가능한 투자, 자신의 가치에 부합하는 기업을 지지하는 것, 그리고 자신의 돈이 유해한 관행에 자금을 대는 데 사용되고 있지 않음을 확실히 하는 것에 관심이 있다. 사회적으로 책임 있는 투자 기회를 제공하고 환경적 지속 가능성에 전념하는 은행은 Z세대의 관심을 끌 것이다.

25-10-고1-31

Myths aren't only stories. For example, a well-known myth [**that** / **what**]102) persists today is the supposed high iron content in spinach. This is a legend that dates back to 1890 and [**originated** / **originates**]103) from a simple miscalculation by physiologist Gustav von Bunge. He accurately determined [**that** / **what**]104) 100 grams of spinach contained 35 milligrams of iron but he was [**analyzed** / **analyzing**]105) dried spinach, [**which** / **in which**]106) held ten times more iron than the same amount of fresh leafy greens. Although the error was swiftly corrected, the [**correction** / **correlation**]107) was just as swiftly forgotten. The myth [**had** / **has**]108) taken hold. Popeye, who gained superhuman strength from the leafy greens and [**defended** / **offended**]109) himself with iron fists, [**contributed** / **contributing**]110) to its endurance and even today, some nearly 150 years later, parents the world over use this tale to try [**persuading** / **to persuade**]111) their children into eating the healthy vegetable.

통념은 단지 이야기가 아니다. 예를 들어 오늘날에도 지속되는 잘 알려진 하나의 통념은 시금치에 있다고 여겨지는 높은 철분 함량이다. 이것은 1890년으로 거슬러 올라가 생리학자 Gustav von Bunge의 단순한 계산 착오에서 비롯된 전해오는 이야기이다. 그가 시금치 100그램이 철분 35밀리그램을 함유하고 있다는 사실을 정확하게 밝혀냈지만, 그는 말린 시금치를 분석하고 있었고, 그것은 같은 양의 말리지 않은 푸른잎채소(시금치)보다 열 배 많은 철분을 갖고 있었다. 그 오류는 빠르게 수정되었지만 그 수정은 그만큼 빠르게 잊혀졌다. 이 통념은 확고히 자리를 잡았다. Popeye는 푸른잎채소(시금치)에서 초인적인 힘을 얻고 강철 주먹으로 자신을 방어했기에 그것의 지속에 기여했고, 약 150년이 지난 오늘날에도 전 세계 부모들은 자녀들이 건강한 그 채소를 먹도록 설득하기 위해 이 이야기를 이용한다.

25-10-고1-32

The technical term often used to [**describe** / **describing**]112) animals' judgement of numbers [**are** / **is**]113) the approximate number system. What it does not provide is precision. It shows—and this is the same in every species tested—a characteristic pattern of errors, with discrimination becoming [**less** / **more**]114) accurate as the quantities get bigger. Rhesus monkeys can tell one from two, two from three, three from four, four from five … but start to [**fail** / **succeed**]115) from five upwards. Rats that learned to press a lever a given number of times, from four up to twenty-four, became markedly less and less [**precise** / **precisely**]116) in their responses as the number increased: by the top end of the range they would [**mere** / **merely**]117) produce a spread of numbers around the target. It is a common observation [**that** / **what**]118) when testing the accuracy of animals' number sense, the size of the numbers [**matter** / **matters**]119).

동물들의 수에 대한 분별력을 기술하는 데 자주 사용되는 전문 용어는 '어림 수 짐작 능력'이다. 그것이 제공하지 않는 것은 정확성이다. 그것은 수량이 더 커질수록 판별이 덜 정확해지는 특징적인 오류 패턴을 보여 주는데, 이것은 실험된 모든 종에서 동일하다. 붉은털원숭이는 1과 2, 2와 3, 3과 4, 4와 5는 구별할 수 있지만, 5 위로는 실패하기 시작한다. 네 번에서 스물네 번까지 주어진 횟수만큼 레버를 누르도록 학습했던 쥐는 숫자가 커질수록 그들의 반응에 있어서 두드러지게 점점 덜 정확해졌다. 그 범위의 상한선에 다다랐을 때, 그들은 단지 목표(숫자) 주변에 퍼져 있는 숫자들을 산출하곤 했다. 동물의 수 감각의 정확성을 측정할 때, 숫자의 크기가 중요하다는 것은 공통된 관찰이다.

25-10-고1-33

[Although / Despite][120] the cultural trope depicting emotions as the opposite of rational thought, cognition — [that / what][121] we commonly refer to as thinking — is actually a key building block of emotion. How we think about our circumstances [shape / shapes][122] the emotions we experience; then those emotions [echo / echoing][123] back to influence how we think. For instance, if you walk into a test thinking you are bad at taking tests, your anxiety will be [decreased / increased][124]. Then you don't feel good about your performance on the test, and that becomes evidence for continuing to think that you're [bad / good][125] at test taking. In this way there's simply no pulling emotion and cognition apart. This bi-directionality of cognition and emotion [allow / allows][126] us to adjust [difficult / easy][127] emotions by changing the way we think. By thinking [different / differently][128] — I get nervous sometimes, but I'm still a good test taker, or that nervous feeling is just excitement and anticipation, it means I'm ready — you can work those pathways to your [advantage / disadvantage][129].

감정을 합리적인 사고의 반대로 묘사하는 문화적인 비유적 표현에도 불구하고, 우리가 흔히 생각이라고 일컫는 것, 즉 인지는 사실 감정의 핵심 구성 요소이다. 우리가 우리의 상황에 대해 '생각하는' 방식은 우리가 경험하는 감정을 형성한다. 그다음에 그 감정들은 반향되어 우리가 생각하는 방식에 영향을 미친다. 예를 들어, 만약 여러분이 시험 보는 것을 잘 못한다고 생각하며 시험을 보러 걸어 들어간다면, 여러분의 불안은 증가할 것이다. 그러면 여러분은 그 시험에서 자신의 수행에 대해 기분이 좋지 않고, 그것은 여러분이 시험 보는 것을 잘 못한다고 '생각하는' 것을 지속하는 근거가 된다. 이런 식으로 감정과 인지는 결코 분리할 수 없다. 인지와 감정의 이러한 양방향성은 우리가 생각하는 방식을 바꿈으로써 어려운 감정들을 조정하는 것을 가능하게 한다. '나는 때때로 긴장하지만, 여전히 시험 보는 것을 잘하는 사람이다.' 혹은 '그 긴장되는 느낌은 단지 흥분과 기대이며, 그것은 내가 준비되었다는 것을 의미한다.'라고 다르게 생각함으로써, 여러분은 그러한 경로들을 여러분에게 유리하게 작동시킬 수 있다.

25-10-고1-34

What is the Capabilities Approach (CA), and why would lawyers passionate about animal justice care about [it / them][130]? It is easy to say what it is not. The CA does not rank animals by likeness to humans or [seek / seeking][131] special privileges for those considered most "like us," as do some other [popular / unpopular][132] theoretical approaches. The CA has concern for the finch and the pig as [many / much][133] as the whale and the elephant. And it argues [that / what][134] the human form of life is simply [relevant / irrelevant][135] when we think about what each type of animal needs and deserves. What is [relevant / irrelevant][136] is their own forms of life. Just as humans seek to be able to [enjoy / enjoying][137] the characteristic goods of a human life, so a finch seeks a finch's life and the whale a whale's life. We should [extend / be extended][138] ourselves and learn, not lazily [picture / picturing][139] animals as lesser humans, seeking a life sort of like our own. According to the CA, each sentient [creature / creatures][140] should have the opportunity to flourish in the form of life characteristic for that creature.

능력 접근법(CA)이란 무엇이며, 동물 정의에 열정을 가진 법률가들이 왜 그것에 관심을 가질까? 그것이 아닌 것을 말하는 것이 쉽다. CA는 다른 널 리 퍼진 이론적 접근들이 그러하듯, 동물들을 인간과의 유사성에 따라 순위를 매기거나 가장 '우리와 비슷한' 존재로 여겨지는 동물에게 각별한 특권을 부여하려 하지 않는다. CA는 고래와 코끼리에게만큼이나 핀치와 돼지에게도 관심을 가진다. 그리고 그것은 우리가 각 종류의 동물이 필요로 하고 마땅히 누려야 할 것에 대해 생각할 때, 인간의 삶의 형태는 그저 무관하다고 주장한다. 관련이 있는 것은 '그들 고유의' 삶의 형태이다. 꼭 인간이 인간다운 삶의 고유한 좋은 것들을 누릴 수 있기를 추구하는 것처럼, 핀치는 핀치의 삶을, 고래는 고래의 삶을 추구한다. 우리는 스스로를 확장하고 배워야 하며, 동물들을 열등한 인간으로, 우리와 같은 식의 삶을 추구한다고 성의 없이 상상해서는 안 된다. CA에 따르면, 지각 능력이 있는 각각의 생명체는 그 생명체에게 고유한 삶의 형태로 번영할 기회를 가져야 한다.

25-10-고1-35

Social media serves as an important context to facilitate [autobiographical / biographical]141) remembering. Personal events posted on social media platforms [are / is]142) better remembered and less forgotten than [that / those]143) not posted, [dependent / independent]144) of the characteristics of the events. This may be [because / because of]145) sharing memories online allows individuals to rehearse and make sense of [that / what]146) happened, thus [facilitate / facilitating]147) longterm memory retention. Online feedback such as comments and likes as well as technological features such as algorithms and periodic reminders can [farther / further]148) serve as memory cues for the posted event details. As a result, event details [shared / are shared]149) on social media are [likely / unlikely]150) stabilized and remembered over time, whereas those not shared may become [accessible / inaccessible]151) or forgotten.

소셜 미디어는 자전적 기억을 촉진하는 중요한 맥락으로 작용한다. 소셜 미디어 플랫폼에 게시된 개인적 사건들은 그 사건들의 특성과 무관하게 게시되지 않은 것들보다 더 잘 기억되고 덜 잊힌다. 이것은 온라인에서 기억을 공유하는 것이 개인이 일어난 일을 되풀이하고 이해하도록 해서 장기 기억 유지를 촉진하기 때문일 수 있다. 알고리즘과 주기적인 알림과 같은 기술적 기능들뿐만 아니라, 댓글과 좋아요와 같은 온라인 피드백도 게시된 사건의 세부 사항에 대한 기억 단서로 한층 더 작용할 수 있다. 그 결과, 소셜 미디어에 공유된 사건 세부 사항들은 시간이 지나면서 안정화되고 기억될 가능성이 높은 반면에, 공유되지 않은 것들은 접근할 수 없게 되거나 잊힐 수 있다.

25-10-고1-36

Multisensory experiences are a [central / centrally]152) part of our everyday lives, yet we often take them for granted, especially when our senses function [normal / normally]153) or are corrected to normal [with / without]154) aids like glasses. However, closer inspection to any, even the most [extraordinary / ordinary]155) experiences, [conceals / reveals]156) the remarkable multisensory world [which / in which]157) we live. [Consider / Considering]158) the experience of eating a regular meal. At first, it may seem like an [extraordinary / ordinary]159) experience, but it is actually a fusion of the senses. We first eat with our eyes, but we are also exposed to countless sensory signals that [influence / influences]160) our eating experience such as food textures, tastes, and smells. And it does not stop there. Even the sounds that [come / coming]161) both from the atmospheres in which we eat and our interactions with the food (such as chewing) and the tools we use to eat [influence / influences]162) our eating experience.

다중 감각 경험은 우리 일상생활의 주요한 부분이지만, 우리는 특히 감각이 정상적으로 작동하거나 안경과 같은 보조 도구로 정상으로 교정될 때 그것들을 종종 당연하게 여긴다. 그러나 어떤, 심지어는 가장 평범한 경험조차 더 자세히 살펴보는 것은 우리가 살고 있는 놀라운 다중 감각 세계를 보여 준다. 일상의 식사를 하는 경험을 생각해 봐라. 처음에는 그것이 평범한 경험처럼 보일 수 있지만, 실제로 그것은 감각들의 융합이다. 우리는 처음에는 눈으로 식사하지만, 또한 음식의 질감, 맛, 냄새와 같이 우리의 식사 경험에 영향을 미치는 수많은 감각 신호에도 노출된다. 그리고 그것은 거기서 멈추지 않는다. 심지어 우리가 식사하는 상황과 음식(씹기)이나 우리가 식사에 사용하는 도구와의 상호 작용 둘 다에서 나오는 소리들도 우리의 식사 경험에 영향을 미친다.

25-10-고1-37

As children, the [principal / principle]163) of opposites is foreign. Children perceive words and their meanings [separate / separately]164) from each other. It is only in later development that we understood [that / what]165) individual words [directly / indirectly]166) connect to one another. For many children, for instance, it is [not / x]167) clear that 'Right' is the opposite of 'Left'. A [vivid / vividly]168) example of this can be seen when children learn to ride a bicycle. If parents tell their child "Don't go to the left," they will often find [that / what]169) the child will continue riding straight ahead and not automatically turn to the right. The same applies to the logical [connection / disconnection]170) between 'Yes' and 'No' as perceived by parents. When we were children and [told / were told]171), for example, "No, don't eat with your hands," we [confused / were confused]172) and didn't know what our parents expected from us. Our confusion was about whether we should continue eating or not and if so, how? Only later [did / do]173) we recognize the connection and [understand / understood]174) that we should continue eating, but not with our hands but with a fork or a spoon.

어릴 때 반대의 원리는 낯설다. 아이들은 단어들과 그 의미들을 서로 분리해서 인식한다. 우리가 개별 단어들이 직접적으로 서로 연결되어 있다는 것을 이해하게 되는 것은 나중의 발달 단계가 되어서이다. 예를 들어 많은 아이들에게 '오른쪽'이 '왼쪽'의 반대라는 것은 분명하지 않다. 이것의 생생한 사례는 아이들이 자전거 타는 것을 배울 때 보여질 수 있다. 부모들이 자녀에게 "왼쪽으로 가지 마."라고 말하면, 부모는 아이가 곧장 앞으로 계속 가고 자동적으로 오른쪽으로 방향을 틀지 않는 것을 종종 보게 될 것이다. 같은 원리가 부모가 인식하는 '예'와 '아니요' 사이의 논리적 관계에도 적용된다. 우리가 아이였을 때, 예를 들어 "안 돼, 손으로 먹지 마."라는 말을 들었을 때, 우리는 혼란스러웠고, 우리 부모가 우리로부터 기대하는 것이 무엇인지 몰랐다. 우리의 혼란은 계속 먹어야 하는 건지 아닌지, 만약 먹는다면 어떻게 해야 하는지에 대한 것이었다. 나중에서야 우리는 그 연관성을 인식했고, 우리가 손이 아니라 포크나 숟가락으로 계속 먹어야 한다는 것을 이해하게 되었다.

25-10-고1-38

Humans are not the most [social / socially]175) animal. Ants, bees, and termites put humanity to [shame / be shamed]176) on many metrics of sociality. A wide variety of relatives live together with [perfect / perfectly]177) harmonious behavior and [collective / collectively]178) care for their young. But while insect colonies are [impressive / impressively]179) social places, it's not our kind of social life. Bees always build hexagonal hives, ants march in lines, and termites move in zigzag formations. These patterns recur predictably [because / because of]180) they are tightly programmed genetically and propelled pheromonally. We humans are [less / more]181) free, [less / more]182) tightly programmed genetically, so our social patterns can be more diverse and dynamic. Every group dances a [slight / slightly]183) different dance, and these choreographies change across generations. We still think and act in ways that are in harmony with [others / the others]184) around us, but it is through patterns that are more shaped by [nature / nurture]185), not just [nature / nurture]186).

인간이 '가장' 사회적인 동물은 아니다. 개미, 벌, 그리고 흰개미는 많은 사회성 측정 기준에서 인류를 부끄럽게 한다. 매우 다양한 동족들이 완벽하게 조화로운 행동으로 함께 살고 집단적으로 그들의 어린 새끼들을 돌본다. 그러나 곤충 군집들이 인상적으로 사회적인 장소인 반면, 그것은 '우리의' 사회생활의 종류가 아니다. 벌들은 항상 육각형의 벌집을 짓고, 개미들은 줄지어 행진하며, 흰개미들은 지그재그 대형으로 움직인다. 이러한 패턴들은 그것들이 유전적으로 긴밀하게 프로그램되어 있으며 페로몬에 의해 추진되기 때문에 예측할 수 있게 반복된다. 우리 인간은 더 자유롭고, 유전적으로 덜 긴밀하게 프로그램되어 있어서 우리의 사회적 패턴들은 더 다양하고 역동적일 수 있다. 모든 집단은 약간 다른 춤을 추는데, 이러한 안무들은 세대에 걸쳐 변한다. 우리는 여전히 우리 주변의 다른 사람들과 조화를 이루는 방식으로 생각하고 행동하지만, 그것은 단지 본성만이 아니라 양육에 의해 더 많이 형성되는 패턴들을 통해서이다.

25-10-고1-39

Those who purchase the goods of a company [are / is]187) called customers. Individuals who purchase goods for personal use [are / is]188) called consumers: beings who consume. Therefore, companies [had / have]189) invented multiple ways to ensure [that / what]190) their customers consume the produced items in larger and larger quantities and more and more [frequent / frequently]191). Those who sell food have an easy time, for food is literally consumed, so there is [always / sometimes]192) a need to purchase new food. But with more [permanent / permanently]193) things, companies must invent reasons for their customers to continue to consume [them / themselves]194). One approach is to make the stuff that people already have outdated by convincing [them / themselves]195) that it is no longer fashionable. The entire fashion industry is built to [convince / be convinced]196) people that fashion matters, so they must purchase new clothing, even though the old is still [imperfectly / perfectly]197) functionable. Fashion today extends to far [less / more]198) things than clothes: automobiles, mobile phones, computers — the list is extended indefinitely, limited only by the limits of the [creative / creatively]199) minds of the marketing divisions of companies.

어떤 회사의 상품을 구매하는 사람들은 고객이라 불린다. 개인적인 용도로 상품을 구매하는 사람들은 소비자, 즉 소비하는 존재라 불린다. 따라서 기업들은 그들의 고객이 생산된 물품을 반드시 점점 더 많이, 점점 더 자주 소비하게 하기 위한 다양한 방법들을 고안해 왔다. 음식을 판매하는 사람들은 수월한 편인데, 왜냐하면 음식은 말 그대로 소비되므로 새로운 음식을 구매할 필요는 항상 있기 때문이다. 그러나 보다 영구적인 물건의 경우, 기업들은 고객이 그것들을 계속 소비할 이유를 만들어 내야 한다. 한 가지 접근법은 사람들이 이미 가지고 있는 물건이 더 이상 유행하지 않는다고 설득하여 그것을 구식이 되게 하는 것이다. 전체 패션 산업은 기존 옷이 여전히 완벽하게 기능하더라도 유행이 중요하고 그래서 그들이 새 옷을 사야 한다고 사람들을 설득하기 위해 만들어져 있다. 오늘날 유행은 옷을 넘어 자동차, 휴대전화, 컴퓨터 등 훨씬 많은 것들로 확장된다. 그 목록은 끝없이 확장되며, 다만 기업에 속한 마케팅 부서의 창의적 사고의 한계에 의해서만 제한될 뿐이다.

25-10-고1-40

Kivetz, Urminsky, and Zheng partnered with a café to test the motivating effect of illusory [process / progress]200) in an experiment. Customers received a reward card that [offered / was offered]201) one free coffee after they'd bought ten. While half of the customers received a card with ten open slots, [the / x]202) other half got a card with twelve open slots. Yet the twelve-slot card had two preexisting "bonus" stamps, so, strictly speaking, these were [identical / identically]203) reward programs. Every customer who got a card needed to make ten coffee purchases (and collect ten stamps) to get their free coffee. But the appeal of the free stamps [was / were]204) high. People who thought they'd gotten a head start came back to the café more often, [filled / filling]205) in their reward card more quickly than [the / x]206) others. When the card came with two out of twelve slots already filled, it felt to customers like they were already 16 percent finished with the goal [after / before]207) they'd even started. Believing they were closer to the reward, they were [less / more]208) motivated to reach the finish line.

Kivetz, Urminsky, Zheng은 착각된 진전이 주는 동기 부여 효과를 실험에서 시험해 보기 위해 한 카페와 협력했다. 고객들은 열 잔을 산 후에 무료 커피 한 잔을 제공하는 보상 카드를 받았다. 고객들 중 절반은 열 개의 빈칸이 있는 카드를 받은 반면, 나머지 절반은 열두 개의 빈칸이 있는 카드를 받았다. 하지만 열두 칸짜리 카드에는 이미 찍힌 두 개의 '보너스' 도장이 있어서, 엄밀히 말하면 이것들은 동일한 보상 프로그램이었다. 카드를 받은 모든 고객은 무료 커피를 받기 위해 열 잔의 커피를 구매해야 했고(그리고 도장 열 개를 모아야 했다), 그러나 무료 도장의 매력은 컸다. 자신이 앞선 출발을 했다고 생각한 사람들은 카페에 더 자주 돌아왔고, 다른 사람들보다 더 빨리 그들의 보상 카드를 채웠다. 열두 칸 중 두 칸이 이미 채워진 채로 카드가 손에 들어왔을 때, 그것은 고객들에게 시작도 하기 전에 이미 목표의 16퍼센트를 끝낸 것처럼 느껴졌다. 자신들이 보상에 더 가까워졌다고 믿었기 때문에, 그들은 결승선에 도달하는 데 더 큰 동기를 부여받았다.

25-10-고1-41~42

Creativity is the ability to [**generate / be generated**]209) novel and valuable ideas. It involves divergent thinking, imagination, and a willingness to experiment and [**take / taking**]210) risks. While AI can be a powerful tool for creative efforts, it also carries the risk of [**extending / limiting**]211) originality and innovation. AI algorithms are trained on existing datasets, often identifying patterns and trends in [**past / present**]212) creations. While this can be useful for generating new content in [**different / similar**]213) styles or formats, it can also lead to derivative works that [**lack / lacks**]214) genuine originality. If artists and designers rely too [**heavily / heavy**]215) on AI for inspiration and content generation, they may find [**them / themselves**]216) trapped in a cycle of imitation, unable to break free from the constraints of the AI's training data. Moreover, the ease with which AI can [**generate / be generated**]217) content can discourage the kind of struggle and experimentation that often leads to breakthroughs. The creative process is often messy and repetitive, involving numerous [**failures / successes**]218) and setbacks. It is through these challenges [**that / what**]219) we refine our skills, develop our unique perspectives, and push the boundaries of what is [**possible / impossible**]220). If AI provides instant solutions, it can skip this essential process of learning through trial and error, ultimately [**inhabiting / inhibiting**]221) the development of true creative talent.

창의성이란 새롭고 가치 있는 아이디어를 만들어 내는 능력이다. 그것은 확산적 사고, 상상력, 그리고 실험을 하고 위험을 감수하려는 의지를 포함한다. AI는 창의적인 노력을 위한 강력한 도구가 될 수 있지만, 또한 독창성과 혁신을 제한할 위험을 수반한다. AI 알고리즘은 종종 과거의 창작물에서 패턴과 경향을 식별하며 기존의 데이터 세트를 바탕으로 훈련된다. 이것은 유사한 스타일이나 형식으로 새로운 콘텐츠를 만들어 내는 데 유용할 수 있지만, 그것은 또한 진정한 독창성이 부족한 모방적인 작품들로 이어질 수 있다. 예술가와 디자이너가 영감과 콘텐츠 생성을 위해 AI에 지나치게 의존한다면, 그들은 AI의 훈련 데이터라는 제한으로부터 벗어날 수 없는 상태에서 모방의 순환에 갇힌 자신을 발견할지 모른다. 더욱이, AI로 콘텐츠를 생성할 수 있는 편의성은 종종 획기적인 발전으로 이어지는 그런 종류의 노력과 실험을 방해할 수 있다. 창의적인 과정은 종종 골치 아프고 반복적이며 수많은 실패와 좌절을 수반한다. 우리가 자신의 기술을 연마하고, 고유한 관점을 발전시키며, 가능한 것의 경계를 넓혀가는 것은 바로 이러한 어려움들을 통해서이다. 만약 AI가 즉각적인 해결책을 제공한다면, 그것은 시행착오를 통한 이 본질적인 학습 과정을 건너뛸 수도 있으며, 궁극적으로는 진정한 창의적 재능의 발달을 방해한다.

25-10-고1-43~45

When billionaire James Walker was once asked by a journalist, "Is there anyone richer than you?", he replied, "Yes, there is one young man I'll never forget." He told the story of when he first met David at a New York airport. Years ago, James was broke and stuck at the airport, [**killed** / **killing**]222) time reading newspaper headlines at the newsstand. One headline caught his eye, but he had no money to buy the paper. Just then, David, working at the newsstand [**noticed** / **was noticed**]223) James. He asked, "Would you like to buy this, sir?" But, James hesitated, saying he had no money. David smiled and said, "Me, too. But I have enough for this. Take it as a gift." Three months later, James, still broke, met him at the newsstand once more. Again, David gave him a newspaper without expecting [**anything** / **something**]224) in return. Years passed and James became a wealthy businessman, but he never forgot the young man he [**had** / **has**]225) met at the airport. He found David running a small bookstore and visited him there. He introduced himself, saying, "David, you helped me twice when you had almost nothing. I want to give you [**anything** / **something**]226) you wish." He looked at him and said, "You can't truly compensate me." James asked, "Why not?" David replied, "[**Because** / **Because of**]227) I gave to you when I had almost nothing. You're offering me something now that you have everything. That's just generosity at convenience. So, I can't accept your offer." James realized [**that** / **what**]228) money doesn't make someone rich. Remembering that moment, he said to the journalist, "It's the willingness to give even when you have very [**few** / **little**]229) that makes you wealthy. And so, David is the richest person I [**had** / **have**]230) ever met."

억만장자 James Walker가 한 기자로부터 "당신보다 부유한 사람이 있나요?"라는 질문을 받았을 때, 그는 "예, 제가 절대 잊지 못할 한 젊은이가 있습니다."라고 대답했다. 그는 New York에 있는 한 공항에서 David를 처음 만났을 때의 이야기를 들려주었다. 수년 전, James는 무일푼으로 공항에 묶인 채 신문 가판대에 있는 신문 제목들을 읽으며 무료한 시간을 보내고 있었다. 한 기사 제목이 그의 시선을 사로잡았지만, 그는 신문을 살 돈이 없었다. 바로 그때, 신문 가판대에서 일하고 있던 David가 James를 발견했다. "선생님, 이거 사고 싶으신가요?"라고 그가 물었다. 하지만 James는 돈이 없다고 말하며 주저했다. David는 미소 지으며 "저도 그래요. 하지만 이것을 살 정도는 있어요. 선물로 가져가세요."라고 말했다. 3개월 후, 여전히 무일푼인 James는 그 신문 가판대에서 그를 다시 한번 만났다. 또다시 David는 그에게 아무런 보답도 기대하지 않고 신문 한 부를 주었다.
수년이 흘러서 James는 부유한 사업가가 되었지만, 그는 그가 공항에서 만났던 그 청년을 결코 잊지 못했다. 그는 David가 작은 서점을 운영하고 있다는 것을 알아냈고, 거기로 그를 방문했다. James는 자기를 소개하며 "David, 당신은 당신이 가진 게 거의 없을 때 나를 두 번이나 도와주었어요. 나는 당신이 원하는 것은 무엇이든 당신에게 주고 싶어요."라고 말했다. 그러자 David는 그를 바라보며 "당신은 나에게 진정으로 보답할 수 없어요."라고 말했다.
James가 "왜 할 수 없죠?"라고 묻자 David는 "나는 가진 게 거의 없을 때 당신에게 베풀었기 때문이에요. 당신은 이제 모든 것을 가졌으니 나에게 뭔가를 주려고 하는 거잖아요. 그건 그저 편의에 따른 관대함일 뿐이죠. 그러니 저는 당신의 제안을 받아들일 수 없어요."라고 답했다. James는 돈이 누군가를 부유하게 만들지 않는다는 것을 깨달았다. 그 순간을 회상하며 그는 기자에게 말했다. "당신을 부유하게 만드는 것은 거의 가진 게 없을 때조차도 베풀려는 의지인 거죠. 그러므로 David가 제가 이제껏 만난 가장 부유한 사람입니다."

2025 고1 10월 모의고사　　점수 :　　점 / 300 점

❶ voca　　❷ text　　❸ [/]　　❹ _____　　❺ quiz 1　　❻ quiz 2　　❼ quiz 3　　❽ quiz 4　　❾ quiz 5

25-10-고1-18

Dear Mr. Kelly, My name is Mark Smith, and I am the manager of Lomos Tours. I express our sincere a____________ 1) for your continued trust and l_________ 2). Next year, as part of a new promotional c_________ 3), Lomos Tours will be a_________ 4) an advertisement. We plan to include the experiences of some of our most v_________ 5) clients. Since you traveled with us last summer, I would like to kindly ask if you would be willing to share a few words about your experience. Your feedback would be i____________ 6) in helping us promote our services. A member of our team will be in touch with you shortly. Thank you in advance for your contributions.

Warm regards, Mark Smith

친애하는 Kelly 씨께, 제 이름은 Mark Smith이며, 저는 Lomos Tours의 매니저입니다. 저는 당신의 지속적인 신뢰와 충심에 우리의 진심 어린 감사를 표합니다. 내년에, 새로운 홍보 캠페인의 일환으로, Lomos Tours는 광고를 방영하려고 합니다. 우리는 우리의 가장 소중한 몇몇 고객님들의 경험을 담을 계획입니다. 당신은 지난여름에 우리와 함께 여행하셨기에, 저는 당신의 경험에 대해 몇 마디 말씀을 기꺼이 공유해 주실 수 있는지 정중히 부탁드리고 싶습니다. 당신의 피드백은 우리가 서비스를 홍보하는 것을 도와주는 데 매우 소중할 것입니다. 우리 팀의 직원 한 명이 곧 연락드릴 것입니다. 당신의 기여에 미리 감사드립니다. 따뜻한 안부를 전하며, Mark Smith

25-10-고1-19

After finishing my shopping, I walked out of the grocery store and h_________ 7) to the spot where I'd parked my car. But it wasn't there. I wasn't the kind of person to forget where I'd parked. I knew I was in the right place — so where was my car? I looked around, but nothing made s_________ 8). Not knowing what to do, I called my husband at home and said, "My car is missing! I can't find my car." I heard him laughing on the other e_________ 9) of the l_________ 10). "Your car is here outside the house! You took mine today, remember?" I turned around — and there it was. I couldn't h_________ 11) but laugh at myself. With a sigh of r_________ 12), I walked over to the car. Everything was fine after all.

쇼핑을 마친 후에, 나는 식료품 가게를 걸어나가 내가 차를 주차했던 장소로 향했다. 그러나 그것이 거기에 없었다. 나는 내가 주차했던 장소를 잊어버릴 그런 사람이 아니었다. 나는 내가 정확한 장소에 있다는 것을 알았지만, 그렇다면 내 차는 어디에 있는 걸까? 나는 주위를 둘러보았지만, 도무지 아무것도 이해되지 않았다. 무엇을 해야 할지 몰라, 나는 집에 있는 남편에게 전화를 걸어 "내 차가 없어졌어요! 나는 차를 못 찾겠어요."라고 말했다. 나는 그가 전화기의 반대편에서 웃는 것을 들었다. "당신의 차는 여기 집 밖에 있어요! 당신은 오늘 내 차를 가져갔어요. 기억나죠?" 나는 돌아보았고, 그것은 거기에 있었다. 나는 실소를 금할 수 없었다. 안도의 숨을 내쉬며, 나는 차로 걸어갔다. 결국 모든 것이 괜찮았다.

25-10-고1-20

One of the most important aspects of s____________13) long-term relationships is communication. It's easy to connect with someone and then let the relationship get s__________14) due to a lack of follow-up. To keep the connection a__________15), make a c__________16) effort to stay in touch. This doesn't mean constantly r__________17) out with requests or updates but rather maintaining a friendly and c__________18) line of communication. A simple message to check in or share something of v__________19) can go a long way in r__________20) your relationship. For example, if you come across an article or r__________21) that you think might interest a connection, share it with them, even if you haven't spoken in a while. This shows that you're thinking of them and are i__________22) in m__________23) the relationship.

장기적인 관계를 유지하는 데 가장 중요한 측면 중 하나는 소통이다. 누군가와 친해지고 나서 추후 연락 부족으로 인해 그 관계가 정체되도록 내버려 두기 쉽다. 관계를 유지하기 위해 연락하고 지내려는 의식적인 노력을 기울여라. 이는 요청이나 최근 소식을 가지고 끊임없이 연락을 취하는 것이 아니라 오히려 친근하고 일관된 소통의 끈을 유지하는 것을 의미한다. 안부를 확인하거나 가치 있는 무언가를 공유하는 간단한 메시지가 여러분의 관계를 강화하는 데 도움이 될 수 있다. 예를 들어, 여러분이 자신과 관계가 있는 사람의 흥미를 끌 수 있다고 여기는 기사나 자료를 우연히 발견하면, 한동안 이야기하지 않았다고 할지라도 그들과 그것을 공유하라. 이는 여러분이 그들을 생각하고 있으며 관계를 지속하는 데 노력을 쏟고 있다는 것을 보여 준다.

25-10-고1-21

Currently, urban r__________24) projects in d__________25) areas have been p__________26) as improving the w__________27) of residents and solving environmental i__________28) problems. However, such environmental improvements in ethnic communities andor low-income h__________29) can create an urban green space p__________30). The creation of new, high-quality green spaces can increase a__________31), making these neighbourhoods more d__________32). By contrast, the cost of housing can rise, and residents may not be able to afford the r__________33). This results in the e__________34) or d__________35) of the poor neighbourhood's residents, who were i__________36) to benefit from the ecosystem services provided by the new green space. In turn, the residents may only be able to afford to live in a similar degraded neighbourhood to the one they left, with low access to green i__________37).

현재 낙후된 지역에서 도시 재생 프로젝트는 거주자들의 복지를 향상시키고 환경적 불평등 문제를 해결하는 것으로서 추진되어 왔다. 하지만 소수 민족 공동체들 및또는 저소득층 가구에서 그러한 환경 개선은 도시 녹색 공간의 역설을 만들 수 있다. 새로운 양질의 녹색 공간의 조성은 매력을 증가시킬 수 있어 이 지역을 더 탐나게 만든다. 대조적으로 주거비가 오를 수 있고, 거주자들은 임대료를 지불할 여유가 없을지도 모른다. 이는 가난한 지역 거주자들의 배제 혹은 퇴거를 야기하는데, 그들은 새로운 녹색 공간에 의해 제공되는 생태계 서비스로부터 혜택을 얻도록 의도되어 있었다. 결국 그 거주자들은 녹색 사회 기반 시설에 접근성이 낮은 채로, 그들이 떠났던 곳과 비슷한 낙후된 지역에나 거주할 형편이 될 수 있을지도 모른다.

25-10-고1-22

An increasing awareness of our effect on the ocean is slowly s__________38) into the public a__________39), dragging behind it a conversation that is decades o__________40). But this conversation faces a massive o__________41). It's almost impossible to discuss what to do about something changing if you don't i__________42) know how it works. If a doctor tells a patient that they have a problem with their kidneys, the patient probably already has at least a v__________43) idea about where their kidneys are and what they're up to. They learned about that part of their own personal life-support system at school. But that's not the c__________44) for the oceans. When we see a news story about the long-term decline in the numbers of krill in the Southern Ocean, it sounds g__________45) like a bad thing. But there's far more to it than the risk of whales g__________46) hungry. Krill are a part of the ocean e__________47). We need to understand at least some of the c__________48) before we can discuss the change and take appropriate a__________49).

해양에 미치는 우리의 영향에 대한 커지는 인식이 공공 안건으로 서서히 스며들면서 수십 년 동안 미뤄 온 대화를 그것 뒤로 끌고 온다. 하지만 이 대화는 거대한 장애물을 직면한다. 만약 여러분이 그것이 어떻게 작동하는지를 애초에 알지 못한다면 변화하는 어떤 것에 대해 무엇을 해야 할지를 논의하는 것은 거의 불가능하다. 만약 의사가 환자에게 신장에 문제가 있다고 말한다면, 그 환자는 아마도 신장이 어디에 있고 무엇을 하는지에 대해 적어도 막연한 이해는 이미 가지고 있을 것이다. 그들은 학교에서 자기 개인의 생명 유지 체계의 그 부분에 대해 배웠다. 하지만 해양의 경우는 그렇지 않다. 우리가 남극해 크릴 수의 장기적 감소에 대한 신문 기사를 볼 때, 일반적으로 그것은 나쁜 일처럼 들린다. 하지만 거기에는 고래가 굶주리는 위험보다 훨씬 더 많은 것이 있다. 크릴은 해양 엔진의 일부이다. 우리는 변화에 대해 논의하고 적절한 조치를 취할 수 있기 전에 최소한 어느 정도의 맥락은 이해할 필요가 있다.

25-10-고1-23

Rome was said to have been a m__________50) p__________51) from the very start. The historian Livy claimed the city's original p__________52) was c__________53) of immigrants f__________54) in from all d__________55), attracted by Romulus's d__________56) policy of n__________57). It was this i__________58) openness, Livy asserts, that laid the foundations for the l__________59) strength and success of the city. Romans described their city as m__________60) in the generations after its foundation. Tradition held that only a m__________61) of the city's legendary kings were Romanborn, with the others all arriving as immigrants before being chosen for the t__________62) for their v_________63) and m__________64). As the empire expanded across three continents, Rome eagerly a__________65) new cultural influences and absorbed i__________66) groups — perhaps a little too e__________67) for some, who, like the poet Juvenal, complained about the rapid r__________68) of cultural change.

로마는 맨 처음부터 용광로였다고 일컬어졌다. 역사학자 Livy는 그 도시의 원래 인구가 Romulus의 의도적인 비차별 정책에 의해 이끌려 사방에서 몰려든 이민자들로 구성되었다고 주장했다. Livy가 주장하길, 그 도시의 이후의 힘과 성공을 위한 토대를 놓은 것은 바로 이러한 초기의 개방성이었다. 로마인들은 도시의 설립 이후 여러 세대에 걸쳐 자신들의 도시를 다문화적이라고 묘사했다. 전통적으로 그 도시의 전설적인 왕들 중 소수만이 로마 태생이었고, 나머지 왕들은 그들의 덕성과 공로로 왕위에 선택되기 전에 모두 이민자로 이주해 왔다고 한다. 제국이 세 대륙에 걸쳐 확장되면서 로마는 적극적으로 새로운 문화적 영향을 채택하였고, 유입되는 집단들을 흡수했다. 이것은 아마도 어떤 사람들에게는 다소 지나치게 적극적이었을지도 모르는데, 그들은 시인 Juvenal처럼 그 급격한 문화 변화 속도에 대해 불평했다.

25-10-고1-24

The laws and c__________ 69) of physics and the f__________ 70) forces in our universe have very p__________ 71) forms and values. This means that, if they were only very slightly different, life would not have been p__________ 72). For instance, the precise value of gravity has enabled our u__________ 73) to arise by permitting the a__________ 74) of dust and gas particles to p__________ 75) around which planets later came to o__________ 76), including the Earth around the Sun. If the v__________ 77) of the electron had been ever so slightly larger or smaller, chemistry, as we know it, would not have been possible and life, which is based on organic chemistry, could not have started. The universe was not d__________ 78) for us to evolve, we have no p__________ 79) position in the universe; however, the laws and constants of physics allowed a__________ 80) life to evolve.

물리학 법칙들과 상수들 그리고 우리 우주의 근본 힘들은 매우 정밀한 공식의 형태들과 값들을 가진다. 이는 만약 그것들이 아주 약간만 다르다면 생명체가 가능하지 않았을 것임을 의미한다. 예를 들어, 중력의 정밀한 값은 태양 주위의 지구를 포함하여 행성들이 나중에 그 주위를 공전하게 되는 원시 항성들로 먼지와 가스 입자들이 응집하는 것을 허용함으로써 우리 우주가 생겨나는 것을 가능하게 했다. 만약 전자의 값이 아주 약간이라도 더 크거나 작았더라면, 우리가 알고 있는 대로의 화학 반응은 가능하지 않았을 것이며 유기 화학 반응에 기반을 둔 생명체는 시작될 수 없었을 것이다. 우주는 우리가 진화하도록 설계되지 않았고, 우리는 우주에서 어떠한 특권적인 지위를 가지지 않는다. 그러나 물리학 법칙들과 상수들은 고등 생명체가 진화하는 것을 가능하게 했다.

25-10-고1-26

Dalip Singh Saund was an Indianborn American politician. After graduating from the University of Punjab in India, he moved to the U.S. to a__________ 81) graduate school. He e__________ 82) his doctoral degree at the University of California in 1924 but could not get a job because of his n__________ 83). The next year, he began farming in Imperial Valley, but he was not able to buy land without U.S. c__________ 84). Dalip developed an i__________ 85) in politics and he often spoke out on Indian and political topics. He went to Washington, D.C. and p__________ 86) a b__________ 87) that would allow Indians to become U.S. citizens. The bill was p__________ 88) in 1946, and three years later Dalip received U.S. citizenship. He later became the first Asian to be e__________ 89) to the U.S. Congress.

Dalip Singh Saund는 인도에서 태어난 미국인 정치인이었다. 인도에서 University of Punjab을 졸업한 후에 그는 대학원에 다니기 위해 미국으로 이주했다. 그는 1924년에 University of California에서 박사 학위를 받았지만 자신의 국적 때문에 직업을 구할 수 없었다. 다음 해에 그는 Imperial Valley에서 농사를 시작했지만 미국 시민권이 없어 땅을 구입할 수 없었다. Dalip은 정치학에 대한 관심을 발전시켰고 그는 종종 인도 및 정치 주제에 대해 발언했다. 그는 Washington, D.C.에 가서 인도인이 미국 시민이 될 수 있도록 하는 법안을 홍보했다. 그 법안은 1946년에 통과되었고 3년 후에 Dalip은 미국 시민권을 받았다. 그는 후에 미국 의회에 당선된 최초의 아시아인이 되었다.

25-10-고1-29

Human beings have evolved to make the most of the resources a___________90) to them in ways that are s_________91) and complicated. When we change our d_________92), especially when we do so quickly, we are effectively c_________93) huge e___________94) in nutrition. We o_________95) to have more h_________96). Nutritional science is still young and there is so much we do not know. If we have eaten certain foods in certain ways for millennia, we should assume until it is p_________97) otherwise that there is probably a good reason why. T___________98) foods that don't fit n_________99) on the c___________100) dietary food plate should generally be chosen over highly p_________101) ones that do. We should assume that traditionally made fatty blood sausages are p_________102) to l_________103), factory-made salamis; that s___________104) of honey are superior to sprinkles of s___________105). Witnessing how poorly traditional societies are f_________106) as they undergo a nutrition t_________107) on should make those who have already completed it q_________108) whether their diets have moved too far.

인간은 그들에게 이용 가능한 자원들을 미묘하고 복잡한 방식들로 최대한 이용하도록 진화해 왔다. 우리가 우리의 식단을 바꿀 때, 특히 우리가 매우 빠르게 그렇게 할 때, 우리는 실질적으로 영양 섭취에서 거대한 실험을 시행하고 있는 것이다. 우리는 더 겸손해져야 한다. 영양학은 여전히 역사가 짧고 우리가 모르는 것이 너무나 많다. 만약 우리가 수천 년 동안 특정한 방식들로 특정한 음식들을 먹어 왔다면, 우리는 그것이 다르게 증명될 때까지는 아마도 그렇게 하는 타당한 이유가 있을 것이라고 추측해야 한다. 일반적으로 현대의 균형 잡힌 식단의 식사에 딱 들어맞지 않는 전통 음식이 딱 들어맞는 매우 가공된 음식보다 우선 선택되어야 한다. 우리는 전통적으로 만들어진 지방이 많은 블러드 소시지가 지방이 적고 공장에서 만들어진 살라미 소시지보다 더 선호되며, 그리고 몇 스푼의 꿀이 소량의 감미료보다 더 나은 것으로 추측해야 한다. 전통 사회들이 영양 전환을 겪으면서 얼마나 형편없이 살아가고 있는지를 목격하는 것은 이미 그것(전환)을 완료한 이들로 하여금 자신들의 식단이 너무 멀리 간 것은 아닌지 의문을 제기하도록 만들어야 할 것이다.

25-10-고1-30

While c____________109) and technology are crucial, they are not the only factors driving Gen Z's f_________110) decisions. This generation is incredibly values-driven, and they want to b_________111) with institutions that m_________112) their personal beliefs and values. T___________113) is v_________114). Gen Z is s_________115) of large c__________116) and institutions that lack a___________117). They have grown up in a world where information is freely available, and they e_________118) complete transparency from the brands they s_________119). Banks, for example, must clearly communicate fees, t_________120), and c__________121), as well as how they handle customers' data. Moreover, e_________122) banking p_________123) are more important than ever. Gen Z cares about the environment, social justice, and the ethical i___________124) of their financial decisions. They are interested in s_________125) investing, supporting businesses that match their values, and ensuring that their money is not being used to f_________126) harmful practices. Banks that offer socially r___________127) investment opportunities and are c_________128) to environmental s___________129) will a_________130) Gen Z's attention.

편리함과 기술이 중요하지만 그것들이 Z세대의 재정상 결정을 이끄는 유일한 요인들은 아니다. 이 세대는 매우 가치 지향적이며 개인의 신념과 가치에 부합하는 기관과 거래하기를 원한다. 투명성이 매우 중요하다. Z세대는 책무성이 부족한 대규모의 기업과 기관에 회의적이다. 그들은 정보를 자유롭게 이용할 수 있는 세상에서 자라 왔고, 자신이 지지하는 브랜드로부터 완전한 투명성을 기대한다. 예를 들어 은행은 그들이 고객의 데이터를 처리하는 방식뿐 아니라 수수료, 약관, 조항을 투명하게 전달해야 한다. 게다가 윤리적인 은행 업무는 그 어느 때보다 중요하다. Z세대는 환경, 사회 정의, 그리고 자신의 재정상 결정의 윤리적 함의에 관심이 있다. 그들은 지속 가능한 투자, 자신의 가치에 부합하는 기업을 지지하는 것, 그리고 자신의 돈이 유해한 관행에 자금을 대는 데 사용되고 있지 않음을 확실히 하는 것에 관심이 있다. 사회적으로 책임 있는 투자 기회를 제공하고 환경적 지속 가능성에 전념하는 은행은 Z세대의 관심을 끌 것이다.

25-10-고1-31

Myths aren't only stories. For example, a well-known myth that p_________131) today is the supposed high iron c_________132) in spinach. This is a legend that dates back to 1890 and o_________133) from a simple m_________134) by physiologist Gustav von Bunge. He accurately determined that 100 grams of spinach contained 35 milligrams of iron but he was a_________135) dried spinach, which held ten times more iron than the same amount of f_________136) leafy greens. Although the error was s__________137) corrected, the correction was just as swiftly forgotten. The myth had taken h_________138). Popeye, who gained superhuman strength from the leafy greens and defended himself with iron fists, contributed to its e_________139) and even today, some nearly 150 years later, parents the world over use this t_________140) to try to p_________141) their children into eating the healthy vegetable.

통념은 단지 이야기가 아니다. 예를 들어 오늘날에도 지속되는 잘 알려진 하나의 통념은 시금치에 있다고 여겨지는 높은 철분 함량이다. 이것은 1890년으로 거슬러 올라가 생리학자 Gustav von Bunge의 단순한 계산 착오에서 비롯된 전해오는 이야기이다. 그가 시금치 100그램이 철분 35밀리그램을 함유하고 있다는 사실을 정확하게 밝혀냈지만, 그는 말린 시금치를 분석하고 있었고, 그것은 같은 양의 말리지 않은 푸른잎채소(시금치)보다 열 배 많은 철분을 갖고 있었다. 그 오류는 빠르게 수정되었지만 그 수정은 그만큼 빠르게 잊혀졌다. 이 통념은 확고히 자리를 잡았다. Popeye는 푸른잎채소(시금치)에서 초인적인 힘을 얻고 강철 주먹으로 자신을 방어했기에 그것의 지속에 기여했고, 약 150년이 지난 오늘날에도 전 세계 부모들은 자녀들이 건강한 그 채소를 먹도록 설득하기 위해 이 이야기를 이용한다.

25-10-고1-32

The technical t_________142) often used to describe animals' judgement of numbers is the a__________143) number system. What it does not provide is p_________144). It shows—and this is the same in every species tested—a c__________145) pattern of errors, with d___________146) becoming less accurate as the q__________147) get bigger. Rhesus monkeys can tell one from two, two from three, three from four, four from five ... but start to fail from five u_________148). Rats that learned to press a lever a given number of times, from four up to twenty-four, became markedly less and less precise in their responses as the number i_________149): by the top end of the r_________150) they would merely produce a s_________151) of numbers around the t_________152). It is a common observation that when testing the a_________153) of animals' number s_________154), the s_________155) of the numbers m_________156).

동물들의 수에 대한 분별력을 기술하는 데 자주 사용되는 전문 용어는 '어림 수 짐작 능력'이다. 그것이 제공하지 않는 것은 정확성이다. 그것은 수량이 더 커질수록 판별이 덜 정확해지는 특징적인 오류 패턴을 보여 주는데, 이것은 실험된 모든 종에서 동일하다. 붉은털원숭이는 1과 2, 2와 3, 3과 4, 4와 5는 구별할 수 있지만, 5 위로는 실패하기 시작한다. 네 번에서 스물네 번까지 주어진 횟수만큼 레버를 누르도록 학습했던 쥐는 숫자가 커질수록 그들의 반응에 있어서 두드러지게 점점 덜 정확해졌다. 그 범위의 상한선에 다다랐을 때, 그들은 단지 목표(숫자) 주변에 퍼져 있는 숫자들을 산출하곤 했다. 동물의 수 감각의 정확성을 측정할 때, 숫자의 크기가 중요하다는 것은 공통된 관찰이다.

25-10-고1-33

Despite the cultural t_________157) depicting emotions as the opposite of rational thought, cognition — what we commonly refer to as thinking — is actually a key b_________158) block of emotion. How we think about our circumstances shapes the emotions we experience; then those emotions e_________159) back to influence how we think. For instance, if you walk into a test thinking you are bad at taking tests, your a_________160) will be increased. Then you don't feel good about your p__________161) on the test, and that becomes e_________162) for continuing to think that you're bad at test taking. In this way there's simply no pulling emotion and cognition a_________163). This bi-d__________164) of cognition and emotion allows us to a_________165) difficult emotions by changing the way we think. By thinking differently — I get nervous sometimes, but I'm still a good test taker, or that nervous feeling is just excitement and a__________166), it means I'm ready — you can work those pathways to your a_________167).

감정을 합리적인 사고의 반대로 묘사하는 문화적인 비유적 표현에도 불구하고, 우리가 흔히 생각이라고 일컫는 것, 즉 인지는 사실 감정의 핵심 구성 요소이다. 우리가 우리의 상황에 대해 '생각하는' 방식은 우리가 경험하는 감정을 형성한다. 그다음에 그 감정들은 반향되어 우리가 생각하는 방식에 영향을 미친다. 예를 들어, 만약 여러분이 시험 보는 것을 잘 못한다고 생각하며 시험을 보러 걸어 들어간다면, 여러분의 불안은 증가할 것이다. 그러면 여러분은 그 시험에서 자신의 수행에 대해 기분이 좋지 않고, 그것은 여러분이 시험 보는 것을 잘 못한다고 '생각하는' 것을 지속하는 근거가 된다. 이런 식으로 감정과 인지는 결코 분리할 수 없다. 인지와 감정의 이러한 양방향성은 우리가 생각하는 방식을 바꿈으로써 어려운 감정들을 조정하는 것을 가능하게 한다. '나는 때때로 긴장하지만, 여전히 시험 보는 것을 잘하는 사람이다.' 혹은 '그 긴장되는 느낌은 단지 흥분과 기대이며, 그것은 내가 준비되었다는 것을 의미한다.'라고 다르게 생각함으로써, 여러분은 그러한 경로들을 여러분에게 유리하게 작동시킬 수 있다.

25-10-고1-34

What is the Capabilities Approach (CA), and why would lawyers p__________168) about animal justice care about it? It is easy to say what it is not. The CA does not r__________169) animals by l__________170) to humans or seek special p__________171) for those considered most "like us," as do some other popular theoretical approaches. The CA has c__________172) for the finch and the pig as much as the whale and the elephant. And it argues that the human form of life is simply i__________173) when we think about what each type of animal needs and deserves. What is r__________174) is their own f__________175) of life. Just as humans seek to be able to enjoy the c__________176) goods of a human life, so a finch seeks a finch's life and the whale a whale's life. We should e__________177) ourselves and learn, not lazily picture animals as l__________178) humans, seeking a life sort of like our own. According to the CA, each s__________179) creature should have the opportunity to f__________180) in the form of life characteristic for that c__________181).

능력 접근법(CA)이란 무엇이며, 동물 정의에 열정을 가진 법률가들이 왜 그것에 관심을 가질까? 그것이 아닌 것을 말하는 것이 쉽다. CA는 다른 널 리 퍼진 이론적 접근들이 그러하듯, 동물들을 인간과의 유사성에 따라 순위를 매기거나 가장 '우리와 비슷한' 존재로 여겨지는 동물에게 각별한 특권을 부여하려 하지 않는다. CA는 고래와 코끼리에게만큼이나 핀치와 돼지에게도 관심을 가진다. 그리고 그것은 우리가 각 종류의 동물이 필요로 하고 마땅히 누려야 할 것에 대해 생각할 때, 인간의 삶의 형태는 그저 무관하다고 주장한다. 관련이 있는 것은 '그들 고유의' 삶의 형태이다. 꼭 인간이 인간다운 삶의 고유한 좋은 것들을 누릴 수 있기를 추구하는 것처럼, 핀치는 핀치의 삶을, 고래는 고래의 삶을 추구한다. 우리는 스스로를 확장하고 배워야 하며, 동물들을 열등한 인간으로, 우리와 같은 식의 삶을 추구한다고 성의 없이 상상해서는 안 된다. CA에 따르면, 지각 능력이 있는 각각의 생명체는 그 생명체에게 고유한 삶의 형태로 번영할 기회를 가져야 한다.

25-10-고1-35

Social media s__________182) as an important context to f__________183) autobiographical remembering. Personal events posted on social media p__________184) are better remembered and less forgotten than those not posted, i__________185) of the characteristics of the events. This may be because sharing memories online allows individuals to r__________186) and make sense of what happened, thus facilitating longterm memory r__________187). Online f__________188) such as comments and likes as well as technological f__________189) such as algorithms and p__________190) reminders can further serve as memory c__________191) for the posted event details. As a result, event details shared on social media are likely s__________192) and remembered over time, whereas those not shared may become i__________193) or forgotten.

소셜 미디어는 자전적 기억을 촉진하는 중요한 맥락으로 작용한다. 소셜 미디어 플랫폼에 게시된 개인적 사건들은 그 사건들의 특성과 무관하게 게시되지 않은 것들보다 더 잘 기억되고 덜 잊힌다. 이것은 온라인에서 기억을 공유하는 것이 개인이 일어난 일을 되풀이하고 이해하도록 해서 장기 기억 유지를 촉진하기 때문일 수 있다. 알고리즘과 주기적인 알림과 같은 기술적 기능들뿐만 아니라, 댓글과 좋아요와 같은 온라인 피드백도 게시된 사건의 세부 사항에 대한 기억 단서로 한층 더 작용할 수 있다. 그 결과, 소셜 미디어에 공유된 사건 세부 사항들은 시간이 지나면서 안정화되고 기억될 가능성이 높은 반면에, 공유되지 않은 것들은 접근할 수 없게 되거나 잊힐 수 있다.

25-10-고1-36

Multisensory experiences are a central part of our everyday lives, yet we often take them for g__________194), especially when our senses function normally or are c__________195) to normal with a__________196) like glasses. However, closer i__________197) to any, even the most o__________198) experiences, reveals the r__________199) multisensory world in which we live. Consider the experience of eating a regular meal. At first, it may seem like an ordinary experience, but it is actually a f__________200) of the senses. We first eat with our eyes, but we are also e__________201) to countless sensory signals that influence our eating experience such as food t__________202), tastes, and smells. And it does not stop there. Even the sounds that come both from the a__________203) in which we eat and our i__________204) with the food (such as chewing) and the tools we use to eat influence our eating experience.

다중 감각 경험은 우리 일상생활의 주요한 부분이지만, 우리는 특히 감각이 정상적으로 작동하거나 안경과 같은 보조 도구로 정상으로 교정될 때 그것들을 종종 당연하게 여긴다. 그러나 어떤, 심지어는 가장 평범한 경험조차 더 자세히 살펴보는 것은 우리가 살고 있는 놀라운 다중 감각 세계를 보여 준다. 일상의 식사를 하는 경험을 생각해 봐라. 처음에는 그것이 평범한 경험처럼 보일 수 있지만, 실제로 그것은 감각들의 융합이다. 우리는 처음에는 눈으로 식사하지만, 또한 음식의 질감, 맛, 냄새와 같이 우리의 식사 경험에 영향을 미치는 수많은 감각 신호에도 노출된다. 그리고 그것은 거기서 멈추지 않는다. 심지어 우리가 식사하는 상황과 음식(씹기)이나 우리가 식사에 사용하는 도구와의 상호 작용 둘 다에서 나오는 소리들도 우리의 식사 경험에 영향을 미친다.

25-10-고1-37

As children, the principle of o__________205) is f__________206). Children perceive words and their meanings s__________207) from each other. It is only in later d__________208) that we understood that individual words d__________209) connect to one another. For many children, for instance, it is not clear that 'Right' is the opposite of 'Left'. A vivid example of this can be seen when children learn to ride a bicycle. If parents tell their child "Don't go to the left," they will often find that the child will continue riding s__________210) ahead and not a__________211) turn to the right. The same a__________212) to the l__________213) connection between 'Yes' and 'No' as perceived by parents. When we were children and were told, for example, "No, don't eat with your hands," we were c__________214) and didn't know what our parents e__________215) from us. Our confusion was about whether we should continue eating or not and if so, how? Only l__________216) did we r__________217) the connection and understand that we should continue eating, but not with our hands but with a fork or a spoon.

어릴 때 반대의 원리는 낯설다. 아이들은 단어들과 그 의미들을 서로 분리해서 인식한다. 우리가 개별 단어들이 직접적으로 서로 연결되어 있다는 것을 이해하게 되는 것은 나중의 발달 단계가 되어서이다. 예를 들어 많은 아이들에게 '오른쪽'이 '왼쪽'의 반대라는 것은 분명지 않다. 이것의 생생한 사례는 아이들이 자전거 타는 것을 배울 때 보여질 수 있다. 부모들이 자녀에게 "왼쪽으로 가지 마."라고 말하면, 부모는 아이가 곧장 앞으로 계속 가고 자동적으로 오른쪽으로 방향을 틀지 않는 것을 종종 보게 될 것이다. 같은 원리가 부모가 인식하는 '예'와 '아니요' 사이의 논리적 관계에도 적용된다. 우리가 아이였을 때, 예를 들어 "안 돼, 손으로 먹지 마."라는 말을 들었을 때, 우리는 혼란스러웠고, 우리 부모가 우리로부터 기대하는 것이 무엇인지 몰랐다. 우리의 혼란은 계속 먹어야 하는 건지 아닌지, 만약 먹는다면 어떻게 해야 하는지에 대한 것이었다. 나중에서야 우리는 그 연관성을 인식했고, 우리가 손이 아니라 포크나 숟가락으로 계속 먹어야 한다는 것을 이해하게 되었다.

25-10-고1-38

Humans are not the most social animal. Ants, bees, and termites put h__________218) to s__________219) on many m__________220) of sociality. A wide variety of relatives live together with perfectly h__________221) behavior and c__________222) care for their young. But while insect c__________223) are i__________224) social places, it's not our kind of social life. Bees always build hexagonal hives, ants m__________225) in lines, and termites move in zigzag formations. These patterns r__________226) predictably because they are tightly programmed g__________227) and p__________228) pheromonally. We humans are more free, less tightly programmed genetically, so our social p__________229) can be more diverse and d__________230). Every group dances a slightly different dance, and these c__________231) change across g__________232). We still think and act in ways that are in harmony with others around us, but it is through patterns that are more shaped by n__________233), not just n__________234).

인간이 '가장' 사회적인 동물은 아니다. 개미, 벌, 그리고 흰개미는 많은 사회성 측정 기준에서 인류를 부끄럽게 한다. 매우 다양한 동족들이 완벽하게 조화로운 행동으로 함께 살고 집단적으로 그들의 어린 새끼들을 돌본다. 그러나 곤충 군집들이 인상적으로 사회적인 장소인 반면, 그것은 '우리의' 사회생활의 종류가 아니다. 벌들은 항상 육각형의 벌집을 짓고, 개미들은 줄지어 행진하며, 흰개미들은 지그재그 대형으로 움직인다. 이러한 패턴들은 그것들이 유전적으로 긴밀하게 프로그램되어 있으며 페로몬에 의해 추진되기 때문에 예측할 수 있게 반복된다. 우리 인간은 더 자유롭고, 유전적으로 덜 긴밀하게 프로그램되어 있어서 우리의 사회적 패턴들은 더 다양하고 역동적일 수 있다. 모든 집단은 약간 다른 춤을 추는데, 이러한 안무들은 세대에 걸쳐 변한다. 우리는 여전히 우리 주변의 다른 사람들과 조화를 이루는 방식으로 생각하고 행동하지만, 그것은 단지 본성만이 아니라 양육에 의해 더 많이 형성되는 패턴들을 통해서이다.

25-10-고1-39

Those who purchase the goods of a company are called c__________235). Individuals who purchase goods for p__________236) use are called consumers: beings who consume. Therefore, companies have invented multiple ways to ensure that their customers consume the p__________237) items in larger and larger q__________238) and more and more f__________239) Those who sell food have an e__________240) time, for food is literally consumed, so there is always a n__________241) to purchase new food. But with more p__________242) things, companies must i__________243) reasons for their customers to continue to consume them. One approach is to make the stuff that people already have o__________244) by c__________245) them that it is no longer f__________246). The entire fashion industry is built to convince people that fashion matters, so they must purchase new clothing, even though the old is still perfectly f__________247). Fashion today extends to far more things than clothes: automobiles, mobile phones, computers — the list is e__________248) indefinitely, limited only by the l__________249) of the c__________250) minds of the marketing divisions of companies.

어떤 회사의 상품을 구매하는 사람들은 고객이라 불린다. 개인적인 용도로 상품을 구매하는 사람들은 소비자, 즉 소비하는 존재라 불린다. 따라서 기업들은 그들의 고객이 생산된 물품을 반드시 점점 더 많이, 점점 더 자주 소비하게 하기 위한 다양한 방법들을 고안해 왔다. 음식을 판매하는 사람들은 수월한 편인데, 왜냐하면 음식은 말 그대로 소비되므로 새로운 음식을 구매할 필요는 항상 있기 때문이다. 그러나 보다 영구적인 물건의 경우, 기업들은 고객이 그것들을 계속 소비할 이유를 만들어 내야 한다. 한 가지 접근법은 사람들이 이미 가지고 있는 물건이 더 이상 유행하지 않는다고 설득하여 그것을 구식이 되게 하는 것이다. 전체 패션 산업은 기존 옷이 여전히 완벽하게 기능하더라도 유행이 중요하고 그래서 그들이 새 옷을 사야 한다고 사람들을 설득하기 위해 만들어져 있다. 오늘날 유행은 옷을 넘어 자동차, 휴대전화, 컴퓨터 등 훨씬 많은 것들로 확장된다. 그 목록은 끝없이 확장되며, 다만 기업에 속한 마케팅 부서의 창의적 사고의 한계에 의해서만 제한될 뿐이다.

25-10-고1-40

Kivetz, Urminsky, and Zheng partnered with a café to test the m__________251) effect of i__________252) progress in an experiment. Customers received a r__________253) card that offered one free coffee after they'd bought ten. While half of the customers received a card with ten open slots, the other half got a card with twelve open slots. Yet the twelve-slot card had two p__________254) "bonus" stamps, so, strictly speaking, these were i__________255) reward programs. Every customer who got a card needed to make ten coffee purchases (and collect ten stamps) to get their free coffee. But the a__________256) of the free stamps was high. People who thought they'd gotten a h__________257) start came back to the café more often, filling in their reward card more quickly than the others. When the card came with two out of twelve slots already f__________258), it felt to customers like they were already 16 percent f__________259) with the goal before they'd even s__________260). Believing they were c__________261) to the r__________262), they were more m__________263) to r__________264) the finish line.

Kivetz, Urminsky, Zheng은 착각된 진전이 주는 동기 부여 효과를 실험에서 시험해 보기 위해 한 카페와 협력했다. 고객들은 열 잔을 산 후에 무료 커피 한 잔을 제공하는 보상 카드를 받았다. 고객들 중 절반은 열 개의 빈칸이 있는 카드를 받은 반면, 나머지 절반은 열두 개의 빈칸이 있는 카드를 받았다. 하지만 열두 칸짜리 카드에는 이미 찍힌 두 개의 '보너스' 도장이 있어서, 엄밀히 말하면 이것들은 동일한 보상 프로그램이었다. 카드를 받은 모든 고객은 무료 커피를 받기 위해 열 잔의 커피를 구매해야 했고(그리고 도장 열 개를 모아야 했다), 그러나 무료 도장의 매력은 컸다. 자신이 앞선 출발을 했다고 생각한 사람들은 카페에 더 자주 돌아왔고, 다른 사람들보다 더 빨리 그들의 보상 카드를 채웠다. 열두 칸 중 두 칸이 이미 채워진 채로 카드가 손에 들어왔을 때, 그것은 고객들에게 시작도 하기 전에 이미 목표의 16퍼센트를 끝낸 것처럼 느껴졌다. 자신들이 보상에 더 가까워졌다고 믿었기 때문에, 그들은 결승선에 도달하는 데 더 큰 동기를 부여받았다.

25-10-고1-41~42

Creativity is the ability to generate n__________265) and valuable ideas. It involves d__________266) thinking, imagination, and a w____________267) to experiment and take risks. While AI can be a powerful tool for creative efforts, it also carries the risk of limiting o__________268) and innovation. AI algorithms are trained on e__________269) datasets, often i__________270) patterns and trends in p__________271) creations. While this can be useful for generating new content in similar styles or f__________272), it can also lead to d____________273) works that lack genuine originality. If artists and designers r__________274) too heavily on AI for i__________275) and c____________276) generation, they may find themselves t__________277) in a cycle of i__________278), unable to break free from the c____________279) of the AI's training data. Moreover, the ease with which AI can generate content can d____________280) the kind of struggle and experimentation that often leads to b____________281). The creative process is often messy and r____________282), involving numerous failures and s__________283). It is through these challenges that we r__________284) our skills, develop our unique perspectives, and push the b____________285) of what is possible. If AI provides i__________286) solutions, it can skip this essential process of learning through trial and error, ultimately i____________287) the development of true creative talent.

창의성이란 새롭고 가치 있는 아이디어를 만들어 내는 능력이다. 그것은 확산적 사고, 상상력, 그리고 실험을 하고 위험을 감수하려는 의지를 포함한다. AI는 창의적인 노력을 위한 강력한 도구가 될 수 있지만, 또한 독창성과 혁신을 제한할 위험을 수반한다. AI 알고리즘은 종종 과거의 창작물에서 패턴과 경향을 식별하며 기존의 데이터 세트를 바탕으로 훈련된다. 이것은 유사한 스타일이나 형식으로 새로운 콘텐츠를 만들어 내는 데 유용할 수 있지만, 그것은 또한 진정한 독창성이 부족한 모방적인 작품들로 이어질 수 있다. 예술가와 디자이너가 영감과 콘텐츠 생성을 위해 AI에 지나치게 의존한다면, 그들은 AI의 훈련 데이터라는 제한으로부터 벗어날 수 없는 상태에서 모방의 순환에 갇힌 자신을 발견할지 모른다. 더욱이, AI로 콘텐츠를 생성할 수 있는 편의성은 종종 획기적인 발전으로 이어지는 그런 종류의 노력과 실험을 방해할 수 있다. 창의적인 과정은 종종 골치 아프고 반복적이며 수많은 실패와 좌절을 수반한다. 우리가 자신의 기술을 연마하고, 고유한 관점을 발전시키며, 가능한 것의 경계를 넓혀가는 것은 바로 이러한 어려움들을 통해서이다. 만약 AI가 즉각적인 해결책을 제공한다면, 그것은 시행착오를 통한 이 본질적인 학습 과정을 건너뛸 수도 있으며, 궁극적으로는 진정한 창의적 재능의 발달을 방해한다.

25-10-고1-43~45

When billionaire James Walker was once asked by a journalist, "Is there anyone richer than you?", he replied, "Yes, there is one young man I'll never forget." He told the story of when he first met David at a New York airport. Years ago, James was b__________288) and s__________289) at the airport, k__________290) time reading newspaper headlines at the newsstand. One headline caught his eye, but he had no money to buy the paper. Just then, David, working at the newsstand noticed James. He asked, "Would you like to buy this, sir?" But, James h__________291), saying he had no money. David smiled and said, "Me, too. But I have enough for this. Take it as a gift." Three months later, James, still broke, met him at the newsstand once more. Again, David gave him a newspaper without expecting anything in r__________292). Years passed and James became a w__________293) businessman, but he never forgot the young man he had met at the airport. He found David running a small bookstore and visited him there. He i__________294) himself, saying, "David, you helped me twice when you had almost nothing. I want to give you anything you wish." He looked at him and said, "You can't truly c__________295) me." James asked, "Why not?" David replied, "Because I gave to you when I had almost nothing. You're offering me something now that you have everything. That's just g__________296) at c__________297). So, I can't accept your offer." James realized that money doesn't make someone rich. R__________298) that moment, he said to the journalist, "It's the w__________299) to give even when you have very l__________300) that makes you wealthy. And so, David is the richest person I have ever met."

억만장자 James Walker가 한 기자로부터 "당신보다 부유한 사람이 있나요?"라는 질문을 받았을 때, 그는 "예, 제가 절대 잊지 못할 한 젊은이가 있습니다."라고 대답했다. 그는 New York에 있는 한 공항에서 David를 처음 만났을 때의 이야기를 들려주었다. 수년 전, James는 무일푼으로 공항에 묶인 채 신문 가판대에 있는 신문 제목들을 읽으며 무료한 시간을 보내고 있었다. 한 기사 제목이 그의 시선을 사로잡았지만, 그는 신문을 살 돈이 없었다. 바로 그때, 신문 가판대에서 일하고 있던 David가 James를 발견했다. "선생님, 이거 사고 싶으신가요?"라고 그가 물었다. 하지만 James는 돈이 없다고 말하며 주저했다. David는 미소 지으며 "저도 그래요. 하지만 이것을 살 정도는 있어요. 선물로 가져가세요."라고 말했다. 3개월 후, 여전히 무일푼인 James는 그 신문 가판대에서 그를 다시 한번 만났다. 또다시 David는 그에게 아무런 보답도 기대하지 않고 신문 한 부를 주었다.

수년이 흘러서 James는 부유한 사업가가 되었지만, 그는 그가 공항에서 만났던 그 청년을 결코 잊지 못했다. 그는 David가 작은 서점을 운영하고 있다는 것을 알아냈고, 거기로 그를 방문했다. James는 자기를 소개하며 "David, 당신은 당신이 가진 게 거의 없을 때 나를 두 번이나 도와주었어요. 나는 당신이 원하는 것은 무엇이든 당신에게 주고 싶어요."라고 말했다. 그러자 David는 그를 바라보며 "당신은 나에게 진정으로 보답할 수 없어요."라고 말했다.

James가 "왜 할 수 없죠?"라고 묻자 David는 "나는 가진 게 거의 없을 때 당신에게 베풀었기 때문이에요. 당신은 이제 모든 것을 가졌으니 나에게 뭔가를 주려고 하는 거잖아요. 그건 그저 편의에 따른 관대함일 뿐이죠. 그러니 저는 당신의 제안을 받아들일 수 없어요."라고 답했다. James는 돈이 누군가를 부유하게 만들지 않는다는 것을 깨달았다. 그 순간을 회상하며 그는 기자에게 말했다. "당신을 부유하게 만드는 것은 거의 가진 게 없을 때조차도 베풀려는 의지인 거죠. 그러므로 David가 제가 이제껏 만난 가장 부유한 사람입니다."

2025 고1 10월 모의고사

❶ voca   ❷ text   ❸ [/]   ❹ ____   ❺ quiz 1   ❻ quiz 2   ❼ quiz 3   ❽ quiz 4   ❾ quiz 5

1. 글의 흐름으로 보아, 주어진 문장이 들어가기에 가장 적절한 곳은? 25-10-고1-18

Next year, as part of a new promotional campaign, Lomos Tours will be airing an advertisement.

Dear Mr. Kelly, My name is Mark Smith, and I am the manager of Lomos Tours. (①) I express our sincere appreciation for your continued trust and loyalty. (②) We plan to include the experiences of some of our most valued clients. (③) Since you traveled with us last summer, I would like to kindly ask if you would be willing to share a few words about your experience. Your feedback would be invaluable in helping us promote our services. A member of our team will be in touch with you shortly. (④) Thank you in advance for your contributions. (⑤) Warm regards, Mark Smith

2. 글의 흐름으로 보아, 주어진 문장이 들어가기에 가장 적절한 곳은? 25-10-고1-19

Not knowing what to do, I called my husband at home and said, "My car is missing!

After finishing my shopping, I walked out of the grocery store and headed to the spot where I'd parked my car. But it wasn't there. (①) I wasn't the kind of person to forget where I'd parked. (②) I knew I was in the right place — so where was my car? I looked around, but nothing made sense. (③) I can't find my car." I heard him laughing on the other end of the line. (④) "Your car is here outside the house! You took mine today, remember?" I turned around — and there it was. I couldn't help but laugh at myself. With a sigh of relief, I walked over to the car. Everything was fine after all. (⑤)

3. 글의 흐름으로 보아, 주어진 문장이 들어가기에 가장 적절한 곳은? 25-10-고1-20

For example, if you come across an article or resource that you think might interest a connection, share it with them, even if you haven't spoken in a while.

One of the most important aspects of sustaining long-term relationships is communication. (①) It's easy to connect with someone and then let the relationship get stuck due to a lack of follow-up. (②) To keep the connection alive, make a conscious effort to stay in touch. This doesn't mean constantly reaching out with requests or updates but rather maintaining a friendly and consistent line of communication. (③) A simple message to check in or share something of value can go a long way in reinforcing your relationship. (④) This shows that you're thinking of them and are invested in maintaining the relationship. (⑤)

4. 글의 흐름으로 보아, 주어진 문장이 들어가기에 가장 적절한 곳은? 25-10-고1-21

By contrast, the cost of housing can rise, and residents may not be able to afford the rent.

Currently, urban regeneration projects in degraded areas have been promoted as improving the wellbeing of residents and solving environmental injustice problems. (①) However, such environmental improvements in ethnic communities and/or low-income households can create an urban green space paradox. (②) The creation of new, high-quality green spaces can increase attractiveness, making these neighbourhoods more desirable. (③) This results in the exclusion or displacement of the poor neighbourhood's residents, who were intended to benefit from the ecosystem services provided by the new green space. (④) In turn, the residents may only be able to afford to live in a similar degraded neighbourhood to the one they left, with low access to green infrastructure. (⑤)

5. 글의 흐름으로 보아, 주어진 문장이 들어가기에 가장 적절한 곳은? 25-10-고1-22

> But that's not the case for the oceans.

An increasing awareness of our effect on the ocean is slowly seeping into the public agenda, dragging behind it a conversation that is decades overdue. But this conversation faces a massive obstacle. (①) It's almost impossible to discuss what to do about something changing if you don't initially know how it works. (②) If a doctor tells a patient that they have a problem with their kidneys, the patient probably already has at least a vague idea about where their kidneys are and what they're up to. They learned about that part of their own personal life-support system at school. (③) When we see a news story about the long-term decline in the numbers of krill in the Southern Ocean, it sounds generally like a bad thing. But there's far more to it than the risk of whales going hungry. (④) Krill are a part of the ocean engine. We need to understand at least some of the context before we can discuss the change and take appropriate action. (⑤)

6. 글의 흐름으로 보아, 주어진 문장이 들어가기에 가장 적절한 곳은? 25-10-고1-23

> Romans described their city as multicultural in the generations after its foundation.

Rome was said to have been a melting pot from the very start. (①) The historian Livy claimed the city's original population was comprised of immigrants flooding in from all directions, attracted by Romulus's deliberate policy of nondiscrimination. (②) It was this initial openness, Livy asserts, that laid the foundations for the later strength and success of the city. (③) Tradition held that only a minority of the city's legendary kings were Romanborn, with the others all arriving as immigrants before being chosen for the throne for their virtues and merits. (④) As the empire expanded across three continents, Rome eagerly adopted new cultural influences and absorbed incoming groups — perhaps a little too eagerly for some, who, like the poet Juvenal, complained about the rapid rate of cultural change. (⑤)

7. 글의 흐름으로 보아, 주어진 문장이 들어가기에 가장 적절한 곳은? 25-10-고1-24

For instance, the precise value of gravity has enabled our universe to arise by permitting the aggregation of dust and gas particles to protostars around which planets later came to orbit, including the Earth around the Sun.

The laws and constants of physics and the fundamental forces in our universe have very precise forms and values. (①) This means that, if they were only very slightly different, life would not have been possible. (②) If the value of the electron had been ever so slightly larger or smaller, chemistry, as we know it, would not have been possible and life, which is based on organic chemistry, could not have started. (③) The universe was not designed for us to evolve, we have no privileged position in the universe; however, the laws and constants of physics allowed advanced life to evolve. (④)

8. 글의 흐름으로 보아, 주어진 문장이 들어가기에 가장 적절한 곳은? 25-10-고1-26

He went to Washington, D.C. and promoted a bill that would allow Indians to become U.S. citizens.

Dalip Singh Saund was an Indianborn American politician. After graduating from the University of Punjab in India, he moved to the U.S. to attend graduate school. (①) He earned his doctoral degree at the University of California in 1924 but could not get a job because of his nationality. (②) The next year, he began farming in Imperial Valley, but he was not able to buy land without U.S. citizenship. Dalip developed an interest in politics and he often spoke out on Indian and political topics. (③) The bill was passed in 1946, and three years later Dalip received U.S. citizenship. (④) He later became the first Asian to be elected to the U.S. Congress. (⑤)

9. 글의 흐름으로 보아, 주어진 문장이 들어가기에 가장 적절한 곳은? 25-10-고1-29

> Witnessing how poorly traditional societies are faring as they undergo a nutrition transition should make those who have already completed it question whether their diets have moved too far.

Human beings have evolved to make the most of the resources available to them in ways that are subtle and complicated. (①) When we change our diets, especially when we do so quickly, we are effectively conducting huge experiments in nutrition. (②) We ought to have more humility. Nutritional science is still young and there is so much we do not know. If we have eaten certain foods in certain ways for millennia, we should assume until it is proven otherwise that there is probably a good reason why. (③) Traditional foods that don't fit neatly on the contemporary dietary food plate should generally be chosen over highly processed ones that do. (④) We should assume that traditionally made fatty blood sausages are preferable to lean, factory-made salamis; that spoonfuls of honey are superior to sprinkles of sweeteners. (⑤)

10. 글의 흐름으로 보아, 주어진 문장이 들어가기에 가장 적절한 곳은? 25-10-고1-30

> Moreover, ethical banking practices are more important than ever.

While convenience and technology are crucial, they are not the only factors driving Gen Z's financial decisions. This generation is incredibly values-driven, and they want to bank with institutions that match their personal beliefs and values. Transparency is vital. Gen Z is skeptical of large corporations and institutions that lack accountability. (①) They have grown up in a world where information is freely available, and they expect complete transparency from the brands they support. (②) Banks, for example, must clearly communicate fees, terms, and conditions, as well as how they handle customers' data. (③) Gen Z cares about the environment, social justice, and the ethical implications of their financial decisions. They are interested in sustainable investing, supporting businesses that match their values, and ensuring that their money is not being used to fund harmful practices. (④) Banks that offer socially responsible investment opportunities and are committed to environmental sustainability will attract Gen Z's attention. (⑤)

11. 글의 흐름으로 보아, 주어진 문장이 들어가기에 가장 적절한 곳은? 25-10-고1-31

> He accurately determined that 100 grams of spinach contained 35 milligrams of iron but he was analyzing dried spinach, which held ten times more iron than the same amount of fresh leafy greens.

Myths aren't only stories. (①) For example, a well-known myth that persists today is the supposed high iron content in spinach. This is a legend that dates back to 1890 and originates from a simple miscalculation by physiologist Gustav von Bunge. (②) Although the error was swiftly corrected, the correction was just as swiftly forgotten. (③) The myth had taken hold. (④) Popeye, who gained superhuman strength from the leafy greens and defended himself with iron fists, contributed to its endurance and even today, some nearly 150 years later, parents the world over use this tale to try to persuade their children into eating the healthy vegetable. (⑤)

12. 글의 흐름으로 보아, 주어진 문장이 들어가기에 가장 적절한 곳은? 25-10-고1-32

> It is a common observation that when testing the accuracy of animals' number sense, the size of the numbers matters.

The technical term often used to describe animals' judgement of numbers is the approximate number system. (①) What it does not provide is precision. (②) It shows—and this is the same in every species tested—a characteristic pattern of errors, with discrimination becoming less accurate as the quantities get bigger. Rhesus monkeys can tell one from two, two from three, three from four, four from five … (③) but start to fail from five upwards. (④) Rats that learned to press a lever a given number of times, from four up to twenty-four, became markedly less and less precise in their responses as the number increased: by the top end of the range they would merely produce a spread of numbers around the target. (⑤)

13. 글의 흐름으로 보아, 주어진 문장이 들어가기에 가장 적절한 곳은? 25-10-고1-33

For instance, if you walk into a test thinking you are bad at taking tests, your anxiety will be increased.

Despite the cultural trope depicting emotions as the opposite of rational thought, cognition — what we commonly refer to as thinking — is actually a key building block of emotion. (①) How we think about our circumstances shapes the emotions we experience; then those emotions echo back to influence how we think. (②) Then you don't feel good about your performance on the test, and that becomes evidence for continuing to think that you're bad at test taking. (③) In this way there's simply no pulling emotion and cognition apart. This bi-directionality of cognition and emotion allows us to adjust difficult emotions by changing the way we think. (④) By thinking differently — I get nervous sometimes, but I'm still a good test taker, or that nervous feeling is just excitement and anticipation, it means I'm ready — you can work those pathways to your advantage. (⑤)

14. 글의 흐름으로 보아, 주어진 문장이 들어가기에 가장 적절한 곳은? 25-10-고1-34

What is relevant is their own forms of life.

What is the Capabilities Approach (CA), and why would lawyers passionate about animal justice care about it? It is easy to say what it is not. (①) The CA does not rank animals by likeness to humans or seek special privileges for those considered most "like us," as do some other popular theoretical approaches. The CA has concern for the finch and the pig as much as the whale and the elephant. And it argues that the human form of life is simply irrelevant when we think about what each type of animal needs and deserves. (②) Just as humans seek to be able to enjoy the characteristic goods of a human life, so a finch seeks a finch's life and the whale a whale's life. (③) We should extend ourselves and learn, not lazily picture animals as lesser humans, seeking a life sort of like our own. (④) According to the CA, each sentient creature should have the opportunity to flourish in the form of life characteristic for that creature. (⑤)

15. 글의 흐름으로 보아, 주어진 문장이 들어가기에 가장 적절한 곳은? 25-10-고1-35

> This may be because sharing memories online allows individuals to rehearse and make sense of what happened, thus facilitating longterm memory retention.

Social media serves as an important context to facilitate autobiographical remembering. (①) Personal events posted on social media platforms are better remembered and less forgotten than those not posted, independent of the characteristics of the events. (②) Online feedback such as comments and likes as well as technological features such as algorithms and periodic reminders can further serve as memory cues for the posted event details. (③) As a result, event details shared on social media are likely stabilized and remembered over time, whereas those not shared may become inaccessible or forgotten. (2463)

16. 글의 흐름으로 보아, 주어진 문장이 들어가기에 가장 적절한 곳은? 25-10-고1-36

> Consider the experience of eating a regular meal.

Multisensory experiences are a central part of our everyday lives, yet we often take them for granted, especially when our senses function normally or are corrected to normal with aids like glasses. (①) However, closer inspection to any, even the most ordinary experiences, reveals the remarkable multisensory world in which we live. (②) At first, it may seem like an ordinary experience, but it is actually a fusion of the senses. (③) We first eat with our eyes, but we are also exposed to countless sensory signals that influence our eating experience such as food textures, tastes, and smells. (④) And it does not stop there. Even the sounds that come both from the atmospheres in which we eat and our interactions with the food (such as chewing) and the tools we use to eat influence our eating experience. (⑤)

17. 글의 흐름으로 보아, 주어진 문장이 들어가기에 가장 적절한 곳은? 25-10-고1-37

> For many children, for instance, it is not clear that 'Right' is the opposite of 'Left'.

As children, the principle of opposites is foreign. (①) Children perceive words and their meanings separately from each other. It is only in later development that we understood that individual words directly connect to one another. (②) A vivid example of this can be seen when children learn to ride a bicycle. (③) If parents tell their child "Don't go to the left," they will often find that the child will continue riding straight ahead and not automatically turn to the right. The same applies to the logical connection between 'Yes' and 'No' as perceived by parents. (④) When we were children and were told, for example, "No, don't eat with your hands," we were confused and didn't know what our parents expected from us. Our confusion was about whether we should continue eating or not and if so, how? (⑤) Only later did we recognize the connection and understand that we should continue eating, but not with our hands but with a fork or a spoon.

18. 글의 흐름으로 보아, 주어진 문장이 들어가기에 가장 적절한 곳은? 25-10-고1-38

> But while insect colonies are impressively social places, it's not our kind of social life.

Humans are not the most social animal. Ants, bees, and termites put humanity to shame on many metrics of sociality. (①) A wide variety of relatives live together with perfectly harmonious behavior and collectively care for their young. (②) Bees always build hexagonal hives, ants march in lines, and termites move in zigzag formations. These patterns recur predictably because they are tightly programmed genetically and propelled pheromonally. (③) We humans are more free, less tightly programmed genetically, so our social patterns can be more diverse and dynamic. (④) Every group dances a slightly different dance, and these choreographies change across generations. We still think and act in ways that are in harmony with others around us, but it is through patterns that are more shaped by nurture, not just nature. (⑤)

19. 글의 흐름으로 보아, 주어진 문장이 들어가기에 가장 적절한 곳은? 25-10-고1-39

One approach is to make the stuff that people already have outdated by convincing them that it is no longer fashionable.

Those who purchase the goods of a company are called customers. (①) Individuals who purchase goods for personal use are called consumers: beings who consume. Therefore, companies have invented multiple ways to ensure that their customers consume the produced items in larger and larger quantities and more and more frequently. (②) Those who sell food have an easy time, for food is literally consumed, so there is always a need to purchase new food. (③) But with more permanent things, companies must invent reasons for their customers to continue to consume them. (④) The entire fashion industry is built to convince people that fashion matters, so they must purchase new clothing, even though the old is still perfectly functionable. (⑤) Fashion today extends to far more things than clothes: automobiles, mobile phones, computers — the list is extended indefinitely, limited only by the limits of the creative minds of the marketing divisions of companies.

20. 글의 흐름으로 보아, 주어진 문장이 들어가기에 가장 적절한 곳은? 25-10-고1-40

Yet the twelve-slot card had two preexisting "bonus" stamps, so, strictly speaking, these were identical reward programs.

Kivetz, Urminsky, and Zheng partnered with a café to test the motivating effect of illusory progress in an experiment. (①) Customers received a reward card that offered one free coffee after they'd bought ten. (②) While half of the customers received a card with ten open slots, the other half got a card with twelve open slots. (③) Every customer who got a card needed to make ten coffee purchases (and collect ten stamps) to get their free coffee. But the appeal of the free stamps was high. People who thought they'd gotten a head start came back to the café more often, filling in their reward card more quickly than the others. (④) When the card came with two out of twelve slots already filled, it felt to customers like they were already 16 percent finished with the goal before they'd even started. (⑤) Believing they were closer to the reward, they were more motivated to reach the finish line.

21. 글의 흐름으로 보아, 주어진 문장이 들어가기에 가장 적절한 곳은? 25-10-고1-41~42

> Moreover, the ease with which AI can generate content can discourage the kind of struggle and experimentation that often leads to breakthroughs.

Creativity is the ability to generate novel and valuable ideas. (①) It involves divergent thinking, imagination, and a willingness to experiment and take risks. While AI can be a powerful tool for creative efforts, it also carries the risk of limiting originality and innovation. AI algorithms are trained on existing datasets, often identifying patterns and trends in past creations. (②) While this can be useful for generating new content in similar styles or formats, it can also lead to derivative works that lack genuine originality. (③) If artists and designers rely too heavily on AI for inspiration and content generation, they may find themselves trapped in a cycle of imitation, unable to break free from the constraints of the AI's training data. (④) The creative process is often messy and repetitive, involving numerous failures and setbacks. (⑤) It is through these challenges that we refine our skills, develop our unique perspectives, and push the boundaries of what is possible. If AI provides instant solutions, it can skip this essential process of learning through trial and error, ultimately inhibiting the development of true creative talent.

22. 글의 흐름으로 보아, 주어진 문장이 들어가기에 가장 적절한 곳은? 25-10-고1-43~45

> He looked at him and said, "You can't truly compensate me."

When billionaire James Walker was once asked by a journalist, "Is there anyone richer than you?", he replied, "Yes, there is one young man I'll never forget." He told the story of when he first met David at a New York airport. Years ago, James was broke and stuck at the airport, killing time reading newspaper headlines at the newsstand. One headline caught his eye, but he had no money to buy the paper. Just then, David, working at the newsstand noticed James. He asked, "Would you like to buy this, sir?" But, James hesitated, saying he had no money. (①) David smiled and said, "Me, too. But I have enough for this. Take it as a gift." Three months later, James, still broke, met him at the newsstand once more. (②) Again, David gave him a newspaper without expecting anything in return. Years passed and James became a wealthy businessman, but he never forgot the young man he had met at the airport. He found David running a small bookstore and visited him there. He introduced himself, saying, "David, you helped me twice when you had almost nothing. I want to give you anything you wish." (③) James asked, "Why not?" David replied, "Because I gave to you when I had almost nothing. You're offering me something now that you have everything. That's just generosity at convenience. (④) So, I can't accept your offer." James realized that money doesn't make someone rich. Remembering that moment, he said to the journalist, "It's the willingness to give even when you have very little that makes you wealthy. And so, David is the richest person I have ever met." (⑤)

23. 다음 주어진 문장 다음에 이어질 글의 순서로 가장 적절한 것은? 25-10-고1-18

> Dear Mr. Kelly, My name is Mark Smith, and I am the manager of Lomos Tours.

(A) I express our sincere appreciation for your continued trust and loyalty. Next year, as part of a new promotional campaign, Lomos Tours will be airing an advertisement.

(B) A member of our team will be in touch with you shortly. Thank you in advance for your contributions. Warm regards, Mark Smith

(C) We plan to include the experiences of some of our most valued clients. Since you traveled with us last summer, I would like to kindly ask if you would be willing to share a few words about your experience. Your feedback would be invaluable in helping us promote our services.

24. 다음 주어진 문장 다음에 이어질 글의 순서로 가장 적절한 것은? 25-10-고1-19

> After finishing my shopping, I walked out of the grocery store and headed to the spot where I'd parked my car.

(A) But it wasn't there. I wasn't the kind of person to forget where I'd parked. I knew I was in the right place — so where was my car?

(B) I looked around, but nothing made sense. Not knowing what to do, I called my husband at home and said, "My car is missing! I can't find my car." I heard him laughing on the other end of the line. "Your car is here outside the house!

(C) You took mine today, remember?" I turned around — and there it was. I couldn't help but laugh at myself. With a sigh of relief, I walked over to the car. Everything was fine after all.

25. 다음 주어진 문장 다음에 이어질 글의 순서로 가장 적절한 것은? 25-10-고1-20

One of the most important aspects of sustaining long-term relationships is communication.

(A) For example, if you come across an article or resource that you think might interest a connection, share it with them, even if you haven't spoken in a while. This shows that you're thinking of them and are invested in maintaining the relationship.

(B) It's easy to connect with someone and then let the relationship get stuck due to a lack of follow-up. To keep the connection alive, make a conscious effort to stay in touch.

(C) This doesn't mean constantly reaching out with requests or updates but rather maintaining a friendly and consistent line of communication. A simple message to check in or share something of value can go a long way in reinforcing your relationship.

26. 다음 주어진 문장 다음에 이어질 글의 순서로 가장 적절한 것은? 25-10-고1-21

Currently, urban regeneration projects in degraded areas have been promoted as improving the wellbeing of residents and solving environmental injustice problems.

(A) In turn, the residents may only be able to afford to live in a similar degraded neighbourhood to the one they left, with low access to green infrastructure.

(B) However, such environmental improvements in ethnic communities and/or low-income households can create an urban green space paradox. The creation of new, high-quality green spaces can increase attractiveness, making these neighbourhoods more desirable.

(C) By contrast, the cost of housing can rise, and residents may not be able to afford the rent. This results in the exclusion or displacement of the poor neighbourhood's residents, who were intended to benefit from the ecosystem services provided by the new green space.

27. 다음 주어진 문장 다음에 이어질 글의 순서로 가장 적절한 것은? 25-10-고1-22

An increasing awareness of our effect on the ocean is slowly seeping into the public agenda, dragging behind it a conversation that is decades overdue.

(A) But this conversation faces a massive obstacle. It's almost impossible to discuss what to do about something changing if you don't initially know how it works. If a doctor tells a patient that they have a problem with their kidneys, the patient probably already has at least a vague idea about where their kidneys are and what they're up to.

(B) But there's far more to it than the risk of whales going hungry. Krill are a part of the ocean engine. We need to understand at least some of the context before we can discuss the change and take appropriate action.

(C) They learned about that part of their own personal life-support system at school. But that's not the case for the oceans. When we see a news story about the long-term decline in the numbers of krill in the Southern Ocean, it sounds generally like a bad thing.

28. 다음 주어진 문장 다음에 이어질 글의 순서로 가장 적절한 것은? 25-10-고1-23

Rome was said to have been a melting pot from the very start.

(A) Tradition held that only a minority of the city's legendary kings were Romanborn, with the others all arriving as immigrants before being chosen for the throne for their virtues and merits.

(B) As the empire expanded across three continents, Rome eagerly adopted new cultural influences and absorbed incoming groups — perhaps a little too eagerly for some, who, like the poet Juvenal, complained about the rapid rate of cultural change.

(C) The historian Livy claimed the city's original population was comprised of immigrants flooding in from all directions, attracted by Romulus's deliberate policy of nondiscrimination. It was this initial openness, Livy asserts, that laid the foundations for the later strength and success of the city. Romans described their city as multicultural in the generations after its foundation.

29. 다음 주어진 문장 다음에 이어질 글의 순서로 가장 적절한 것은? 25-10-고1-24

The laws and constants of physics and the fundamental forces in our universe have very precise forms and values.

(A) For instance, the precise value of gravity has enabled our universe to arise by permitting the aggregation of dust and gas particles to protostars around which planets later came to orbit, including the Earth around the Sun.

(B) This means that, if they were only very slightly different, life would not have been possible.

(C) If the value of the electron had been ever so slightly larger or smaller, chemistry, as we know it, would not have been possible and life, which is based on organic chemistry, could not have started. The universe was not designed for us to evolve, we have no privileged position in the universe; however, the laws and constants of physics allowed advanced life to evolve.

30. 다음 주어진 문장 다음에 이어질 글의 순서로 가장 적절한 것은? 25-10-고1-26

Dalip Singh Saund was an Indianborn American politician.

(A) The bill was passed in 1946, and three years later Dalip received U.S. citizenship. He later became the first Asian to be elected to the U.S. Congress.

(B) Dalip developed an interest in politics and he often spoke out on Indian and political topics. He went to Washington, D.C. and promoted a bill that would allow Indians to become U.S. citizens.

(C) After graduating from the University of Punjab in India, he moved to the U.S. to attend graduate school. He earned his doctoral degree at the University of California in 1924 but could not get a job because of his nationality. The next year, he began farming in Imperial Valley, but he was not able to buy land without U.S. citizenship.

31. 다음 주어진 문장 다음에 이어질 글의 순서로 가장 적절한 것은? 25-10-고1-29

Human beings have evolved to make the most of the resources available to them in ways that are subtle and complicated.

(A) When we change our diets, especially when we do so quickly, we are effectively conducting huge experiments in nutrition. We ought to have more humility.

(B) Traditional foods that don't fit neatly on the contemporary dietary food plate should generally be chosen over highly processed ones that do. We should assume that traditionally made fatty blood sausages are preferable to lean, factory-made salamis; that spoonfuls of honey are superior to sprinkles of sweeteners. Witnessing how poorly traditional societies are faring as they undergo a nutrition transition should make those who have already completed it question whether their diets have moved too far.

(C) Nutritional science is still young and there is so much we do not know. If we have eaten certain foods in certain ways for millennia, we should assume until it is proven otherwise that there is probably a good reason why.

32. 다음 주어진 문장 다음에 이어질 글의 순서로 가장 적절한 것은? 25-10-고1-30

While convenience and technology are crucial, they are not the only factors driving Gen Z's financial decisions.

(A) Gen Z cares about the environment, social justice, and the ethical implications of their financial decisions. They are interested in sustainable investing, supporting businesses that match their values, and ensuring that their money is not being used to fund harmful practices. Banks that offer socially responsible investment opportunities and are committed to environmental sustainability will attract Gen Z's attention.

(B) This generation is incredibly values-driven, and they want to bank with institutions that match their personal beliefs and values. Transparency is vital. Gen Z is skeptical of large corporations and institutions that lack accountability.

(C) They have grown up in a world where information is freely available, and they expect complete transparency from the brands they support. Banks, for example, must clearly communicate fees, terms, and conditions, as well as how they handle customers' data. Moreover, ethical banking practices are more important than ever.

33. 다음 주어진 문장 다음에 이어질 글의 순서로 가장 적절한 것은? 25-10-고1-31

Myths aren't only stories.

(A) The myth had taken hold. Popeye, who gained superhuman strength from the leafy greens and defended himself with iron fists, contributed to its endurance and even today, some nearly 150 years later, parents the world over use this tale to try to persuade their children into eating the healthy vegetable.

(B) He accurately determined that 100 grams of spinach contained 35 milligrams of iron but he was analyzing dried spinach, which held ten times more iron than the same amount of fresh leafy greens. Although the error was swiftly corrected, the correction was just as swiftly forgotten.

(C) For example, a well-known myth that persists today is the supposed high iron content in spinach. This is a legend that dates back to 1890 and originates from a simple miscalculation by physiologist Gustav von Bunge.

34. 다음 주어진 문장 다음에 이어질 글의 순서로 가장 적절한 것은? 25-10-고1-32

The technical term often used to describe animals' judgement of numbers is the approximate number system.

(A) What it does not provide is precision. It shows—and this is the same in every species tested—a characteristic pattern of errors, with discrimination becoming less accurate as the quantities get bigger.

(B) Rats that learned to press a lever a given number of times, from four up to twenty-four, became markedly less and less precise in their responses as the number increased: by the top end of the range they would merely produce a spread of numbers around the target. It is a common observation that when testing the accuracy of animals' number sense, the size of the numbers matters.

(C) Rhesus monkeys can tell one from two, two from three, three from four, four from five ... but start to fail from five upwards.

35. 다음 주어진 문장 다음에 이어질 글의 순서로 가장 적절한 것은? 25-10-고1-33

Despite the cultural trope depicting emotions as the opposite of rational thought, cognition — what we commonly refer to as thinking — is actually a key building block of emotion.

(A) Then you don't feel good about your performance on the test, and that becomes evidence for continuing to think that you're bad at test taking. In this way there's simply no pulling emotion and cognition apart.

(B) This bi-directionality of cognition and emotion allows us to adjust difficult emotions by changing the way we think. By thinking differently — I get nervous sometimes, but I'm still a good test taker, or that nervous feeling is just excitement and anticipation, it means I'm ready — you can work those pathways to your advantage.

(C) How we think about our circumstances shapes the emotions we experience; then those emotions echo back to influence how we think. For instance, if you walk into a test thinking you are bad at taking tests, your anxiety will be increased.

36. 다음 주어진 문장 다음에 이어질 글의 순서로 가장 적절한 것은? 25-10-고1-34

What is the Capabilities Approach (CA), and why would lawyers passionate about animal justice care about it?

(A) The CA has concern for the finch and the pig as much as the whale and the elephant. And it argues that the human form of life is simply irrelevant when we think about what each type of animal needs and deserves. What is relevant is their own forms of life.

(B) It is easy to say what it is not. The CA does not rank animals by likeness to humans or seek special privileges for those considered most "like us," as do some other popular theoretical approaches.

(C) Just as humans seek to be able to enjoy the characteristic goods of a human life, so a finch seeks a finch's life and the whale a whale's life. We should extend ourselves and learn, not lazily picture animals as lesser humans, seeking a life sort of like our own. According to the CA, each sentient creature should have the opportunity to flourish in the form of life characteristic for that creature.

37. 다음 주어진 문장 다음에 이어질 글의 순서로 가장 적절한 것은? 25-10-고1-35

Social media serves as an important context to facilitate autobiographical remembering.

(A) As a result, event details shared on social media are likely stabilized and remembered over time, whereas those not shared may become inaccessible or forgotten.

(B) Personal events posted on social media platforms are better remembered and less forgotten than those not posted, independent of the characteristics of the events. This may be because sharing memories online allows individuals to rehearse and make sense of what happened, thus facilitating longterm memory retention.

(C) Online feedback such as comments and likes as well as technological features such as algorithms and periodic reminders can further serve as memory cues for the posted event details.

38. 다음 주어진 문장 다음에 이어질 글의 순서로 가장 적절한 것은? 25-10-고1-36

Multisensory experiences are a central part of our everyday lives, yet we often take them for granted, especially when our senses function normally or are corrected to normal with aids like glasses.

(A) However, closer inspection to any, even the most ordinary experiences, reveals the remarkable multisensory world in which we live. Consider the experience of eating a regular meal.

(B) At first, it may seem like an ordinary experience, but it is actually a fusion of the senses. We first eat with our eyes, but we are also exposed to countless sensory signals that influence our eating experience such as food textures, tastes, and smells.

(C) And it does not stop there. Even the sounds that come both from the atmospheres in which we eat and our interactions with the food (such as chewing) and the tools we use to eat influence our eating experience.

39. 다음 주어진 문장 다음에 이어질 글의 순서로 가장 적절한 것은? 25-10-고1-37

As children, the principle of opposites is foreign.

(A) When we were children and were told, for example, "No, don't eat with your hands," we were confused and didn't know what our parents expected from us. Our confusion was about whether we should continue eating or not and if so, how? Only later did we recognize the connection and understand that we should continue eating, but not with our hands but with a fork or a spoon.

(B) A vivid example of this can be seen when children learn to ride a bicycle. If parents tell their child "Don't go to the left," they will often find that the child will continue riding straight ahead and not automatically turn to the right. The same applies to the logical connection between 'Yes' and 'No' as perceived by parents.

(C) Children perceive words and their meanings separately from each other. It is only in later development that we understood that individual words directly connect to one another. For many children, for instance, it is not clear that 'Right' is the opposite of 'Left'.

40. 다음 주어진 문장 다음에 이어질 글의 순서로 가장 적절한 것은? 25-10-고1-38

Humans are not the most social animal.

(A) Ants, bees, and termites put humanity to shame on many metrics of sociality. A wide variety of relatives live together with perfectly harmonious behavior and collectively care for their young.

(B) We humans are more free, less tightly programmed genetically, so our social patterns can be more diverse and dynamic. Every group dances a slightly different dance, and these choreographies change across generations. We still think and act in ways that are in harmony with others around us, but it is through patterns that are more shaped by nurture, not just nature.

(C) But while insect colonies are impressively social places, it's not our kind of social life. Bees always build hexagonal hives, ants march in lines, and termites move in zigzag formations. These patterns recur predictably because they are tightly programmed genetically and propelled pheromonally.

41. 다음 주어진 문장 다음에 이어질 글의 순서로 가장 적절한 것은? 25-10-고1-39

Those who purchase the goods of a company are called customers.

(A) The entire fashion industry is built to convince people that fashion matters, so they must purchase new clothing, even though the old is still perfectly functionable. Fashion today extends to far more things than clothes: automobiles, mobile phones, computers — the list is extended indefinitely, limited only by the limits of the creative minds of the marketing divisions of companies.

(B) But with more permanent things, companies must invent reasons for their customers to continue to consume them. One approach is to make the stuff that people already have outdated by convincing them that it is no longer fashionable.

(C) Individuals who purchase goods for personal use are called consumers: beings who consume. Therefore, companies have invented multiple ways to ensure that their customers consume the produced items in larger and larger quantities and more and more frequently. Those who sell food have an easy time, for food is literally consumed, so there is always a need to purchase new food.

42. 다음 주어진 문장 다음에 이어질 글의 순서로 가장 적절한 것은? 25-10-고1-40

Kivetz, Urminsky, and Zheng partnered with a café to test the motivating effect of illusory progress in an experiment.

(A) Yet the twelve-slot card had two preexisting "bonus" stamps, so, strictly speaking, these were identical reward programs. Every customer who got a card needed to make ten coffee purchases (and collect ten stamps) to get their free coffee. But the appeal of the free stamps was high.

(B) People who thought they'd gotten a head start came back to the café more often, filling in their reward card more quickly than the others. When the card came with two out of twelve slots already filled, it felt to customers like they were already 16 percent finished with the goal before they'd even started. Believing they were closer to the reward, they were more motivated to reach the finish line.

(C) Customers received a reward card that offered one free coffee after they'd bought ten. While half of the customers received a card with ten open slots, the other half got a card with twelve open slots.

43. 다음 주어진 문장 다음에 이어질 글의 순서로 가장 적절한 것은? 25-10-고1-41~42

Creativity is the ability to generate novel and valuable ideas.

(A) It involves divergent thinking, imagination, and a willingness to experiment and take risks. While AI can be a powerful tool for creative efforts, it also carries the risk of limiting originality and innovation. AI algorithms are trained on existing datasets, often identifying patterns and trends in past creations.

(B) The creative process is often messy and repetitive, involving numerous failures and setbacks. It is through these challenges that we refine our skills, develop our unique perspectives, and push the boundaries of what is possible. If AI provides instant solutions, it can skip this essential process of learning through trial and error, ultimately inhibiting the development of true creative talent.

(C) While this can be useful for generating new content in similar styles or formats, it can also lead to derivative works that lack genuine originality. If artists and designers rely too heavily on AI for inspiration and content generation, they may find themselves trapped in a cycle of imitation, unable to break free from the constraints of the AI's training data. Moreover, the ease with which AI can generate content can discourage the kind of struggle and experimentation that often leads to breakthroughs.

44. 다음 주어진 문장 다음에 이어질 글의 순서로 가장 적절한 것은? 25-10-고1-43~45

When billionaire James Walker was once asked by a journalist, "Is there anyone richer than you?", he replied, "Yes, there is one young man I'll never forget." He told the story of when he first met David at a New York airport.

(A) I want to give you anything you wish." He looked at him and said, "You can't truly compensate me." James asked, "Why not?" David replied, "Because I gave to you when I had almost nothing. You're offering me something now that you have everything. That's just generosity at convenience. So, I can't accept your offer." James realized that money doesn't make someone rich. Remembering that moment, he said to the journalist, "It's the willingness to give even when you have very little that makes you wealthy. And so, David is the richest person I have ever met."

(B) Years ago, James was broke and stuck at the airport, killing time reading newspaper headlines at the newsstand. One headline caught his eye, but he had no money to buy the paper. Just then, David, working at the newsstand noticed James. He asked, "Would you like to buy this, sir?" But, James hesitated, saying he had no money. David smiled and said, "Me, too.

(C) But I have enough for this. Take it as a gift." Three months later, James, still broke, met him at the newsstand once more. Again, David gave him a newspaper without expecting anything in return. Years passed and James became a wealthy businessman, but he never forgot the young man he had met at the airport. He found David running a small bookstore and visited him there. He introduced himself, saying, "David, you helped me twice when you had almost nothing.

2025 고1 10월 모의고사

❶ voca　　❷ text　　❸ [/]　　❹ ____　　❺ quiz 1　　❻ quiz 2　　❼ quiz 3　　❽ quiz 4　　❾ quiz 5

1. 밑줄 친 ⓐ~ⓕ 중 어법, 혹은 문맥상 어휘의 사용이 어색한 것끼리 짝지어진 것을 고르시오. 25-10-고1-18

Dear Mr. Kelly, My name is Mark Smith, and I am the manager of Lomos Tours. I express our sincere appreciation for your continued ⓐ<u>trust</u> and ⓑ<u>betrayal</u>. Next year, as part of a new promotional campaign, Lomos Tours will be airing an advertisement. We plan to ⓒ<u>exclude</u> the experiences of some of our most ⓓ<u>valued</u> clients. Since you traveled with us last summer, I would like to kindly ask if you would be willing to share a ⓔ<u>little</u> words about your experience. Your feedback would be ⓕ<u>invaluable</u> in helping us promote our services. A member of our team will be in touch with you shortly. Thank you in advance for your contributions.
Warm regards, Mark Smith

① ⓑ, ⓕ　　② ⓑ, ⓒ, ⓔ　　③ ⓐ, ⓕ
④ ⓔ, ⓕ　　⑤ ⓑ, ⓒ, ⓕ

2. 밑줄 친 ⓐ~ⓖ 중 어법, 혹은 문맥상 어휘의 사용이 어색한 것끼리 짝지어진 것을 고르시오. 25-10-고1-19

After finishing my shopping, I walked out of the grocery store and ⓐ<u>headed to</u> the spot ⓑ<u>where</u> I'd parked my car. But it wasn't there. I wasn't the kind of person to forget where I'd parked. I knew I was in the right place — so where was my car? I looked around, but nothing made sense. ⓒ<u>knowing not</u> what to do, I called my husband at home and said, "My car is ⓓ<u>missed</u>! I can't find my car." I heard him ⓔ<u>laughing</u> on the other end of the line. "Your car is here outside the house! You took mine today, remember?" I turned around — and there it was. I couldn't help but ⓕ<u>laugh</u> at myself. With a sigh of relief, I walked over to the car. Everything was ⓖ<u>fine</u> after all.

① ⓐ, ⓕ, ⓖ　　② ⓐ, ⓔ, ⓕ　　③ ⓒ, ⓓ
④ ⓑ, ⓕ, ⓖ　　⑤ ⓐ, ⓖ

3. 밑줄 친 ⓐ~ⓘ 중 어법, 혹은 문맥상 어휘의 사용이 어색한 것끼리 짝지어진 것을 고르시오. 25-10-고1-20

One of the most important ⓐ<u>aspects</u> of sustaining long-term relationships ⓑ<u>is</u> communication. It's easy to connect with someone and then let the relationship ⓒ<u>get</u> stuck due to ⓓ<u>a lack</u> of follow-up. To keep the connection ⓔ<u>alive</u> , make a conscious effort to stay in touch. This doesn't mean constantly reaching out with requests or updates but rather ⓕ<u>maintaining</u> a friendly and consistent line of communication. A simple message to check in or share something ⓖ<u>with</u> value can go a long way in ⓗ<u>forcing</u> your relationship. For example, if you come across an article or resource that you think might interest a connection, share it with them, even if you haven't spoken in a while. This shows that you're thinking of them and are ⓘ<u>requested</u> in maintaining the relationship.

① ⓓ, ⓕ　　② ⓑ, ⓘ　　③ ⓐ, ⓑ, ⓗ
④ ⓕ, ⓗ　　⑤ ⓖ, ⓗ, ⓘ

4. 밑줄 친 ⓐ~ⓚ 중 어법, 혹은 문맥상 어휘의 사용이 어색한 것끼리 짝지어진 것을 고르시오. 25-10-고1-21

Currently, urban ⓐ<u>generation</u> projects in degraded areas have ⓑ<u>been promoted</u> as improving the wellbeing of residents and solving environmental injustice problems. However, such environmental improvements in ⓒ<u>ethnic</u> communities and/or low-income households can create an urban green space paradox. The creation of new, high-ⓓ<u>quality</u> green spaces can increase attractiveness, making these neighbourhoods more ⓔ<u>desirable</u>. ⓕ<u>By contrast</u> , the cost of housing can ⓖ<u>rise</u> , and residents may not be able to ⓗ<u>afford</u> the rent. This results ⓘ<u>from</u> the exclusion or displacement of the poor neighbourhood's residents, who were ⓙ<u>intended</u> to benefit from the ecosystem services provided by the new green space. In turn, the residents may only be able to afford to live in a similar degraded neighbourhood to the one they left, with low ⓚ<u>access</u> to green infrastructure.

① ⓐ, ⓖ   ② ⓗ, ⓙ, ⓚ   ③ ⓑ, ⓒ, ⓖ
④ ⓐ, ⓘ   ⑤ ⓑ, ⓒ, ⓘ

5. 밑줄 친 ⓐ~ⓝ 중 어법, 혹은 문맥상 어휘의 사용이 어색한 것끼리 짝지어진 것을 고르시오. 25-10-고1-22

An increasing ⓐ<u>awareness</u> of our effect on the ocean is slowly ⓑ<u>sweeping</u> into the public agenda, dragging behind it a conversation that is decades ⓒ<u>overdue</u> . But this conversation faces a massive ⓓ<u>obstacle</u> . It's almost impossible to discuss ⓔ<u>that</u> to do about something ⓕ<u>changing</u> if you don't initially know how it works. If a doctor tells a patient ⓖ<u>that</u> they have a problem with their kidneys, the patient probably already has at ⓗ<u>least</u> a vague idea about where their kidneys are and what they're up to. They learned about that part of their own personal life-support system at school. But that's not the case for the oceans. When we see a news story about the long-term ⓘ<u>decline</u> in the numbers of krill in the Southern Ocean, it sounds generally like a bad thing. But there's far ⓙ<u>more</u> to it than the risk of whales ⓚ<u>going</u> hungry. Krill are a part of the ocean engine. We need to understand at ⓛ<u>most</u> some of the ⓜ<u>context</u> before we can ⓝ<u>discuss</u> the change and take appropriate action.

① ⓑ, ⓙ   ② ⓑ, ⓔ, ⓛ   ③ ⓐ, ⓓ
④ ⓕ, ⓚ   ⑤ ⓑ, ⓓ

6. 밑줄 친 ⓐ~ⓠ 중 어법, 혹은 문맥상 어휘의 사용이 어색한 것끼리 짝지어진 것을 고르시오. 25-10-고1-23

Rome was said to ⓐ<u>have been</u> a melting pot from the very start. The historian Livy claimed the city's ⓑ<u>stereotype</u> ⓒ<u>population</u> was ⓓ<u>comprised</u> of immigrants ⓔ<u>flooding</u> in from all directions, attracted by Romulus's ⓕ<u>deliberate</u> policy of ⓖ<u>discrimination</u> . It was this initial openness, Livy asserts, that ⓗ<u>laid</u> the foundations for the later strength and ⓘ<u>success</u> of the city. Romans described their city as ⓙ<u>multicultural</u> in the generations after its foundation. Tradition held that only a ⓚ<u>minority</u> of the city's legendary kings were Romanborn, with the others all ⓛ<u>arriving</u> as immigrants before ⓜ<u>being chosen</u> for the throne for their virtues and merits. As the empire ⓝ<u>expanded</u> across three continents, Rome eagerly ⓞ<u>adopted</u> new cultural influences and ⓟ<u>rejected</u> incoming groups — perhaps a little too eagerly for some, who, like the poet Juvenal, ⓠ<u>complained</u> about the rapid rate of cultural change.

① ⓔ, ⓙ, ⓜ   ② ⓒ, ⓟ   ③ ⓙ, ⓜ, ⓠ
④ ⓑ, ⓕ, ⓝ   ⑤ ⓑ, ⓖ, ⓟ

7. 밑줄 친 ⓐ~ⓚ 중 어법, 혹은 문맥상 어휘의 사용이 어색한 것끼리 짝지어진 것을 고르시오. 25-10-고1-24

The laws and ⓐ<u>constants</u> of physics and the fundamental forces in our universe have very ⓑ<u>precise</u> forms and values. This means that, if they were only very slightly ⓒ<u>uniform</u>, life would not ⓓ<u>have been</u> possible. For instance, the precise value of gravity has enabled our universe to ⓔ<u>arise</u> by permitting the ⓕ<u>obligation</u> of dust and gas particles to protostars ⓖ<u>which</u> planets later came to orbit, including the Earth around the Sun. If the value of the electron ⓗ<u>had</u> been ever so slightly larger or smaller, chemistry, as we know it, would not have been ⓘ<u>possible</u> and life, which is based on ⓙ<u>organic</u> chemistry, could not have started. The universe was not designed for us to evolve, we have no privileged position in the universe; however, the laws and constants of physics ⓚ<u>allowed</u> advanced life to evolve.

① ⓒ, ⓕ, ⓖ   ② ⓗ, ⓘ   ③ ⓒ, ⓖ
④ ⓖ, ⓚ   ⑤ ⓕ, ⓘ, ⓚ

8. 밑줄 친 ⓐ~ⓖ 중 어법, 혹은 문맥상 어휘의 사용이 어색한 것끼리 짝지어진 것을 고르시오. 25-10-고1-26

Dalip Singh Saund was an Indianborn American politician. After ⓐ<u>graduating from</u> the University of Punjab in India, he moved to the U.S. to ⓑ<u>attend to</u> graduate school. He earned his doctoral degree at the University of California in 1924 but could not get a job because of his nationality. The next year, he began farming in Imperial Valley, but he was not able to buy land without U.S. citizenship. Dalip developed an interest in ⓒ<u>politic</u> and he often spoke out on Indian and political topics. He went to Washington, D.C. and ⓓ<u>promoted</u> a bill that would allow Indians ⓔ<u>to become</u> U.S. citizens. The bill was passed in 1946, and three years later Dalip ⓕ<u>received</u> U.S. citizenship. He later became the first Asian to ⓖ<u>be elected</u> to the U.S. Congress.

① ⓑ, ⓒ, ⓓ　　② ⓑ, ⓒ　　③ ⓕ, ⓖ
④ ⓓ, ⓔ, ⓕ　　⑤ ⓔ, ⓕ

9. 밑줄 친 ⓐ~ⓖ 중 어법, 혹은 문맥상 어휘의 사용이 어색한 것끼리 짝지어진 것을 고르시오. 25-10-고1-29

Human beings have ⓐ<u>evolved</u> to make the ⓑ<u>more</u> of the resources ⓒ<u>available</u> to them in ways that are subtle and complicated. When we change our diets, especially when we ⓓ<u>are</u> so quickly, we are effectively ⓔ<u>conducting</u> huge experiments in nutrition. We ought to have ⓕ<u>more</u> humility. Nutritional science is still young and there is so ⓖ<u>much</u> we do not know. If we have eaten certain foods in certain ways for millennia, we should ⓗ<u>assume</u> until it is proven otherwise that there is probably a good reason why. Traditional foods that don't fit ⓘ<u>neat</u> on the contemporary dietary food plate should generally be chosen ⓙ<u>over</u> highly processed ones that ⓚ<u>do</u> . We should ⓛ<u>assume</u> that traditionally made fatty blood sausages are preferable ⓜ<u>to</u> lean, factory-made salamis; that spoonfuls of honey are ⓝ<u>superior</u> to sprinkles of sweeteners. Witnessing how ⓞ<u>poorly</u> traditional societies are ⓟ<u>faring</u> as they undergo a nutrition transition should make those who have already completed it ⓠ<u>question</u> whether their diets have moved too far.

① ⓐ, ⓑ, ⓘ　　② ⓗ, ⓜ, ⓟ　　③ ⓑ, ⓓ, ⓘ
④ ⓚ, ⓞ, ⓠ　　⑤ ⓓ, ⓔ, ⓛ

10. 밑줄 친 ⓐ~ⓠ 중 어법, 혹은 문맥상 어휘의 사용이 어색한 것끼리 짝지어진 것을 고르시오. 25-10-고1-30

While convenience and technology are crucial, they are not the only factors ⓐ<u>driving</u> Gen Z's financial decisions. This generation is incredibly ⓑ<u>values</u>-driven, and they want to ⓒ<u>bank</u> with institutions that ⓓ<u>matches</u> their personal beliefs and values. ⓔ<u>transformation</u> is vital. Gen Z is ⓕ<u>skeptical</u> of large corporations and institutions that lack ⓖ<u>accountability</u>. They have grown up in a world where information is freely ⓗ<u>available</u>, and they expect complete ⓘ<u>transparency</u> from the brands they support. Banks, for example, must clearly communicate fees, terms, and conditions, as well as how they handle customers' data. Moreover, ⓙ<u>ethical</u> banking practices are ⓚ<u>more</u> important than ever. Gen Z cares about the environment, ⓛ<u>social</u> justice, and the ⓜ<u>ethical</u> implications of their financial decisions. They are interested in ⓝ<u>sustainable</u> investing, supporting businesses that match their values, and ensuring that their money is not being used to ⓞ<u>fund</u> harmful practices. Banks that offer socially responsible investment opportunities and are committed to environmental ⓟ<u>sustainability</u> will attract Gen Z's ⓠ<u>pretension</u>.

① ⓓ, ⓔ, ⓠ　　② ⓗ, ⓞ, ⓠ　　③ ⓑ, ⓜ, ⓝ
④ ⓘ, ⓛ, ⓠ　　⑤ ⓙ, ⓜ

11. 밑줄 친 ⓐ~ⓚ 중 어법, 혹은 문맥상 어휘의 사용이 어색한 것끼리 짝지어진 것을 고르시오. 25-10-고1-31

Myths aren't only stories. For example, a well-known myth that ⓐperishes today is the supposed high iron ⓑcontent in spinach. This is a legend that dates back to 1890 and ⓒoriginates a simple miscalculation by physiologist Gustav von Bunge. He accurately determined ⓓthat 100 grams of spinach contained 35 milligrams of iron but he was analyzing dried spinach, ⓔwhich held ten times ⓕmore iron than the ⓖsame amount of fresh leafy greens. ⓗAlthough the error was swiftly corrected, the correction was just as swiftly ⓘforgotten . The myth had taken hold. Popeye, who gained superhuman strength from the leafy greens and ⓙoffended himself with iron fists, contributed to its ⓚendurance and even today, some nearly 150 years later, parents the world over use this tale to try to persuade their children into eating the healthy vegetable.

① ⓐ, ⓒ, ⓙ　　② ⓓ, ⓘ　　③ ⓐ, ⓓ
④ ⓒ, ⓓ　　⑤ ⓐ, ⓑ, ⓚ

12. 밑줄 친 ⓐ~ⓜ 중 어법, 혹은 문맥상 어휘의 사용이 어색한 것끼리 짝지어진 것을 고르시오. 25-10-고1-32

The technical ⓐterm often used to describe animals' judgement of numbers ⓑis the approximate number system. ⓒWhat it does not provide is precision. It shows —and this is the ⓓsame in every ⓔspecie tested—a characteristic pattern of errors, with discrimination becoming ⓕless accurate as the quantities get ⓖbigger . Rhesus monkeys can tell one from two, two from three, three from four, four from five … but start to fail from five upwards. Rats that learned to press a lever a given number of times, from four up to twenty-four, became markedly less and less ⓗprecise in their responses as the number ⓘincreased: by the top end of the range they would merely produce a spread of numbers around the target. It is a ⓙabnormal ⓚobservation that when testing the ⓛinaccuracy of animals' number sense, the ⓜsize of the numbers matters.

① ⓑ, ⓙ, ⓛ　　② ⓓ, ⓔ　　③ ⓐ, ⓒ, ⓘ
④ ⓕ, ⓖ　　⑤ ⓔ, ⓙ, ⓛ

13. 밑줄 친 ⓐ~ⓙ 중 어법, 혹은 문맥상 어휘의 사용이 어색한 것끼리 짝지어진 것을 고르시오. 25-10-고1-33

ⓐalthough the cultural trope depicting emotions as the ⓑopposite of ⓒrational thought, cognition — ⓓwhat we commonly refer to as thinking — is actually a key building block of emotion. How we think about our circumstances ⓔshape the emotions we experience; then those emotions echo back to ⓕinfluence how we think. For instance, if you walk into a test thinking you are bad at taking tests, your ⓖanxiety will be ⓗincreased. Then you don't feel good about your performance on the test, and that becomes evidence for continuing to think that you're bad at test taking. In this way there's simply no ⓘpulling emotion and cognition apart. This bi-directionality of cognition and emotion allows us to adjust difficult emotions by changing the way we think. By thinking differently — I get nervous sometimes, but I'm still a good test taker, or that nervous feeling is just excitement and ⓙanticipation, it means I'm ready — you can work those pathways to your advantage.

① ⓐ, ⓔ　　② ⓐ, ⓔ, ⓗ　　③ ⓐ, ⓒ, ⓓ
④ ⓖ, ⓗ　　⑤ ⓓ, ⓖ, ⓙ

14. 밑줄 친 ⓐ~ⓟ 중 어법, 혹은 문맥상 어휘의 사용이 어색한 것끼리 짝지어진 것을 고르시오. 25-10-고1-34

ⓐWhat is the Capabilities Approach (CA), and why would lawyers ⓑpassionate about animal justice ⓒcare about it? It is easy to say ⓓwhat it is not. The CA does not rank animals by ⓔlikeness to humans or seek special privileges for those ⓕconsidering most "like us," as ⓖdo some other popular ⓗtheoretical approaches. The CA has concern for the finch and the pig as ⓘmuch as the whale and the elephant. And it argues that the human form of life is simply ⓙirrelevant when we think about ⓚwhat each type of animal needs and deserves. What is ⓛrelevant is their own forms of life. Just as humans seek to be able to enjoy the characteristic goods of a human life, so a finch seeks a finch's life and the whale a whale's life. We should ⓜexpend ⓝourselves and learn, not lazily picture animals as lesser humans, seeking a life sort of like our own. According to the CA, each ⓞsentient creature should have the opportunity to ⓟwither in the form of life characteristic for that creature.

① ⓐ, ⓛ　　② ⓑ, ⓚ, ⓜ　　③ ⓕ, ⓜ, ⓟ
④ ⓐ, ⓕ, ⓞ　　⑤ ⓒ, ⓔ, ⓝ

15. 밑줄 친 ⓐ~ⓜ 중 어법, 혹은 문맥상 어휘의 사용이 어색한 것끼리 짝지어진 것을 고르시오. 25-10-고1-35

Social media serves as an important ⓐcontext to ⓑworsen autobiographical remembering. Personal events posted on social media platforms are better remembered and ⓒless forgotten than those not ⓓposted, independent of the characteristics of the events. This may be ⓔbecause sharing memories online allows individuals ⓕrehearse and make sense of ⓖwhat happened, thus facilitating longterm memory ⓗretention. Online feedback such as comments and likes as well as technological features such as algorithms and periodic reminders can ⓘfurther serve as memory cues for the posted event details. As a result, event details shared on ⓙsocial media ⓚis likely ⓛstabilized and remembered over time, whereas those not shared may become ⓜinaccessible or forgotten.

① ⓒ, ⓕ　　② ⓗ, ⓚ　　③ ⓐ, ⓒ
④ ⓒ, ⓗ　　⑤ ⓑ, ⓕ, ⓚ

16. 밑줄 친 ⓐ~ⓚ 중 어법, 혹은 문맥상 어휘의 사용이 어색한 것끼리 짝지어진 것을 고르시오. 25-10-고1-36

Multisensory experiences are a central part of our everyday lives, yet we often ⓐget them for granted, especially when our senses function ⓑnormally or are corrected to normal with aids like glasses. However, closer ⓒinspection to any, even the most ⓓordinary experiences, reveals the ⓔremarkable multisensory world ⓕin which we live. Consider the experience of eating a ⓖregular meal. At first, it may ⓗseem like an ordinary experience, but it is actually a ⓘfusion of the senses. We first eat with our eyes, but we are also exposed to countless sensory signals ⓙwhere influence our eating experience such as food textures, tastes, and smells. And it does not stop there. Even the sounds that come both from the atmospheres in which we eat and our interactions with the food (such as chewing) and the tools we use to eat ⓚinfluence our eating experience.

① ⓑ, ⓔ, ⓚ　　② ⓑ, ⓒ, ⓘ　　③ ⓕ, ⓖ
④ ⓐ, ⓙ　　⑤ ⓓ, ⓔ, ⓙ

17. 밑줄 친 ⓐ~ⓞ 중 어법, 혹은 문맥상 어휘의 사용이 어색한 것끼리 짝지어진 것을 고르시오. 25-10-고1-37

As children, the ⓐ<u>principle</u> of opposites ⓑ<u>is</u> foreign. Children perceive words and their meanings ⓒ<u>separately</u> from each other. It is only in later development ⓓ<u>which</u> we understood ⓔ<u>that</u> individual words directly connect to one another. For many children, for instance, it is not clear that 'Right' is the ⓕ<u>opposite</u> of 'Left'. A vivid example of this can be seen when children learn to ride a bicycle. If parents tell their child "Don't go to the left," they will often find that the child will continue riding ⓖ<u>straight</u> ahead and not ⓗ<u>automatically</u> turn to the right. The ⓘ<u>same</u> applies to the ⓙ<u>unreasonable</u> connection between 'Yes' and 'No' as perceived by parents. When we were children and were told, for example, "No, don't eat with your hands," we were ⓚ<u>confused</u> and didn't know ⓛ<u>what</u> our parents expected from us. Our ⓜ<u>confusion</u> was about whether we should continue eating or not and if so, how? Only later ⓝ<u>were</u> we ⓞ<u>recognize</u> the connection and understand that we should continue eating, but not with our hands but with a fork or a spoon.

① ⓓ, ⓙ, ⓝ   ② ⓔ, ⓖ, ⓛ   ③ ⓒ, ⓖ
④ ⓐ, ⓔ, ⓚ   ⑤ ⓒ, ⓖ, ⓚ

18. 밑줄 친 ⓐ~ⓝ 중 어법, 혹은 문맥상 어휘의 사용이 어색한 것끼리 짝지어진 것을 고르시오. 25-10-고1-38

Humans are not the most ⓐ<u>social</u> animal. Ants, bees, and termites put humanity to shame on many metrics of ⓑ<u>sociality</u> . A wide variety of relatives live together with perfectly harmonious behavior and collectively care for their young. ⓒ<u>But</u> while insect colonies are impressively social places, it's not our kind of social life. Bees always build hexagonal hives, ants march in lines, and termites move in zigzag formations. These patterns ⓓ<u>recur</u> predictably ⓔ<u>because</u> they are tightly programmed genetically and propelled pheromonally. We humans are ⓕ<u>more</u> free, ⓖ<u>less</u> tightly programmed genetically, so our ⓗ<u>social</u> patterns can be ⓘ<u>less</u> ⓙ<u>diverse</u> and dynamic. Every group dances a slightly ⓚ<u>different</u> dance, and these choreographies change across generations. We still think and act in ways that are in harmony with others around us, but it is through patterns that are ⓛ<u>more</u> shaped by ⓜ<u>nurture</u> , not just ⓝ<u>nurture</u> .

① ⓕ, ⓚ, ⓛ   ② ⓐ, ⓓ, ⓚ   ③ ⓘ, ⓝ
④ ⓓ, ⓕ, ⓚ   ⑤ ⓕ, ⓙ, ⓝ

19. 밑줄 친 ⓐ~ⓙ 중 어법, 혹은 문맥상 어휘의 사용이 어색한 것끼리 짝지어진 것을 고르시오. 25-10-고1-39

Those who purchase the goods of a company are called customers. Individuals who purchase goods for personal use are called consumers: beings who consume. Therefore, companies have invented multiple ways to ⓐ <u>ensure</u> that their customers consume the ⓑ<u>produced</u> items in larger and larger quantities and more and more ⓒ<u>frequently</u>. Those who sell food have an easy time, for food is literally consumed, so there is always a need to purchase new food. But with more ⓓ<u>permanent</u> things, companies must invent reasons for their customers to continue to consume them. One approach is to make the stuff that people already have ⓔ<u>prolonged</u> by convincing them ⓕ<u>what</u> it is no longer fashionable. The entire fashion industry is built to convince people ⓖ<u>that</u> fashion matters, so they must purchase new clothing, even ⓗ <u>though</u> the old is still perfectly functionable. Fashion today extends to ⓘ<u>far</u> more things than clothes: automobiles, mobile phones, computers — the list is extended indefinitely, ⓙ<u>limited</u> only by the limits of the creative minds of the marketing divisions of companies.

① ⓔ, ⓕ　　② ⓓ, ⓗ, ⓙ　　③ ⓐ, ⓓ
④ ⓒ, ⓖ　　⑤ ⓕ, ⓗ, ⓘ

20. 밑줄 친 ⓐ~ⓜ 중 어법, 혹은 문맥상 어휘의 사용이 어색한 것끼리 짝지어진 것을 고르시오. 25-10-고1-40

Kivetz, Urminsky, and Zheng partnered with a café to test the motivating ⓐ<u>effect</u> of illusory ⓑ<u>progress</u> in an experiment. Customers received a reward card that ⓒ <u>offered</u> one free coffee after they'd bought ten. While half of the customers received a card with ten open slots, the other half got a card with twelve open slots. Yet the twelve-slot card had two preexisting "bonus" stamps, so, strictly speaking, these were ⓓ<u>compartive</u> reward programs. Every ⓔ<u>customer</u> who got a card needed to make ten coffee purchases (and collect ten stamps) to get their free coffee. ⓕ<u>But</u> the appeal of the free stamps was high. People who thought they'd gotten a head start came back to the café ⓖ<u>more</u> often, ⓗ<u>filling</u> in their reward card ⓘ<u>more</u> quickly than the others. When the card came with two out of twelve slots already filled, it felt to customers like they were already 16 percent ⓙ <u>undone</u> with the goal before they'd even started. ⓚ <u>Believing</u> they were closer to the reward, they were ⓛ<u>less</u> motivated to ⓜ<u>reach</u> the finish line.

① ⓐ, ⓓ, ⓕ　　② ⓕ, ⓗ　　③ ⓓ, ⓙ, ⓛ
④ ⓕ, ⓜ　　⑤ ⓒ, ⓘ, ⓛ

21. 밑줄 친 @~⑨ 중 어법, 혹은 문맥상 어휘의 사용이 어색한 것끼리 짝지어진 것을 고르시오. 25-10-고1-41~42

Creativity is the ability to generate novel and @<u>valuable</u> ideas. It involves ⓑ<u>divergent</u> thinking, imagination, and a willingness to experiment and take risks. While AI can be a powerful tool for creative efforts, it also carries the risk of ⓒ<u>freeing</u> originality and ⓓ<u>innovation</u>. AI algorithms are trained on existing datasets, often identifying patterns and trends in past creations. While this can be ⓔ<u>useful</u> for generating new content in similar styles or formats, it can also lead to ⓕ<u>derivative</u> works that ⓖ<u>lack</u> genuine originality. If artists and designers rely too heavily on AI for ⓗ<u>inspiration</u> and content generation, they may find ⓘ<u>themselves</u> trapped in a cycle of imitation, ⓙ<u>able</u> to break free from the constraints of the AI's training data. Moreover, the ease ⓚ<u>with which</u> AI can generate content can ⓛ<u>encourage</u> the kind of struggle and experimentation that often leads to breakthroughs. The creative process is often messy and repetitive, involving numerous ⓜ<u>failures</u> and setbacks. It is through these challenges ⓝ<u>that</u> we refine our skills, develop our ⓞ<u>unique</u> perspectives, and push the boundaries of ⓟ<u>what</u> is possible. If AI provides instant solutions, it can skip this essential process of learning through trial and error, ultimately ⓠ<u>inhibiting</u> the development of true creative talent.

① ⓒ, ⓙ, ⓛ   ② ⓓ, ⓛ, ⓠ   ③ ⓑ, ⓖ, ⓘ
④ ⓑ, ⓙ   ⑤ ⓔ, ⓕ, ⓞ

22. 밑줄 친 @~ⓘ 중 어법, 혹은 문맥상 어휘의 사용이 어색한 것끼리 짝지어진 것을 고르시오. 25-10-고1-43~45

When billionaire James Walker was once asked by a journalist, "Is there anyone richer than you?", he replied, "Yes, there is one young man I'll never forget." He told the story of @<u>that</u> he first met David at a New York airport. Years ago, James was broke and stuck at the airport, killing time ⓑ<u>reading</u> newspaper headlines at the newsstand. One headline caught his eye, but he had no money to buy the paper. Just then, David, working at the newsstand noticed James. He asked, "Would you like to buy this, sir?" But, James hesitated, saying he had no money. David smiled and said, "Me, too. But I have enough for this. Take it as a gift." Three months later, James, still broke, met him at the newsstand once ⓒ<u>less</u>. Again, David gave him a newspaper without expecting ⓓ<u>anything</u> in return. Years passed and James became a wealthy businessman, but he never forgot the young man he had met at the airport. He found David running a small bookstore and visited him there. He introduced himself, saying, "David, you helped me twice when you had almost nothing. I want to give you anything you wish." He looked at him and said, "You can't truly compensate me." James asked, "Why not?" David replied, "ⓔ<u>Because</u> I gave to you when I had almost nothing. You're offering me something now that you have everything. That's just ⓕ<u>generosity</u> at convenience. So, I can't accept your offer." James ⓖ<u>realized</u> that money doesn't make someone rich. ⓗ<u>Remembering</u> that moment, he said to the journalist, "It's the willingness to give even when you have very ⓘ<u>little</u> that makes you wealthy. And so, David is the richest person I have ever met."

① ⓑ, ⓕ, ⓗ   ② @, ⓒ   ③ ⓕ, ⓖ
④ ⓒ, ⓘ   ⑤ ⓓ, ⓕ, ⓘ

23. 밑줄 부분 중 어법, 혹은 문맥상 어휘의 쓰임이 어색한 것을 올바르게 고쳐 쓰시오. (5개) 25-10-고1-18

Dear Mr. Kelly, My name is Mark Smith, and I am the manager of Lomos Tours. I express our sincere appreciation for your continued ①distrust and ② betrayal. Next year, as part of a new promotional campaign, Lomos Tours will be airing an advertisement. We plan to ③exclude the experiences of some of our most ④valuing clients. Since you traveled with us last summer, I would like to kindly ask if you would be willing to share a ⑤few words about your experience. Your feedback would be ⑥valueless in helping us promote our services. A member of our team will be in touch with you shortly. Thank you in advance for your contributions.
Warm regards, Mark Smith

기호	어색한 표현		올바른 표현
( )	_______	➜	_______
( )	_______	➜	_______
( )	_______	➜	_______
( )	_______	➜	_______
( )	_______	➜	_______

24. 밑줄 부분 중 어법, 혹은 문맥상 어휘의 쓰임이 어색한 것을 올바르게 고쳐 쓰시오. (5개) 25-10-고1-19

After finishing my shopping, I walked out of the grocery store and ①headed the spot ②where I'd parked my car. But it wasn't there. I wasn't the kind of person to forget where I'd parked. I knew I was in the right place — so where was my car? I looked around, but nothing made sense. ③knowing not what to do, I called my husband at home and said, "My car is ④missed! I can't find my car." I heard him ⑤laughing on the other end of the line. "Your car is here outside the house! You took mine today, remember?" I turned around — and there it was. I couldn't help but ⑥laughing at myself. With a sigh of relief, I walked over to the car. Everything was ⑦finely after all.

기호	어색한 표현		올바른 표현
( )	_______	➜	_______
( )	_______	➜	_______
( )	_______	➜	_______
( )	_______	➜	_______
( )	_______	➜	_______

25. 밑줄 부분 중 어법, 혹은 문맥상 어휘의 쓰임이 어색한 것을 올바르게 고쳐 쓰시오. (5개) 25-10-고1-20

One of the most important ①aspects of sustaining long-term relationships ②is communication. It's easy to connect with someone and then let the relationship ③got stuck due to ④an abundance of follow-up. To keep the connection ⑤living , make a conscious effort to stay in touch. This doesn't mean constantly reaching out with requests or updates but rather ⑥forcing a friendly and consistent line of communication. A simple message to check in or share something ⑦of value can go a long way in ⑧forcing your relationship. For example, if you come across an article or resource that you think might interest a connection, share it with them, even if you haven't spoken in a while. This shows that you're thinking of them and are ⑨invested in maintaining the relationship.

기호	어색한 표현		올바른 표현
( )	__________	→	__________
( )	__________	→	__________
( )	__________	→	__________
( )	__________	→	__________
( )	__________	→	__________

26. 밑줄 부분 중 어법, 혹은 문맥상 어휘의 쓰임이 어색한 것을 올바르게 고쳐 쓰시오. (5개) 25-10-고1-21

Currently, urban ①generation projects in degraded areas have ②promoted as improving the wellbeing of residents and solving environmental injustice problems. However, such environmental improvements in ③ethic communities and/or low-income households can create an urban green space paradox. The creation of new, high-④quality green spaces can increase attractiveness, making these neighbourhoods more ⑤desirable. ⑥in addition , the cost of housing can ⑦rise , and residents may not be able to ⑧afford the rent. This results ⑨in the exclusion or displacement of the poor neighbourhood's residents, who were ⑩intended to benefit from the ecosystem services provided by the new green space. In turn, the residents may only be able to afford to live in a similar degraded neighbourhood to the one they left, with low ⑪assess to green infrastructure.

기호	어색한 표현		올바른 표현
( )	__________	→	__________
( )	__________	→	__________
( )	__________	→	__________
( )	__________	→	__________
( )	__________	→	__________

27. 밑줄 부분 중 어법, 혹은 문맥상 어휘의 쓰임이 어색한 것을 올바르게 고쳐 쓰시오. (5개) 25-10-21-22

An increasing ①<u>awareness</u> of our effect on the ocean is slowly ②<u>sweeping</u> into the public agenda, dragging behind it a conversation that is decades ③<u>overdue</u> . But this conversation faces a massive ④<u>obstacle</u> . It's almost impossible to discuss ⑤<u>what</u> to do about something ⑥<u>changing</u> if you don't initially know how it works. If a doctor tells a patient ⑦<u>what</u> they have a problem with their kidneys, the patient probably already has at ⑧<u>least</u> a vague idea about where their kidneys are and what they're up to. They learned about that part of their own personal life-support system at school. But that's not the case for the oceans. When we see a news story about the long-term ⑨<u>decline</u> in the numbers of krill in the Southern Ocean, it sounds generally like a bad thing. But there's far ⑩<u>more</u> to it than the risk of whales ⑪<u>going</u> hungry. Krill are a part of the ocean engine. We need to understand at ⑫<u>most</u> some of the ⑬<u>text</u> before we can ⑭<u>disscuss about</u> the change and take appropriate action.

기호	어색한 표현		올바른 표현
( )	______	→	______
( )	______	→	______
( )	______	→	______
( )	______	→	______
( )	______	→	______

28. 밑줄 부분 중 어법, 혹은 문맥상 어휘의 쓰임이 어색한 것을 올바르게 고쳐 쓰시오. (5개) 25-10-21-23

Rome was said to ①<u>have been</u> a melting pot from the very start. The historian Livy claimed the city's ②<u>original</u> ③<u>population</u> was ④<u>consisted</u> of immigrants ⑤<u>flooding</u> in from all directions, attracted by Romulus's ⑥<u>deliberate</u> policy of ⑦<u>nondiscrimination</u> . It was this initial openness, Livy asserts, that ⑧<u>laid</u> the foundations for the later strength and ⑨<u>failure</u> of the city. Romans described their city as ⑩<u>multicultural</u> in the generations after its foundation. Tradition held that only a ⑪<u>minority</u> of the city's legendary kings were Romanborn, with the others all ⑫<u>arrived</u> as immigrants before ⑬<u>being chosen</u> for the throne for their virtues and merits. As the empire ⑭<u>contracted</u> across three continents, Rome eagerly ⑮<u>adopted</u> new cultural influences and ⑯<u>rejected</u> incoming groups — perhaps a little too eagerly for some, who, like the poet Juvenal, ⑰<u>complained</u> about the rapid rate of cultural change.

기호	어색한 표현		올바른 표현
( )	______	→	______
( )	______	→	______
( )	______	→	______
( )	______	→	______
( )	______	→	______

29. 밑줄 부분 중 어법, 혹은 문맥상 어휘의 쓰임이 어색한 것을 올바르게 고쳐 쓰시오. (5개) 25-10-고1-24

The laws and ①constants of physics and the fundamental forces in our universe have very ②vague forms and values. This means that, if they were only very slightly ③different, life would not ④have been possible. For instance, the precise value of gravity has enabled our universe to ⑤arise by permitting the ⑥obligation of dust and gas particles to protostars ⑦which planets later came to orbit, including the Earth around the Sun. If the value of the electron ⑧has been ever so slightly larger or smaller, chemistry, as we know it, would not have been ⑨impossible and life, which is based on ⑩organic chemistry, could not have started. The universe was not designed for us to evolve, we have no privileged position in the universe; however, the laws and constants of physics ⑪allowed advanced life to evolve.

기호	어색한 표현		올바른 표현
( )	__________	→	__________
( )	__________	→	__________
( )	__________	→	__________
( )	__________	→	__________
( )	__________	→	__________

30. 밑줄 부분 중 어법, 혹은 문맥상 어휘의 쓰임이 어색한 것을 올바르게 고쳐 쓰시오. (5개) 25-10-고1-26

Dalip Singh Saund was an Indianborn American politician. After ①graduating from the University of Punjab in India, he moved to the U.S. to ②attend to graduate school. He earned his doctoral degree at the University of California in 1924 but could not get a job because of his nationality. The next year, he began farming in Imperial Valley, but he was not able to buy land without U.S. citizenship. Dalip developed an interest in ③politic and he often spoke out on Indian and political topics. He went to Washington, D.C. and ④processed a bill that would allow Indians ⑤to become U.S. citizens. The bill was passed in 1946, and three years later Dalip ⑥rejected U.S. citizenship. He later became the first Asian to ⑦elect to the U.S. Congress.

기호	어색한 표현		올바른 표현
( )	__________	→	__________
( )	__________	→	__________
( )	__________	→	__________
( )	__________	→	__________
( )	__________	→	__________

31. 밑줄 부분 중 어법, 혹은 문맥상 어휘의 쓰임이 어색한 것을 올바르게 고쳐 쓰시오. (5개) 25-10-고1-29

Human beings have ①<u>revolved</u> to make the ②<u>most</u> of the resources ③<u>available</u> to them in ways that are subtle and complicated. When we change our diets, especially when we ④<u>do</u> so quickly, we are effectively ⑤<u>deducting</u> huge experiments in nutrition. We ought to have ⑥<u>less</u> humility. Nutritional science is still young and there is so ⑦<u>much</u> we do not know. If we have eaten certain foods in certain ways for millennia, we should ⑧<u>assume</u> until it is proven otherwise that there is probably a good reason why. Traditional foods that don't fit ⑨<u>neat</u> on the contemporary dietary food plate should generally be chosen ⑩<u>over</u> highly processed ones that ⑪<u>do</u> . We should ⑫<u>assume</u> that traditionally made fatty blood sausages are preferable ⑬<u>to</u> lean, factory-made salamis; that spoonfuls of honey are ⑭<u>inferior</u> to sprinkles of sweeteners. Witnessing how ⑮<u>poorly</u> traditional societies are ⑯<u>faring</u> as they undergo a nutrition transition should make those who have already completed it ⑰<u>question</u> whether their diets have moved too far.

기호	어색한 표현		올바른 표현
( )	__________	➔	__________
( )	__________	➔	__________
( )	__________	➔	__________
( )	__________	➔	__________
( )	__________	➔	__________

32. 밑줄 부분 중 어법, 혹은 문맥상 어휘의 쓰임이 어색한 것을 올바르게 고쳐 쓰시오. (5개) 25-10-고1-30

While convenience and technology are crucial, they are not the only factors ①<u>driving</u> Gen Z's financial decisions. This generation is incredibly ②<u>values</u>-driven, and they want to ③<u>banking</u> with institutions that ④<u>matches</u> their personal beliefs and values. ⑤<u>Transparency</u> is vital. Gen Z is ⑥<u>skeptical</u> of large corporations and institutions that lack ⑦<u>irresponsibility</u>. They have grown up in a world where information is freely ⑧<u>unavailable</u>, and they expect complete ⑨<u>transparency</u> from the brands they support. Banks, for example, must clearly communicate fees, terms, and conditions, as well as how they handle customers' data. Moreover, ⑩<u>ethical</u> banking practices are ⑪<u>more</u> important than ever. Gen Z cares about the environment, ⑫<u>social</u> justice, and the ⑬<u>ethical</u> implications of their financial decisions. They are interested in ⑭<u>resistable</u> investing, supporting businesses that match their values, and ensuring that their money is not being used to ⑮<u>fund</u> harmful practices. Banks that offer socially responsible investment opportunities and are committed to environmental ⑯<u>sustainability</u> will attract Gen Z's ⑰<u>attention</u>.

기호	어색한 표현		올바른 표현
( )	__________	➔	__________
( )	__________	➔	__________
( )	__________	➔	__________
( )	__________	➔	__________
( )	__________	➔	__________

33. 밑줄 부분 중 어법, 혹은 문맥상 어휘의 쓰임이 어색한 것을 올바르게 고쳐 쓰시오. (5개) 25-10-고1-31

Myths aren't only stories. For example, a well-known myth that ①<u>persists</u> today is the supposed high iron ②<u>context</u> in spinach. This is a legend that dates back to 1890 and ③<u>originates</u> a simple miscalculation by physiologist Gustav von Bunge. He accurately determined ④<u>that</u> 100 grams of spinach contained 35 milligrams of iron but he was analyzing dried spinach, ⑤<u>which</u> held ten times ⑥<u>less</u> iron than the ⑦<u>different</u> amount of fresh leafy greens. ⑧<u>Although</u> the error was swiftly corrected, the correction was just as swiftly ⑨<u>forgotten</u> . The myth had taken hold. Popeye, who gained superhuman strength from the leafy greens and ⑩<u>defended</u> himself with iron fists, contributed to its ⑪<u>insurance</u> and even today, some nearly 150 years later, parents the world over use this tale to try to persuade their children into eating the healthy vegetable.

기호	어색한 표현		올바른 표현
(　　)	＿＿＿＿＿＿	→	＿＿＿＿＿＿
(　　)	＿＿＿＿＿＿	→	＿＿＿＿＿＿
(　　)	＿＿＿＿＿＿	→	＿＿＿＿＿＿
(　　)	＿＿＿＿＿＿	→	＿＿＿＿＿＿
(　　)	＿＿＿＿＿＿	→	＿＿＿＿＿＿

34. 밑줄 부분 중 어법, 혹은 문맥상 어휘의 쓰임이 어색한 것을 올바르게 고쳐 쓰시오. (5개) 25-10-고1-32

The technical ①<u>term</u> often used to describe animals' judgement of numbers ②<u>is</u> the approximate number system. ③<u>What</u> it does not provide is precision. It shows—and this is the ④<u>different</u> in every ⑤<u>specie</u> tested—a characteristic pattern of errors, with discrimination becoming ⑥<u>more</u> accurate as the quantities get ⑦<u>bigger</u> . Rhesus monkeys can tell one from two, two from three, three from four, four from five ... but start to fail from five upwards. Rats that learned to press a lever a given number of times, from four up to twenty-four, became markedly less and less ⑧<u>precise</u> in their responses as the number ⑨<u>increased</u>: by the top end of the range they would merely produce a spread of numbers around the target. It is a ⑩<u>common</u> ⑪<u>observance</u> that when testing the ⑫<u>inaccuracy</u> of animals' number sense, the ⑬<u>size</u> of the numbers matters.

기호	어색한 표현		올바른 표현
(　　)	＿＿＿＿＿＿	→	＿＿＿＿＿＿
(　　)	＿＿＿＿＿＿	→	＿＿＿＿＿＿
(　　)	＿＿＿＿＿＿	→	＿＿＿＿＿＿
(　　)	＿＿＿＿＿＿	→	＿＿＿＿＿＿
(　　)	＿＿＿＿＿＿	→	＿＿＿＿＿＿

35. 밑줄 부분 중 어법, 혹은 문맥상 어휘의 쓰임이 어색한 것을 올바르게 고쳐 쓰시오. (5개) ^{25-10-고1-33}

①although the cultural trope depicting emotions as the ②similar of ③rational thought, cognition — ④what we commonly refer to as thinking — is actually a key building block of emotion. How we think about our circumstances ⑤shape the emotions we experience; then those emotions echo back to ⑥effect how we think. For instance, if you walk into a test thinking you are bad at taking tests, your ⑦anxiety will be ⑧increased. Then you don't feel good about your performance on the test, and that becomes evidence for continuing to think that you're bad at test taking. In this way there's simply no ⑨pulling emotion and cognition apart. This bi-directionality of cognition and emotion allows us to adjust difficult emotions by changing the way we think. By thinking differently — I get nervous sometimes, but I'm still a good test taker, or that nervous feeling is just excitement and ⑩participation, it means I'm ready — you can work those pathways to your advantage.

기호	어색한 표현		올바른 표현
(　)	＿＿＿＿＿	➔	＿＿＿＿＿
(　)	＿＿＿＿＿	➔	＿＿＿＿＿
(　)	＿＿＿＿＿	➔	＿＿＿＿＿
(　)	＿＿＿＿＿	➔	＿＿＿＿＿
(　)	＿＿＿＿＿	➔	＿＿＿＿＿

36. 밑줄 부분 중 어법, 혹은 문맥상 어휘의 쓰임이 어색한 것을 올바르게 고쳐 쓰시오. (5개) ^{25-10-고1-34}

①What is the Capabilities Approach (CA), and why would lawyers ②indifferent about animal justice ③cares about it? It is easy to say ④what it is not. The CA does not rank animals by ⑤likeness to humans or seek special privileges for those ⑥considering most "like us," as ⑦are some other popular ⑧theoretical approaches. The CA has concern for the finch and the pig as ⑨much as the whale and the elephant. And it argues that the human form of life is simply ⑩irrelevant when we think about ⑪what each type of animal needs and deserves. What is ⑫relevant is their own forms of life. Just as humans seek to be able to enjoy the characteristic goods of a human life, so a finch seeks a finch's life and the whale a whale's life. We should ⑬extend ⑭us and learn, not lazily picture animals as lesser humans, seeking a life sort of like our own. According to the CA, each ⑮sentient creature should have the opportunity to ⑯flourish in the form of life characteristic for that creature.

기호	어색한 표현		올바른 표현
(　)	＿＿＿＿＿	➔	＿＿＿＿＿
(　)	＿＿＿＿＿	➔	＿＿＿＿＿
(　)	＿＿＿＿＿	➔	＿＿＿＿＿
(　)	＿＿＿＿＿	➔	＿＿＿＿＿
(　)	＿＿＿＿＿	➔	＿＿＿＿＿

37. 밑줄 부분 중 어법, 혹은 문맥상 어휘의 쓰임이 어색한 것을 올바르게 고쳐 쓰시오. (5개) 25-10-고1-35

Social media serves as an important ①content to ②impede autobiographical remembering. Personal events posted on social media platforms are better remembered and ③less forgotten than those not ④posted , independent of the characteristics of the events. This may be ⑤because sharing memories online allows individuals ⑥to rehearse and make sense of ⑦that happened, thus facilitating longterm memory ⑧retention . Online feedback such as comments and likes as well as technological features such as algorithms and periodic reminders can ⑨further serve as memory cues for the posted event details. As a result, event details shared on ⑩sociable media ⑪is likely ⑫stabilized and remembered over time, whereas those not shared may become ⑬inaccessible or forgotten.

기호	어색한 표현		올바른 표현
(　)	____________	➔	____________
(　)	____________	➔	____________
(　)	____________	➔	____________
(　)	____________	➔	____________
(　)	____________	➔	____________

38. 밑줄 부분 중 어법, 혹은 문맥상 어휘의 쓰임이 어색한 것을 올바르게 고쳐 쓰시오. (5개) 25-10-고1-36

Multisensory experiences are a central part of our everyday lives, yet we often ①take them for granted, especially when our senses function ②abnormally or are corrected to normal with aids like glasses. However, closer ③retrospection to any, even the most ④extraordinary experiences, reveals the ⑤remarkable multisensory world ⑥in which we live. Consider the experience of eating a ⑦regular meal. At first, it may ⑧seem like an ordinary experience, but it is actually a ⑨confusion of the senses. We first eat with our eyes, but we are also exposed to countless sensory signals ⑩where influence our eating experience such as food textures, tastes, and smells. And it does not stop there. Even the sounds that come both from the atmospheres in which we eat and our interactions with the food (such as chewing) and the tools we use to eat ⑪influence our eating experience.

기호	어색한 표현		올바른 표현
(　)	____________	➔	____________
(　)	____________	➔	____________
(　)	____________	➔	____________
(　)	____________	➔	____________
(　)	____________	➔	____________

39. 밑줄 부분 중 어법, 혹은 문맥상 어휘의 쓰임이 어색한 것을 올바르게 고쳐 쓰시오. (5개) 25-10-고1-37

As children, the ①principal of opposites ②are foreign. Children perceive words and their meanings ③separately from each other. It is only in later development ④that we understood ⑤that individual words directly connect to one another. For many children, for instance, it is not clear that 'Right' is the ⑥opposite of 'Left'. A vivid example of this can be seen when children learn to ride a bicycle. If parents tell their child "Don't go to the left," they will often find that the child will continue riding ⑦straight ahead and not ⑧automatically turn to the right. The ⑨same applies to the ⑩logical connection between 'Yes' and 'No' as perceived by parents. When we were children and were told, for example, "No, don't eat with your hands," we were ⑪fused and didn't know ⑫that our parents expected from us. Our ⑬fusion was about whether we should continue eating or not and if so, how? Only later ⑭did we ⑮recognize the connection and understand that we should continue eating, but not with our hands but with a fork or a spoon.

기호	어색한 표현		올바른 표현
(　)	__________	→	__________
(　)	__________	→	__________
(　)	__________	→	__________
(　)	__________	→	__________
(　)	__________	→	__________

40. 밑줄 부분 중 어법, 혹은 문맥상 어휘의 쓰임이 어색한 것을 올바르게 고쳐 쓰시오. (5개) 25-10-고1-38

Humans are not the most ①social animal. Ants, bees, and termites put humanity to shame on many metrics of ②individuality . A wide variety of relatives live together with perfectly harmonious behavior and collectively care for their young. ③so while insect colonies are impressively social places, it's not our kind of social life. Bees always build hexagonal hives, ants march in lines, and termites move in zigzag formations. These patterns ④recur predictably ⑤because they are tightly programmed genetically and propelled pheromonally. We humans are ⑥more free, ⑦less tightly programmed genetically, so our ⑧social patterns can be ⑨more ⑩diverse and dynamic. Every group dances a slightly ⑪uniform dance, and these choreographies change across generations. We still think and act in ways that are in harmony with others around us, but it is through patterns that are ⑫more shaped by ⑬nature , not just ⑭nurture .

기호	어색한 표현		올바른 표현
(　)	__________	→	__________
(　)	__________	→	__________
(　)	__________	→	__________
(　)	__________	→	__________
(　)	__________	→	__________

41. 밑줄 부분 중 어법, 혹은 문맥상 어휘의 쓰임이 어색한 것을 올바르게 고쳐 쓰시오. (5개) 25-10-고1-39

Those who purchase the goods of a company are called customers. Individuals who purchase goods for personal use are called consumers: beings who consume. Therefore, companies have invented multiple ways to ①<u>ensure</u> that their customers consume the ②<u>produced</u> items in larger and larger quantities and more and more ③<u>frequently</u>. Those who sell food have an easy time, for food is literally consumed, so there is always a need to purchase new food. But with more ④<u>temporary</u> things, companies must invent reasons for their customers to continue to consume them. One approach is to make the stuff that people already have ⑤<u>prolonged</u> by convincing them ⑥<u>that</u> it is no longer fashionable. The entire fashion industry is built to convince people ⑦<u>of that</u> fashion matters, so they must purchase new clothing, even ⑧<u>despite</u> the old is still perfectly functionable. Fashion today extends to ⑨<u>far</u> more things than clothes: automobiles, mobile phones, computers — the list is extended indefinitely, ⑩<u>limitless</u> only by the limits of the creative minds of the marketing divisions of companies.

기호	어색한 표현		올바른 표현
( )	__________	➔	__________
( )	__________	➔	__________
( )	__________	➔	__________
( )	__________	➔	__________
( )	__________	➔	__________

42. 밑줄 부분 중 어법, 혹은 문맥상 어휘의 쓰임이 어색한 것을 올바르게 고쳐 쓰시오. (5개) 25-10-고1-40

Kivetz, Urminsky, and Zheng partnered with a café to test the motivating ①<u>affect</u> of illusory ②<u>progress</u> in an experiment. Customers received a reward card that ③<u>prevented</u> one free coffee after they'd bought ten. While half of the customers received a card with ten open slots, the other half got a card with twelve open slots. Yet the twelve-slot card had two preexisting "bonus" stamps, so, strictly speaking, these were ④<u>compartive</u> reward programs. Every ⑤<u>customers</u> who got a card needed to make ten coffee purchases (and collect ten stamps) to get their free coffee. ⑥<u>But</u> the appeal of the free stamps was high. People who thought they'd gotten a head start came back to the café ⑦<u>more</u> often, ⑧<u>filled</u> in their reward card ⑨<u>more</u> quickly than the others. When the card came with two out of twelve slots already filled, it felt to customers like they were already 16 percent ⑩<u>finished</u> with the goal before they'd even started. ⑪<u>Believing</u> they were closer to the reward, they were ⑫<u>more</u> motivated to ⑬<u>reach</u> the finish line.

기호	어색한 표현		올바른 표현
( )	__________	➔	__________
( )	__________	➔	__________
( )	__________	➔	__________
( )	__________	➔	__________
( )	__________	➔	__________

43. 밑줄 부분 중 어법, 혹은 문맥상 어휘의 쓰임이 어색한 것을 올바르게 고쳐 쓰시오. (5개) 25-10-고1-41~42

Creativity is the ability to generate novel and ①valueless ideas. It involves ②convergent thinking, imagination, and a willingness to experiment and take risks. While AI can be a powerful tool for creative efforts, it also carries the risk of ③limiting originality and ④innovation. AI algorithms are trained on existing datasets, often identifying patterns and trends in past creations. While this can be ⑤useful for generating new content in similar styles or formats, it can also lead to ⑥inventive works that ⑦lack genuine originality. If artists and designers rely too heavily on AI for ⑧inspiration and content generation, they may find ⑨themselves trapped in a cycle of imitation, ⑩unable to break free from the constraints of the AI's training data. Moreover, the ease ⑪with which AI can generate content can ⑫encourage the kind of struggle and experimentation that often leads to breakthroughs. The creative process is often messy and repetitive, involving numerous ⑬failures and setbacks. It is through these challenges ⑭that we refine our skills, develop our ⑮unique perspectives, and push the boundaries of ⑯that is possible. If AI provides instant solutions, it can skip this essential process of learning through trial and error, ultimately ⑰inhibiting the development of true creative talent.

기호	어색한 표현		올바른 표현
( )	______________	➔	______________
( )	______________	➔	______________
( )	______________	➔	______________
( )	______________	➔	______________
( )	______________	➔	______________

44. 밑줄 부분 중 어법, 혹은 문맥상 어휘의 쓰임이 어색한 것을 올바르게 고쳐 쓰시오. (5개) 25-10-고1-43~45

When billionaire James Walker was once asked by a journalist, "Is there anyone richer than you?", he replied, "Yes, there is one young man I'll never forget." He told the story of ①that he first met David at a New York airport. Years ago, James was broke and stuck at the airport, killing time ②reading newspaper headlines at the newsstand. One headline caught his eye, but he had no money to buy the paper. Just then, David, working at the newsstand noticed James. He asked, "Would you like to buy this, sir?" But, James hesitated, saying he had no money. David smiled and said, "Me, too. But I have enough for this. Take it as a gift." Three months later, James, still broke, met him at the newsstand once ③more. Again, David gave him a newspaper without expecting ④something in return. Years passed and James became a wealthy businessman, but he never forgot the young man he had met at the airport. He found David running a small bookstore and visited him there. He introduced himself, saying, "David, you helped me twice when you had almost nothing. I want to give you anything you wish." He looked at him and said, "You can't truly compensate me." James asked, "Why not?" David replied, "⑤Because I gave to you when I had almost nothing. You're offering me something now that you have everything. That's just ⑥genuineness at convenience. So, I can't accept your offer." James ⑦relieved that money doesn't make someone rich. ⑧remember that moment, he said to the journalist, "It's the willingness to give even when you have very ⑨little that makes you wealthy. And so, David is the richest person I have ever met."

기호	어색한 표현		올바른 표현
( )	______________	➔	______________
( )	______________	➔	______________
( )	______________	➔	______________
( )	______________	➔	______________
( )	______________	➔	______________

2025 고1 10월 모의고사

❶ voca ❷ text ❸ [/] ❹ ____ ❺ quiz 1 ❻ quiz 2 ❼ quiz 3 ❽ quiz 4 ❾ quiz 5

25-10-고1-18

1. 다음 글의 주제로 가장 적절한 것을 고르시오.

Dear Mr. Kelly, My name is Mark Smith, and I am the manager of Lomos Tours. I express our sincere appreciation for your continued trust and loyalty. Next year, as part of a new promotional campaign, Lomos Tours will be airing an advertisement. We plan to include the experiences of some of our most valued clients. Since you traveled with us last summer, I would like to kindly ask if you would be willing to share a few words about your experience. Your feedback would be invaluable in helping us promote our services. A member of our team will be in touch with you shortly. Thank you in advance for your contributions.
Warm regards, Mark Smith

① Expression Of Gratitude For Past Bookings
② Announcement Of A New Tour Package
③ Invitation To Participate In A Customer Loyalty Program
④ Request For A Client Testimonial For Promotional Advertising
⑤ Explanation Of Lomos Tours' Service Policies

25-10-고1-19

2. 다음 글의 주제로 가장 적절한 것을 고르시오.

After finishing my shopping, I walked out of the grocery store and headed to the spot where I'd parked my car. But it wasn't there. I wasn't the kind of person to forget where I'd parked. I knew I was in the right place — so where was my car? I looked around, but nothing made sense. Not knowing what to do, I called my husband at home and said, "My car is missing! I can't find my car." I heard him laughing on the other end of the line. "Your car is here outside the house! You took mine today, remember?" I turned around — and there it was. I couldn't help but laugh at myself. With a sigh of relief, I walked over to the car. Everything was fine after all.

① Relief after realizing a simple mistake
② Anxiety caused by unexpected car theft
③ Humor found in daily misunderstandings
④ Importance of communication between spouses
⑤ Forgetfulness as a sign of stress and overwork

25-10-고1-20

3. 다음 글의 주제로 가장 적절한 것을 고르시오.

One of the most important aspects of sustaining long-term relationships is communication. It's easy to connect with someone and then let the relationship get stuck due to a lack of follow-up. To keep the connection alive, make a conscious effort to stay in touch. This doesn't mean constantly reaching out with requests or updates but rather maintaining a friendly and consistent line of communication. A simple message to check in or share something of value can go a long way in reinforcing your relationship. For example, if you come across an article or resource that you think might interest a connection, share it with them, even if you haven't spoken in a while. This shows that you're thinking of them and are invested in maintaining the relationship.

① Psychological benefits of maintaining friendships
② Role of consistency in sustaining long-term relationships
③ Strategies for resolving communication conflicts
④ Importance of empathy in professional networking
⑤ Negative effects of overcommunication in relationships

25-10-고1-21

4. 다음 글의 주제로 가장 적절한 것을 고르시오.

Currently, urban regeneration projects in degraded areas have been promoted as improving the wellbeing of residents and solving environmental injustice problems. However, such environmental improvements in ethnic communities and/or low-income households can create an urban green space paradox. The creation of new, high-quality green spaces can increase attractiveness, making these neighbourhoods more desirable. By contrast, the cost of housing can rise, and residents may not be able to afford the rent. This results in the exclusion or displacement of the poor neighbourhood's residents, who were intended to benefit from the ecosystem services provided by the new green space. In turn, the residents may only be able to afford to live in a similar degraded neighbourhood to the one they left, with low access to green infrastructure.

① Economic benefits of urban green infrastructure development
② Solutions to prevent environmental injustice in cities
③ Paradoxical outcomes of green space creation in low-income areas
④ Historical background of urban regeneration projects
⑤ Relationship between housing prices and environmental policies

25-10-고1-22

5. 다음 글의 주제로 가장 적절한 것을 고르시오.

An increasing awareness of our effect on the ocean is slowly seeping into the public agenda, dragging behind it a conversation that is decades overdue. But this conversation faces a massive obstacle. It's almost impossible to discuss what to do about something changing if you don't initially know how it works. If a doctor tells a patient that they have a problem with their kidneys, the patient probably already has at least a vague idea about where their kidneys are and what they're up to. They learned about that part of their own personal life-support system at school. But that's not the case for the oceans. When we see a news story about the long-term decline in the numbers of krill in the Southern Ocean, it sounds generally like a bad thing. But there's far more to it than the risk of whales going hungry. Krill are a part of the ocean engine. We need to understand at least some of the context before we can discuss the change and take appropriate action.

① Importance of krill populations in maintaining marine ecosystems
② Need for public understanding of ocean systems before solving marine issues
③ Relationship between human activities and decline in ocean biodiversity
④ Educational approaches to teaching ocean science in schools
⑤ Delayed governmental responses to marine environmental crises

25-10-고1-23

6. 다음 글의 주제로 가장 적절한 것을 고르시오.

Rome was said to have been a melting pot from the very start. The historian Livy claimed the city's original population was comprised of immigrants flooding in from all directions, attracted by Romulus's deliberate policy of nondiscrimination. It was this initial openness, Livy asserts, that laid the foundations for the later strength and success of the city. Romans described their city as multicultural in the generations after its foundation. Tradition held that only a minority of the city's legendary kings were Romanborn, with the others all arriving as immigrants before being chosen for the throne for their virtues and merits. As the empire expanded across three continents, Rome eagerly adopted new cultural influences and absorbed incoming groups — perhaps a little too eagerly for some, who, like the poet Juvenal, complained about the rapid rate of cultural change.

① Influence of Roman kings on the empire's expansion
② Role of cultural diversity in shaping Rome's success
③ Opposition to immigration in ancient Roman society
④ Origins of the Roman Empire's political institutions
⑤ Historical accuracy of Livy's account of Rome's foundation

25-10-고1-24

7. 다음 글의 주제로 가장 적절한 것을 고르시오.

The laws and constants of physics and the fundamental forces in our universe have very precise forms and values. This means that, if they were only very slightly different, life would not have been possible. For instance, the precise value of gravity has enabled our universe to arise by permitting the aggregation of dust and gas particles to protostars around which planets later came to orbit, including the Earth around the Sun. If the value of the electron had been ever so slightly larger or smaller, chemistry, as we know it, would not have been possible and life, which is based on organic chemistry, could not have started. The universe was not designed for us to evolve, we have no privileged position in the universe; however, the laws and constants of physics allowed advanced life to evolve.

① Relationship between cosmic design and human evolution
② Scientific explanation for the fine-tuning of the universe
③ Role of gravity in the formation of planets and stars
④ Importance of chemistry in supporting life on Earth
⑤ Debate over whether the universe was created for life

25-10-고1-26

8. 다음 글의 주제로 가장 적절한 것을 고르시오.

Dalip Singh Saund was an Indianborn American politician. After graduating from the University of Punjab in India, he moved to the U.S. to attend graduate school. He earned his doctoral degree at the University of California in 1924 but could not get a job because of his nationality. The next year, he began farming in Imperial Valley, but he was not able to buy land without U.S. citizenship. Dalip developed an interest in politics and he often spoke out on Indian and political topics. He went to Washington, D.C. and promoted a bill that would allow Indians to become U.S. citizens. The bill was passed in 1946, and three years later Dalip received U.S. citizenship. He later became the first Asian to be elected to the U.S. Congress.

① Challenges Of Asian Immigrants In U.S. Agriculture
② Influence Of Graduate Education On Political Success
③ Legislative Details Of The 1946 Citizenship Bill
④ Employment Discrimination Based On Nationality
⑤ Dalip Singh Saund's Pursuit Of U.S. Citizenship And Election To Congress

25-10-고1-29

9. 다음 글의 주제로 가장 적절한 것을 고르시오.

Human beings have evolved to make the most of the resources available to them in ways that are subtle and complicated. When we change our diets, especially when we do so quickly, we are effectively conducting huge experiments in nutrition. We ought to have more humility. Nutritional science is still young and there is so much we do not know. If we have eaten certain foods in certain ways for millennia, we should assume until it is proven otherwise that there is probably a good reason why. Traditional foods that don't fit neatly on the contemporary dietary food plate should generally be chosen over highly processed ones that do. We should assume that traditionally made fatty blood sausages are preferable to lean, factory-made salamis; that spoonfuls of honey are superior to sprinkles of sweeteners. Witnessing how poorly traditional societies are faring as they undergo a nutrition transition should make those who have already completed it question whether their diets have moved too far.

① Need for greater caution when changing traditional diets
② Historical evolution of human nutritional science
③ Comparison between natural and artificial sweeteners
④ Effects of industrial food production on global health
⑤ Importance of cultural diversity in modern eating habits

25-10-고1-30

10. 다음 글의 주제로 가장 적절한 것을 고르시오.

While convenience and technology are crucial, they are not the only factors driving Gen Z's financial decisions. This generation is incredibly values-driven, and they want to bank with institutions that match their personal beliefs and values. Transparency is vital. Gen Z is skeptical of large corporations and institutions that lack accountability. They have grown up in a world where information is freely available, and they expect complete transparency from the brands they support. Banks, for example, must clearly communicate fees, terms, and conditions, as well as how they handle customers' data. Moreover, ethical banking practices are more important than ever. Gen Z cares about the environment, social justice, and the ethical implications of their financial decisions. They are interested in sustainable investing, supporting businesses that match their values, and ensuring that their money is not being used to fund harmful practices. Banks that offer socially responsible investment opportunities and are committed to environmental sustainability will attract Gen Z's attention.

① Influence of digital technology on Gen Z's banking habits
② Importance of transparency and ethics in attracting Gen Z customers
③ Growing popularity of sustainable investment among young people
④ Relationship between social media and financial literacy in Gen Z
⑤ Strategies for banks to reduce operational costs through innovation

25-10-고1-31

11. 다음 글의 주제로 가장 적절한 것을 고르시오.

Myths aren't only stories. For example, a well-known myth that persists today is the supposed high iron content in spinach. This is a legend that dates back to 1890 and originates from a simple miscalculation by physiologist Gustav von Bunge. He accurately determined that 100 grams of spinach contained 35 milligrams of iron but he was analyzing dried spinach, which held ten times more iron than the same amount of fresh leafy greens. Although the error was swiftly corrected, the correction was just as swiftly forgotten. The myth had taken hold. Popeye, who gained superhuman strength from the leafy greens and defended himself with iron fists, contributed to its endurance and even today, some nearly 150 years later, parents the world over use this tale to try to persuade their children into eating the healthy vegetable.

① Historical origins of the spinach and iron myth
② Role of media in spreading nutritional misinformation
③ Cultural symbolism of spinach in children's stories
④ Scientific discoveries about the nutritional value of vegetables
⑤ Psychological reasons myths persist across generations

25-10-고1-32

12. 다음 글의 주제로 가장 적절한 것을 고르시오.

The technical term often used to describe animals' judgement of numbers is the approximate number system. What it does not provide is precision. It shows— and this is the same in every species tested—a characteristic pattern of errors, with discrimination becoming less accurate as the quantities get bigger. Rhesus monkeys can tell one from two, two from three, three from four, four from five … but start to fail from five upwards. Rats that learned to press a lever a given number of times, from four up to twenty-four, became markedly less and less precise in their responses as the number increased: by the top end of the range they would merely produce a spread of numbers around the target. It is a common observation that when testing the accuracy of animals' number sense, the size of the numbers matters.

① Relationship between quantity size and accuracy in animals' number sense
② Differences in numerical ability between primates and rodents
③ Evolutionary origins of the approximate number system
④ Methods used to test numerical cognition in animals
⑤ Role of training in improving animals' numerical precision

25-10-고1-33

13. 다음 글의 주제로 가장 적절한 것을 고르시오.

Despite the cultural trope depicting emotions as the opposite of rational thought, cognition — what we commonly refer to as thinking — is actually a key building block of emotion. How we think about our circumstances shapes the emotions we experience; then those emotions echo back to influence how we think. For instance, if you walk into a test thinking you are bad at taking tests, your anxiety will be increased. Then you don't feel good about your performance on the test, and that becomes evidence for continuing to think that you're bad at test taking. In this way there's simply no pulling emotion and cognition apart. This bi-directionality of cognition and emotion allows us to adjust difficult emotions by changing the way we think. By thinking differently — I get nervous sometimes, but I'm still a good test taker, or that nervous feeling is just excitement and anticipation, it means I'm ready — you can work those pathways to your advantage.

① Effects of cultural stereotypes on emotional expression
② Role of cognition in shaping and regulating emotions
③ Relationship between test performance and emotional intelligence
④ Strategies for overcoming fear through practice and repetition
⑤ Importance of self-awareness in understanding human motivation

25-10-고1-34

14. 다음 글의 주제로 가장 적절한 것을 고르시오.

What is the Capabilities Approach (CA), and why would lawyers passionate about animal justice care about it? It is easy to say what it is not. The CA does not rank animals by likeness to humans or seek special privileges for those considered most "like us," as do some other popular theoretical approaches. The CA has concern for the finch and the pig as much as the whale and the elephant. And it argues that the human form of life is simply irrelevant when we think about what each type of animal needs and deserves. What is relevant is their own forms of life. Just as humans seek to be able to enjoy the characteristic goods of a human life, so a finch seeks a finch's life and the whale a whale's life. We should extend ourselves and learn, not lazily picture animals as lesser humans, seeking a life sort of like our own. According to the CA, each sentient creature should have the opportunity to flourish in the form of life characteristic for that creature.

① Equal moral consideration for all sentient creatures
② Limitations of human-centered theories of animal justice
③ Core idea of the Capabilities Approach to animal well-being
④ Relationship between species diversity and ethical responsibility
⑤ Comparison of various philosophical views on animal rights

25-10-고1-35

15. 다음 글의 주제로 가장 적절한 것을 고르시오.

Social media serves as an important context to facilitate autobiographical remembering. Personal events posted on social media platforms are better remembered and less forgotten than those not posted, independent of the characteristics of the events. This may be because sharing memories online allows individuals to rehearse and make sense of what happened, thus facilitating longterm memory retention. Online feedback such as comments and likes as well as technological features such as algorithms and periodic reminders can further serve as memory cues for the posted event details. As a result, event details shared on social media are likely stabilized and remembered over time, whereas those not shared may become inaccessible or forgotten.

① Cognitive benefits of sharing personal experiences online
② Psychological effects of social media feedback mechanisms
③ Relationship between social media use and attention span
④ Influence of digital platforms on emotional expression
⑤ Comparison between online and offline autobiographical memory

25-10-고1-36

16. 다음 글의 주제로 가장 적절한 것을 고르시오.

Multisensory experiences are a central part of our everyday lives, yet we often take them for granted, especially when our senses function normally or are corrected to normal with aids like glasses. However, closer inspection to any, even the most ordinary experiences, reveals the remarkable multisensory world in which we live. Consider the experience of eating a regular meal. At first, it may seem like an ordinary experience, but it is actually a fusion of the senses. We first eat with our eyes, but we are also exposed to countless sensory signals that influence our eating experience such as food textures, tastes, and smells. And it does not stop there. Even the sounds that come both from the atmospheres in which we eat and our interactions with the food (such as chewing) and the tools we use to eat influence our eating experience.

① Importance of sensory aids in enhancing eating experiences
② Interaction of multiple senses in shaping everyday experiences
③ Psychological effects of sound on taste perception
④ Relationship between visual cues and appetite control
⑤ Influence of environmental factors on food preferences

25-10-고1-37

17. 다음 글의 주제로 가장 적절한 것을 고르시오.

As children, the principle of opposites is foreign. Children perceive words and their meanings separately from each other. It is only in later development that we understood that individual words directly connect to one another. For many children, for instance, it is not clear that 'Right' is the opposite of 'Left'. A vivid example of this can be seen when children learn to ride a bicycle. If parents tell their child "Don't go to the left," they will often find that the child will continue riding straight ahead and not automatically turn to the right. The same applies to the logical connection between 'Yes' and 'No' as perceived by parents. When we were children and were told, for example, "No, don't eat with your hands," we were confused and didn't know what our parents expected from us. Our confusion was about whether we should continue eating or not and if so, how? Only later did we recognize the connection and understand that we should continue eating, but not with our hands but with a fork or a spoon.

① Influence of parental communication on moral learning
② Cognitive development in understanding linguistic commands
③ Role of imitation in children's language acquisition
④ Growth of logical understanding in children's concept of opposites
⑤ Importance of context in interpreting verbal instructions

25-10-고1-38

18. 다음 글의 주제로 가장 적절한 것을 고르시오.

Humans are not the most social animal. Ants, bees, and termites put humanity to shame on many metrics of sociality. A wide variety of relatives live together with perfectly harmonious behavior and collectively care for their young. But while insect colonies are impressively social places, it's not our kind of social life. Bees always build hexagonal hives, ants march in lines, and termites move in zigzag formations. These patterns recur predictably because they are tightly programmed genetically and propelled pheromonally. We humans are more free, less tightly programmed genetically, so our social patterns can be more diverse and dynamic. Every group dances a slightly different dance, and these choreographies change across generations. We still think and act in ways that are in harmony with others around us, but it is through patterns that are more shaped by nurture, not just nature.

① Comparison of cooperation levels between insects and humans
② Flexibility and cultural diversity of human social behavior
③ Genetic factors determining animal social organization
④ Influence of pheromones on insect communication systems
⑤ Evolutionary advantages of structured social hierarchies

25-10-고1-39

19. 다음 글의 주제로 가장 적절한 것을 고르시오.

Those who purchase the goods of a company are called customers. Individuals who purchase goods for personal use are called consumers: beings who consume. Therefore, companies have invented multiple ways to ensure that their customers consume the produced items in larger and larger quantities and more and more frequently. Those who sell food have an easy time, for food is literally consumed, so there is always a need to purchase new food. But with more permanent things, companies must invent reasons for their customers to continue to consume them. One approach is to make the stuff that people already have outdated by convincing them that it is no longer fashionable. The entire fashion industry is built to convince people that fashion matters, so they must purchase new clothing, even though the old is still perfectly functionable. Fashion today extends to far more things than clothes: automobiles, mobile phones, computers — the list is extended indefinitely, limited only by the limits of the creative minds of the marketing divisions of companies.

① Strategies used by companies to improve product quality
② Psychological factors influencing consumer purchasing habits
③ Corporate manipulation of consumer demand through planned obsolescence
④ Relationship between technology and modern marketing
⑤ Economic benefits of the global fashion industry

25-10-고1-40

20. 다음 글의 주제로 가장 적절한 것을 고르시오.

Kivetz, Urminsky, and Zheng partnered with a café to test the motivating effect of illusory progress in an experiment. Customers received a reward card that offered one free coffee after they'd bought ten. While half of the customers received a card with ten open slots, the other half got a card with twelve open slots. Yet the twelve-slot card had two preexisting "bonus" stamps, so, strictly speaking, these were identical reward programs. Every customer who got a card needed to make ten coffee purchases (and collect ten stamps) to get their free coffee. But the appeal of the free stamps was high. People who thought they'd gotten a head start came back to the café more often, filling in their reward card more quickly than the others. When the card came with two out of twelve slots already filled, it felt to customers like they were already 16 percent finished with the goal before they'd even started. Believing they were closer to the reward, they were more motivated to reach the finish line.

① Comparison between intrinsic and extrinsic motivation
② Impact of goal-setting on consumer satisfaction
③ Relationship between effort and perceived reward value
④ Strategies for increasing customer loyalty in cafes
⑤ Motivating effect of perceived progress toward a goal

25-10-고1-41~42

21. 다음 글의 주제로 가장 적절한 것을 고르시오.

Creativity is the ability to generate novel and valuable ideas. It involves divergent thinking, imagination, and a willingness to experiment and take risks. While AI can be a powerful tool for creative efforts, it also carries the risk of limiting originality and innovation. AI algorithms are trained on existing datasets, often identifying patterns and trends in past creations. While this can be useful for generating new content in similar styles or formats, it can also lead to derivative works that lack genuine originality. If artists and designers rely too heavily on AI for inspiration and content generation, they may find themselves trapped in a cycle of imitation, unable to break free from the constraints of the AI's training data. Moreover, the ease with which AI can generate content can discourage the kind of struggle and experimentation that often leads to breakthroughs. The creative process is often messy and repetitive, involving numerous failures and setbacks. It is through these challenges that we refine our skills, develop our unique perspectives, and push the boundaries of what is possible. If AI provides instant solutions, it can skip this essential process of learning through trial and error, ultimately inhibiting the development of true creative talent.

① Risks of overreliance on AI in the creative process
② Comparison between human and machine learning methods
③ Ethical considerations in the use of AI-generated art
④ Relationship between creativity and technological advancement
⑤ Importance of collaboration between artists and AI tools

25-10-고1-43~45

22. 다음 글의 주제로 가장 적절한 것을 고르시오.

When billionaire James Walker was once asked by a journalist, "Is there anyone richer than you?", he replied, "Yes, there is one young man I'll never forget." He told the story of when he first met David at a New York airport. Years ago, James was broke and stuck at the airport, killing time reading newspaper headlines at the newsstand. One headline caught his eye, but he had no money to buy the paper. Just then, David, working at the newsstand noticed James. He asked, "Would you like to buy this, sir?" But, James hesitated, saying he had no money. David smiled and said, "Me, too. But I have enough for this. Take it as a gift." Three months later, James, still broke, met him at the newsstand once more. Again, David gave him a newspaper without expecting anything in return. Years passed and James became a wealthy businessman, but he never forgot the young man he had met at the airport. He found David running a small bookstore and visited him there. He introduced himself, saying, "David, you helped me twice when you had almost nothing. I want to give you anything you wish." He looked at him and said, "You can't truly compensate me." James asked, "Why not?" David replied, "Because I gave to you when I had almost nothing. You're offering me something now that you have everything. That's just generosity at convenience. So, I can't accept your offer." James realized that money doesn't make someone rich. Remembering that moment, he said to the journalist, "It's the willingness to give even when you have very little that makes you wealthy. And so, David is the richest person I have ever met."

① Relationship between wealth and social recognition
② Lessons about humility learned through success
③ True richness found in selfless generosity
④ Importance of gratitude in personal relationships
⑤ Influence of early life experiences on moral values

25-10-고1-18

23. 보기의 순서를 바르게 맞추어 요약문을 작성하였을 때, 요약문의 세 번째 부분에 오는 것을 고르시오.

Dear Mr. Kelly, My name is Mark Smith, and I am the manager of Lomos Tours. I express our sincere appreciation for your continued trust and loyalty. Next year, as part of a new promotional campaign, Lomos Tours will be airing an advertisement. We plan to include the experiences of some of our most valued clients. Since you traveled with us last summer, I would like to kindly ask if you would be willing to share a few words about your experience. Your feedback would be invaluable in helping us promote our services. A member of our team will be in touch with you shortly. Thank you in advance for your contributions.
Warm regards, Mark Smith

① experiences next year
② a tour manager requests
③ highlighting customer
④ for an upcoming advertisement
⑤ a loyal client's brief testimonial

25-10-고1-19

24. 보기의 순서를 바르게 맞추어 요약문을 작성하였을 때, 요약문의 세 번째 부분에 오는 것을 고르시오.

After finishing my shopping, I walked out of the grocery store and headed to the spot where I'd parked my car. But it wasn't there. I wasn't the kind of person to forget where I'd parked. I knew I was in the right place — so where was my car? I looked around, but nothing made sense. Not knowing what to do, I called my husband at home and said, "My car is missing! I can't find my car." I heard him laughing on the other end of the line. "Your car is here outside the house! You took mine today, remember?" I turned around — and there it was. I couldn't help but laugh at myself. With a sigh of relief, I walked over to the car. Everything was fine after all.

① lot and felt confused, but
② everything was fine
③ nearby and realized
④ she searched the
⑤ she spotted his vehicle

25-10-고1-20

25. 보기의 순서를 바르게 맞추어 요약문을 작성하였을 때, 요약문의 세 번째 부분에 오는 것을 고르시오.

One of the most important aspects of sustaining long-term relationships is communication. It's easy to connect with someone and then let the relationship get stuck due to a lack of follow-up. To keep the connection alive, make a conscious effort to stay in touch. This doesn't mean constantly reaching out with requests or updates but rather maintaining a friendly and consistent line of communication. A simple message to check in or share something of value can go a long way in reinforcing your relationship. For example, if you come across an article or resource that you think might interest a connection, share it with them, even if you haven't spoken in a while. This shows that you're thinking of them and are invested in maintaining the relationship.

① you should maintain

② show care and attention

③ requests, and you can

④ send quick messages that

⑤ contact without constant

25-10-고1-21

26. 보기의 순서를 바르게 맞추어 요약문을 작성하였을 때, 요약문의 세 번째 부분에 오는 것을 고르시오.

Currently, urban regeneration projects in degraded areas have been promoted as improving the wellbeing of residents and solving environmental injustice problems. However, such environmental improvements in ethnic communities and/or low-income households can create an urban green space paradox. The creation of new, high-quality green spaces can increase attractiveness, making these neighbourhoods more desirable. By contrast, the cost of housing can rise, and residents may not be able to afford the rent. This results in the exclusion or displacement of the poor neighbourhood's residents, who were intended to benefit from the ecosystem services provided by the new green space. In turn, the residents may only be able to afford to live in a similar degraded neighbourhood to the one they left, with low access to green infrastructure.

① displace low-income residents

② wellbeing, but new green

③ urban regeneration can

④ spaces raise housing costs and

⑤ improve environments and

25-10-고1-22

27. 보기의 순서를 바르게 맞추어 요약문을 작성하였을 때, 요약문의 세 번째 부분에 오는 것을 고르시오.

An increasing awareness of our effect on the ocean is slowly seeping into the public agenda, dragging behind it a conversation that is decades overdue. But this conversation faces a massive obstacle. It's almost impossible to discuss what to do about something changing if you don't initially know how it works. If a doctor tells a patient that they have a problem with their kidneys, the patient probably already has at least a vague idea about where their kidneys are and what they're up to. They learned about that part of their own personal life-support system at school. But that's not the case for the oceans. When we see a news story about the long-term decline in the numbers of krill in the Southern Ocean, it sounds generally like a bad thing. But there's far more to it than the risk of whales going hungry. Krill are a part of the ocean engine. We need to understand at least some of the context before we can discuss the change and take appropriate action.

① requires understanding ocean
② crucial role of krill
③ public awareness of ocean
④ systems and the
⑤ impacts is rising, but action

25-10-고1-23

28. 보기의 순서를 바르게 맞추어 요약문을 작성하였을 때, 요약문의 세 번째 부분에 오는 것을 고르시오.

Rome was said to have been a melting pot from the very start. The historian Livy claimed the city's original population was comprised of immigrants flooding in from all directions, attracted by Romulus's deliberate policy of nondiscrimination. It was this initial openness, Livy asserts, that laid the foundations for the later strength and success of the city. Romans described their city as multicultural in the generations after its foundation. Tradition held that only a minority of the city's legendary kings were Romanborn, with the others all arriving as immigrants before being chosen for the throne for their virtues and merits. As the empire expanded across three continents, Rome eagerly adopted new cultural influences and absorbed incoming groups — perhaps a little too eagerly for some, who, like the poet Juvenal, complained about the rapid rate of cultural change.

① welcomed immigrants, and
② Livy says this openness
③ kings and culture mixed
④ built strength as
⑤ from its founding, Rome

25-10-고1-24

29. 보기의 순서를 바르게 맞추어 요약문을 작성하였을 때, 요약문의 세 번째 부분에 오는 것을 고르시오.

The laws and constants of physics and the fundamental forces in our universe have very precise forms and values. This means that, if they were only very slightly different, life would not have been possible. For instance, the precise value of gravity has enabled our universe to arise by permitting the aggregation of dust and gas particles to protostars around which planets later came to orbit, including the Earth around the Sun. If the value of the electron had been ever so slightly larger or smaller, chemistry, as we know it, would not have been possible and life, which is based on organic chemistry, could not have started. The universe was not designed for us to evolve, we have no privileged position in the universe; however, the laws and constants of physics allowed advanced life to evolve.

① we lack a privileged cosmic

② chemistry and

③ physics constants permitted complex

④ evolutionary development

⑤ status, yet life arose because

25-10-고1-26

30. 보기의 순서를 바르게 맞추어 요약문을 작성하였을 때, 요약문의 세 번째 부분에 오는 것을 고르시오.

Dalip Singh Saund was an Indianborn American politician. After graduating from the University of Punjab in India, he moved to the U.S. to attend graduate school. He earned his doctoral degree at the University of California in 1924 but could not get a job because of his nationality. The next year, he began farming in Imperial Valley, but he was not able to buy land without U.S. citizenship. Dalip developed an interest in politics and he often spoke out on Indian and political topics. He went to Washington, D.C. and promoted a bill that would allow Indians to become U.S. citizens. The bill was passed in 1946, and three years later Dalip received U.S. citizenship. He later became the first Asian to be elected to the U.S. Congress.

① California, faced barriers, then

② Indian-born Dalip Singh

③ citizenship rights for Indians

④ helped secure

⑤ Saund earned a PhD in

25-10-고1-29

31. 보기의 순서를 바르게 맞추어 요약문을 작성하였을 때, 요약문의 세 번째 부분에 오는 것을 고르시오.

Human beings have evolved to make the most of the resources available to them in ways that are subtle and complicated. When we change our diets, especially when we do so quickly, we are effectively conducting huge experiments in nutrition. We ought to have more humility. Nutritional science is still young and there is so much we do not know. If we have eaten certain foods in certain ways for millennia, we should assume until it is proven otherwise that there is probably a good reason why. Traditional foods that don't fit neatly on the contemporary dietary food plate should generally be chosen over highly processed ones that do. We should assume that traditionally made fatty blood sausages are preferable to lean, factory-made salamis; that spoonfuls of honey are superior to sprinkles of sweeteners. Witnessing how poorly traditional societies are faring as they undergo a nutrition transition should make those who have already completed it question whether their diets have moved too far.

① traditional communities suffer
② transitions, so people should
③ diets have drifted too far
④ during nutrition
⑤ question whether contemporary

25-10-고1-30

32. 보기의 순서를 바르게 맞추어 요약문을 작성하였을 때, 요약문의 세 번째 부분에 오는 것을 고르시오.

While convenience and technology are crucial, they are not the only factors driving Gen Z's financial decisions. This generation is incredibly values-driven, and they want to bank with institutions that match their personal beliefs and values. Transparency is vital. Gen Z is skeptical of large corporations and institutions that lack accountability. They have grown up in a world where information is freely available, and they expect complete transparency from the brands they support. Banks, for example, must clearly communicate fees, terms, and conditions, as well as how they handle customers' data. Moreover, ethical banking practices are more important than ever. Gen Z cares about the environment, social justice, and the ethical implications of their financial decisions. They are interested in sustainable investing, supporting businesses that match their values, and ensuring that their money is not being used to fund harmful practices. Banks that offer socially responsible investment opportunities and are committed to environmental sustainability will attract Gen Z's attention.

① drive banking choices, and
② Gen Z values alignments
③ about fees, terms, data,
④ and corporate accountability
⑤ they demand transparency

25-10-고1-31

33. 보기의 순서를 바르게 맞추어 요약문을 작성하였을 때, 요약문의 세 번째 부분에 오는 것을 고르시오.

Myths aren't only stories. For example, a well-known myth that persists today is the supposed high iron content in spinach. This is a legend that dates back to 1890 and originates from a simple miscalculation by physiologist Gustav von Bunge. He accurately determined that 100 grams of spinach contained 35 milligrams of iron but he was analyzing dried spinach, which held ten times more iron than the same amount of fresh leafy greens. Although the error was swiftly corrected, the correction was just as swiftly forgotten. The myth had taken hold. Popeye, who gained superhuman strength from the leafy greens and defended himself with iron fists, contributed to its endurance and even today, some nearly 150 years later, parents the world over use this tale to try to persuade their children into eating the healthy vegetable.

① dried spinach accurately, but

② believed exaggerated iron

③ Gustav von Bunge measured

④ people misapplied it

⑤ to fresh leaves and

25-10-고1-32

34. 보기의 순서를 바르게 맞추어 요약문을 작성하였을 때, 요약문의 세 번째 부분에 오는 것을 고르시오.

The technical term often used to describe animals' judgement of numbers is the approximate number system. What it does not provide is precision. It shows—and this is the same in every species tested—a characteristic pattern of errors, with discrimination becoming less accurate as the quantities get bigger. Rhesus monkeys can tell one from two, two from three, three from four, four from five … but start to fail from five upwards. Rats that learned to press a lever a given number of times, from four up to twenty-four, became markedly less and less precise in their responses as the number increased: by the top end of the range they would merely produce a spread of numbers around the target. It is a common observation that when testing the accuracy of animals' number sense, the size of the numbers matters.

① animals use an approximate

② precision, and discrimination

③ worsens as quantities

④ increase across tested species

⑤ number system that lacks

25-10-고1-33

35. 보기의 순서를 바르게 맞추어 요약문을 작성하였을 때, 요약문의 세 번째 부분에 오는 것을 고르시오.

Despite the cultural trope depicting emotions as the opposite of rational thought, cognition — what we commonly refer to as thinking — is actually a key building block of emotion. How we think about our circumstances shapes the emotions we experience; then those emotions echo back to influence how we think. For instance, if you walk into a test thinking you are bad at taking tests, your anxiety will be increased. Then you don't feel good about your performance on the test, and that becomes evidence for continuing to think that you're bad at test taking. In this way there's simply no pulling emotion and cognition apart. This bi-directionality of cognition and emotion allows us to adjust difficult emotions by changing the way we think. By thinking differently — I get nervous sometimes, but I'm still a good test taker, or that nervous feeling is just excitement and anticipation, it means I'm ready — you can work those pathways to your advantage.

① that feeling then reinforces

② about your ability

③ thinking you are bad at

④ tests increases anxiety, and

⑤ negative beliefs

25-10-고1-34

36. 보기의 순서를 바르게 맞추어 요약문을 작성하였을 때, 요약문의 세 번째 부분에 오는 것을 고르시오.

What is the Capabilities Approach (CA), and why would lawyers passionate about animal justice care about it? It is easy to say what it is not. The CA does not rank animals by likeness to humans or seek special privileges for those considered most "like us," as do some other popular theoretical approaches. The CA has concern for the finch and the pig as much as the whale and the elephant. And it argues that the human form of life is simply irrelevant when we think about what each type of animal needs and deserves. What is relevant is their own forms of life. Just as humans seek to be able to enjoy the characteristic goods of a human life, so a finch seeks a finch's life and the whale a whale's life. We should extend ourselves and learn, not lazily picture animals as lesser humans, seeking a life sort of like our own. According to the CA, each sentient creature should have the opportunity to flourish in the form of life characteristic for that creature.

① ranking animals by

② The Capabilities Approach rejects

③ human likeness and

④ each species needs to flourish

⑤ instead asks what

25-10-고1-35

37. 보기의 순서를 바르게 맞추어 요약문을 작성하였을 때, 요약문의 세 번째 부분에 오는 것을 고르시오.

Social media serves as an important context to facilitate autobiographical remembering. Personal events posted on social media platforms are better remembered and less forgotten than those not posted, independent of the characteristics of the events. This may be because sharing memories online allows individuals to rehearse and make sense of what happened, thus facilitating longterm memory retention. Online feedback such as comments and likes as well as technological features such as algorithms and periodic reminders can further serve as memory cues for the posted event details. As a result, event details shared on social media are likely stabilized and remembered over time, whereas those not shared may become inaccessible or forgotten.

① events not shared online
② faster and may become
③ inaccessible or forgotten
④ lack rehearsal and cues,
⑤ so their details fade

25-10-고1-36

38. 보기의 순서를 바르게 맞추어 요약문을 작성하였을 때, 요약문의 세 번째 부분에 오는 것을 고르시오.

Multisensory experiences are a central part of our everyday lives, yet we often take them for granted, especially when our senses function normally or are corrected to normal with aids like glasses. However, closer inspection to any, even the most ordinary experiences, reveals the remarkable multisensory world in which we live. Consider the experience of eating a regular meal. At first, it may seem like an ordinary experience, but it is actually a fusion of the senses. We first eat with our eyes, but we are also exposed to countless sensory signals that influence our eating experience such as food textures, tastes, and smells. And it does not stop there. Even the sounds that come both from the atmospheres in which we eat and our interactions with the food (such as chewing) and the tools we use to eat influence our eating experience.

① sounds to influence perception
② we first eat with eyes,
③ textures combine with
④ background and chewing
⑤ yet aromas, flavors, and

25-10-고1-37

39. 보기의 순서를 바르게 맞추어 요약문을 작성하였을 때, 요약문의 세 번째 부분에 오는 것을 고르시오.

As children, the principle of opposites is foreign. Children perceive words and their meanings separately from each other. It is only in later development that we understood that individual words directly connect to one another. For many children, for instance, it is not clear that 'Right' is the opposite of 'Left'. A vivid example of this can be seen when children learn to ride a bicycle. If parents tell their child "Don't go to the left," they will often find that the child will continue riding straight ahead and not automatically turn to the right. The same applies to the logical connection between 'Yes' and 'No' as perceived by parents. When we were children and were told, for example, "No, don't eat with your hands," we were confused and didn't know what our parents expected from us. Our confusion was about whether we should continue eating or not and if so, how? Only later did we recognize the connection and understand that we should continue eating, but not with our hands but with a fork or a spoon.

① not go left confuse

② without explicit guidance

③ kids, because they do not

④ infer turning right

⑤ instructions such as do

25-10-고1-38

40. 보기의 순서를 바르게 맞추어 요약문을 작성하였을 때, 요약문의 세 번째 부분에 오는 것을 고르시오.

Humans are not the most social animal. Ants, bees, and termites put humanity to shame on many metrics of sociality. A wide variety of relatives live together with perfectly harmonious behavior and collectively care for their young. But while insect colonies are impressively social places, it's not our kind of social life. Bees always build hexagonal hives, ants march in lines, and termites move in zigzag formations. These patterns recur predictably because they are tightly programmed genetically and propelled pheromonally. We humans are more free, less tightly programmed genetically, so our social patterns can be more diverse and dynamic. Every group dances a slightly different dance, and these choreographies change across generations. We still think and act in ways that are in harmony with others around us, but it is through patterns that are more shaped by nurture, not just nature.

① rigidly programmed, while

② ants, bees, and termites

③ human societies flexibly evolve

④ surpass humans in

⑤ sociality, yet their behaviors are

25-10-고1-39

41. 보기의 순서를 바르게 맞추어 요약문을 작성하였을 때, 요약문의 세 번째 부분에 오는 것을 고르시오.

Those who purchase the goods of a company are called customers. Individuals who purchase goods for personal use are called consumers: beings who consume. Therefore, companies have invented multiple ways to ensure that their customers consume the produced items in larger and larger quantities and more and more frequently. Those who sell food have an easy time, for food is literally consumed, so there is always a need to purchase new food. But with more permanent things, companies must invent reasons for their customers to continue to consume them. One approach is to make the stuff that people already have outdated by convincing them that it is no longer fashionable. The entire fashion industry is built to convince people that fashion matters, so they must purchase new clothing, even though the old is still perfectly functionable. Fashion today extends to far more things than clothes: automobiles, mobile phones, computers — the list is extended indefinitely, limited only by the limits of the creative minds of the marketing divisions of companies.

① unfashionable, so consumers
② marketing reframes still
③ cars, phones, and computers
④ feel compelled to buy new
⑤ functional products as

25-10-고1-40

42. 보기의 순서를 바르게 맞추어 요약문을 작성하였을 때, 요약문의 세 번째 부분에 오는 것을 고르시오.

Kivetz, Urminsky, and Zheng partnered with a café to test the motivating effect of illusory progress in an experiment. Customers received a reward card that offered one free coffee after they'd bought ten. While half of the customers received a card with ten open slots, the other half got a card with twelve open slots. Yet the twelve-slot card had two preexisting "bonus" stamps, so, strictly speaking, these were identical reward programs. Every customer who got a card needed to make ten coffee purchases (and collect ten stamps) to get their free coffee. But the appeal of the free stamps was high. People who thought they'd gotten a head start came back to the café more often, filling in their reward card more quickly than the others. When the card came with two out of twelve slots already filled, it felt to customers like they were already 16 percent finished with the goal before they'd even started. Believing they were closer to the reward, they were more motivated to reach the finish line.

① that pre-stamped loyalty cards
② often and finish rewards faster
③ so customers return more
④ an experiment showed
⑤ create illusory progress,

25-10-고1-41~42

43. 보기의 순서를 바르게 맞추어 요약문을 작성하였을 때, 요약문의 세 번째 부분에 오는 것을 고르시오.

Creativity is the ability to generate novel and valuable ideas. It involves divergent thinking, imagination, and a willingness to experiment and take risks. While AI can be a powerful tool for creative efforts, it also carries the risk of limiting originality and innovation. AI algorithms are trained on existing datasets, often identifying patterns and trends in past creations. While this can be useful for generating new content in similar styles or formats, it can also lead to derivative works that lack genuine originality. If artists and designers rely too heavily on AI for inspiration and content generation, they may find themselves trapped in a cycle of imitation, unable to break free from the constraints of the AI's training data. Moreover, the ease with which AI can generate content can discourage the kind of struggle and experimentation that often leads to breakthroughs. The creative process is often messy and repetitive, involving numerous failures and setbacks. It is through these challenges that we refine our skills, develop our unique perspectives, and push the boundaries of what is possible. If AI provides instant solutions, it can skip this essential process of learning through trial and error, ultimately inhibiting the development of true creative talent.

① training constraints

② because AI learns from

③ familiar styles, and artists

④ existing data, it generates

⑤ may struggle to escape

25-10-고1-43~45

44. 보기의 순서를 바르게 맞추어 요약문을 작성하였을 때, 요약문의 세 번째 부분에 오는 것을 고르시오.

When billionaire James Walker was once asked by a journalist, "Is there anyone richer than you?", he replied, "Yes, there is one young man I'll never forget." He told the story of when he first met David at a New York airport. Years ago, James was broke and stuck at the airport, killing time reading newspaper headlines at the newsstand. One headline caught his eye, but he had no money to buy the paper. Just then, David, working at the newsstand noticed James. He asked, "Would you like to buy this, sir?" But, James hesitated, saying he had no money. David smiled and said, "Me, too. But I have enough for this. Take it as a gift." Three months later, James, still broke, met him at the newsstand once more. Again, David gave him a newspaper without expecting anything in return. Years passed and James became a wealthy businessman, but he never forgot the young man he had met at the airport. He found David running a small bookstore and visited him there. He introduced himself, saying, "David, you helped me twice when you had almost nothing. I want to give you anything you wish." He looked at him and said, "You can't truly compensate me." James asked, "Why not?" David replied, "Because I gave to you when I had almost nothing. You're offering me something now that you have everything. That's just generosity at convenience. So, I can't accept your offer." James realized that money doesn't make someone rich. Remembering that moment, he said to the journalist, "It's the willingness to give even when you have very little that makes you wealthy. And so, David is the richest person I have ever met."

① James realized real wealth

② he declared David the

③ he had ever met

④ lies in selfless giving, so

⑤ richest person

25-10-고1-18

45. 다음 글의 내용과 일치하지 **않는** 것은?

Dear Mr. Kelly, My name is Mark Smith, and I am the manager of Lomos Tours. I express our sincere appreciation for your continued trust and loyalty. Next year, as part of a new promotional campaign, Lomos Tours will be airing an advertisement. We plan to include the experiences of some of our most valued clients. Since you traveled with us last summer, I would like to kindly ask if you would be willing to share a few words about your experience. Your feedback would be invaluable in helping us promote our services. A member of our team will be in touch with you shortly. Thank you in advance for your contributions.
Warm regards, Mark Smith

① Mark Smith is the manager of Lomos Tours.
② Mr. Kelly has never traveled with Lomos Tours.
③ Lomos Tours plans to air an advertisement next year.
④ The advertisement will feature experiences of valued clients.
⑤ A team member will contact Mr. Kelly soon regarding his feedback.

25-10-고1-19

46. 다음 글의 내용과 일치하지 **않는** 것은?

After finishing my shopping, I walked out of the grocery store and headed to the spot where I'd parked my car. But it wasn't there. I wasn't the kind of person to forget where I'd parked. I knew I was in the right place — so where was my car? I looked around, but nothing made sense. Not knowing what to do, I called my husband at home and said, "My car is missing! I can't find my car." I heard him laughing on the other end of the line. "Your car is here outside the house! You took mine today, remember?" I turned around — and there it was. I couldn't help but laugh at myself. With a sigh of relief, I walked over to the car. Everything was fine after all.

① The narrator thought her car had been stolen after shopping.
② She was confident that she remembered the right parking spot.
③ Her husband reminded her that she had taken his car that day.
④ She finally realized that her car was still missing and called the police.
⑤ She laughed with relief after discovering the car nearby.

25-10-고1-20

47. 다음 글의 내용과 일치하지 **않는** 것은?

One of the most important aspects of sustaining long-term relationships is communication. It's easy to connect with someone and then let the relationship get stuck due to a lack of follow-up. To keep the connection alive, make a conscious effort to stay in touch. This doesn't mean constantly reaching out with requests or updates but rather maintaining a friendly and consistent line of communication. A simple message to check in or share something of value can go a long way in reinforcing your relationship. For example, if you come across an article or resource that you think might interest a connection, share it with them, even if you haven't spoken in a while. This shows that you're thinking of them and are invested in maintaining the relationship.

① Communication plays a vital role in maintaining long-term relationships.
② Staying in touch helps prevent relationships from becoming stagnant.
③ Constantly asking for favors is the best way to maintain a relationship.
④ Sharing something valuable can strengthen your connection with others.
⑤ A friendly and consistent approach helps keep relationships alive.

25-10-고1-21

48. 다음 글의 내용과 일치하지 **않는** 것은?

Currently, urban regeneration projects in degraded areas have been promoted as improving the wellbeing of residents and solving environmental injustice problems. However, such environmental improvements in ethnic communities and/or low-income households can create an urban green space paradox. The creation of new, high-quality green spaces can increase attractiveness, making these neighbourhoods more desirable. By contrast, the cost of housing can rise, and residents may not be able to afford the rent. This results in the exclusion or displacement of the poor neighbourhood's residents, who were intended to benefit from the ecosystem services provided by the new green space. In turn, the residents may only be able to afford to live in a similar degraded neighbourhood to the one they left, with low access to green infrastructure.

① Urban regeneration aims to improve residents' wellbeing and address environmental inequality.
② New green spaces can make neighbourhoods more appealing to outsiders.
③ The creation of green spaces always guarantees economic stability for local residents.
④ Rising housing costs can force original residents to leave their communities.
⑤ Some displaced residents end up moving to similarly degraded areas with little green access.

25-10-고1-22

49. 다음 글의 내용과 일치하지 **않는** 것은?

An increasing awareness of our effect on the ocean is slowly seeping into the public agenda, dragging behind it a conversation that is decades overdue. But this conversation faces a massive obstacle. It's almost impossible to discuss what to do about something changing if you don't initially know how it works. If a doctor tells a patient that they have a problem with their kidneys, the patient probably already has at least a vague idea about where their kidneys are and what they're up to. They learned about that part of their own personal life-support system at school. But that's not the case for the oceans. When we see a news story about the long-term decline in the numbers of krill in the Southern Ocean, it sounds generally like a bad thing. But there's far more to it than the risk of whales going hungry. Krill are a part of the ocean engine. We need to understand at least some of the context before we can discuss the change and take appropriate action.

① Public discussions about ocean changes are only beginning to emerge.
② Many people lack a clear understanding of how the ocean ecosystem works.
③ News reports about krill population decline oversimplify the real issue.
④ People are as familiar with ocean systems as they are with their own organs.
⑤ Understanding ocean processes is essential to taking effective action.

25-10-고1-23

50. 다음 글의 내용과 일치하지 **않는** 것은?

Rome was said to have been a melting pot from the very start. The historian Livy claimed the city's original population was comprised of immigrants flooding in from all directions, attracted by Romulus's deliberate policy of nondiscrimination. It was this initial openness, Livy asserts, that laid the foundations for the later strength and success of the city. Romans described their city as multicultural in the generations after its foundation. Tradition held that only a minority of the city's legendary kings were Romanborn, with the others all arriving as immigrants before being chosen for the throne for their virtues and merits. As the empire expanded across three continents, Rome eagerly adopted new cultural influences and absorbed incoming groups — perhaps a little too eagerly for some, who, like the poet Juvenal, complained about the rapid rate of cultural change.

① Livy believed that Rome's early openness contributed to its later success.
② Romulus intentionally adopted a discriminatory policy to protect Roman identity.
③ Many of Rome's early kings were immigrants chosen for their virtues.
④ Rome continued to absorb new cultures as its empire expanded.
⑤ Some Romans criticized the fast pace of cultural change in the empire.

25-10-고1-24

51. 다음 글의 내용과 일치하지 **않는** 것은?

The laws and constants of physics and the fundamental forces in our universe have very precise forms and values. This means that, if they were only very slightly different, life would not have been possible. For instance, the precise value of gravity has enabled our universe to arise by permitting the aggregation of dust and gas particles to protostars around which planets later came to orbit, including the Earth around the Sun. If the value of the electron had been ever so slightly larger or smaller, chemistry, as we know it, would not have been possible and life, which is based on organic chemistry, could not have started. The universe was not designed for us to evolve, we have no privileged position in the universe; however, the laws and constants of physics allowed advanced life to evolve.

① Small changes in physical constants could have made life impossible.
② The specific value of gravity played a key role in the formation of stars and planets.
③ Variations in the electron's value would have prevented the existence of chemistry as we know it.
④ The universe was intentionally designed for humans to evolve.
⑤ Life was able to develop because the laws of physics permitted it.

25-10-고1-26

52. 다음 글의 내용과 일치하지 **않는** 것은?

Dalip Singh Saund was an Indianborn American politician. After graduating from the University of Punjab in India, he moved to the U.S. to attend graduate school. He earned his doctoral degree at the University of California in 1924 but could not get a job because of his nationality. The next year, he began farming in Imperial Valley, but he was not able to buy land without U.S. citizenship. Dalip developed an interest in politics and he often spoke out on Indian and political topics. He went to Washington, D.C. and promoted a bill that would allow Indians to become U.S. citizens. The bill was passed in 1946, and three years later Dalip received U.S. citizenship. He later became the first Asian to be elected to the U.S. Congress.

① Dalip Singh Saund earned his Ph.D. from the University of California.
② He faced difficulties finding employment because he was not American.
③ Dalip successfully bought farmland in Imperial Valley before becoming a citizen.
④ He supported legislation to grant U.S. citizenship to Indians.
⑤ Dalip became the first Asian elected to the U.S. Congress.

25-10-고1-29

53. 다음 글의 내용과 일치하지 **않는** 것은?

Human beings have evolved to make the most of the resources available to them in ways that are subtle and complicated. When we change our diets, especially when we do so quickly, we are effectively conducting huge experiments in nutrition. We ought to have more humility. Nutritional science is still young and there is so much we do not know. If we have eaten certain foods in certain ways for millennia, we should assume until it is proven otherwise that there is probably a good reason why. Traditional foods that don't fit neatly on the contemporary dietary food plate should generally be chosen over highly processed ones that do. We should assume that traditionally made fatty blood sausages are preferable to lean, factory-made salamis; that spoonfuls of honey are superior to sprinkles of sweeteners. Witnessing how poorly traditional societies are faring as they undergo a nutrition transition should make those who have already completed it question whether their diets have moved too far.

① Rapid dietary changes can be seen as large-scale experiments in nutrition.
② The author argues that nutritional science has fully explained how diet affects humans.
③ Traditional foods are generally preferable to heavily processed ones.
④ People should be cautious when moving away from long-established eating habits.
⑤ Observing the decline of traditional societies' health should prompt dietary reflection.

25-10-고1-30

54. 다음 글의 내용과 일치하지 **않는** 것은?

While convenience and technology are crucial, they are not the only factors driving Gen Z's financial decisions. This generation is incredibly values-driven, and they want to bank with institutions that match their personal beliefs and values. Transparency is vital. Gen Z is skeptical of large corporations and institutions that lack accountability. They have grown up in a world where information is freely available, and they expect complete transparency from the brands they support. Banks, for example, must clearly communicate fees, terms, and conditions, as well as how they handle customers' data. Moreover, ethical banking practices are more important than ever. Gen Z cares about the environment, social justice, and the ethical implications of their financial decisions. They are interested in sustainable investing, supporting businesses that match their values, and ensuring that their money is not being used to fund harmful practices. Banks that offer socially responsible investment opportunities and are committed to environmental sustainability will attract Gen Z's attention.

① Gen Z expects banks to be open about how they manage customer information.
② Large corporations that show strong accountability tend to earn Gen Z's trust.
③ Environmental and ethical concerns strongly influence Gen Z's financial choices.
④ Gen Z mainly focuses on convenience and technology, ignoring moral factors.
⑤ Socially responsible investment options appeal to Gen Z consumers.

25-10-고1-31

55. 다음 글의 내용과 일치하지 **않는** 것은?

Myths aren't only stories. For example, a well-known myth that persists today is the supposed high iron content in spinach. This is a legend that dates back to 1890 and originates from a simple miscalculation by physiologist Gustav von Bunge. He accurately determined that 100 grams of spinach contained 35 milligrams of iron but he was analyzing dried spinach, which held ten times more iron than the same amount of fresh leafy greens. Although the error was swiftly corrected, the correction was just as swiftly forgotten. The myth had taken hold. Popeye, who gained superhuman strength from the leafy greens and defended himself with iron fists, contributed to its endurance and even today, some nearly 150 years later, parents the world over use this tale to try to persuade their children into eating the healthy vegetable.

① The myth about spinach's high iron content began with a scientific miscalculation.
② Gustav von Bunge's analysis mistakenly involved dried spinach rather than fresh spinach.
③ The scientific error was immediately recognized and permanently erased from public belief.
④ The cartoon character Popeye helped reinforce the myth about spinach.
⑤ Many parents still tell their children the story of spinach's strength-giving power.

25-10-고1-32

56. 다음 글의 내용과 일치하지 **않는** 것은?

The technical term often used to describe animals' judgement of numbers is the approximate number system. What it does not provide is precision. It shows—and this is the same in every species tested—a characteristic pattern of errors, with discrimination becoming less accurate as the quantities get bigger. Rhesus monkeys can tell one from two, two from three, three from four, four from five … but start to fail from five upwards. Rats that learned to press a lever a given number of times, from four up to twenty-four, became markedly less and less precise in their responses as the number increased: by the top end of the range they would merely produce a spread of numbers around the target. It is a common observation that when testing the accuracy of animals' number sense, the size of the numbers matters.

① The approximate number system allows animals to make rough judgments of quantity.
② Animals' accuracy in distinguishing numbers improves as quantities become larger.
③ Rhesus monkeys struggle to tell numbers apart once they reach around five.
④ Rats pressing levers show decreasing accuracy as target numbers increase.
⑤ The precision of animals' number sense depends on the size of the numbers involved.

25-10-고1-33

57. 다음 글의 내용과 일치하지 **않는** 것은?

Despite the cultural trope depicting emotions as the opposite of rational thought, cognition — what we commonly refer to as thinking — is actually a key building block of emotion. How we think about our circumstances shapes the emotions we experience; then those emotions echo back to influence how we think. For instance, if you walk into a test thinking you are bad at taking tests, your anxiety will be increased. Then you don't feel good about your performance on the test, and that becomes evidence for continuing to think that you're bad at test taking. In this way there's simply no pulling emotion and cognition apart. This bi-directionality of cognition and emotion allows us to adjust difficult emotions by changing the way we think. By thinking differently — I get nervous sometimes, but I'm still a good test taker, or that nervous feeling is just excitement and anticipation, it means I'm ready — you can work those pathways to your advantage.

① Cognition and emotion influence each other in both directions.
② Emotions can be modified by changing the way we think.
③ Thinking of nervousness as readiness can reduce anxiety.
④ Emotion and cognition are completely separate mental processes.
⑤ Our thoughts about situations shape the emotions we experience.

25-10-고1-34

58. 다음 글의 내용과 일치하지 **않는** 것은?

What is the Capabilities Approach (CA), and why would lawyers passionate about animal justice care about it? It is easy to say what it is not. The CA does not rank animals by likeness to humans or seek special privileges for those considered most "like us," as do some other popular theoretical approaches. The CA has concern for the finch and the pig as much as the whale and the elephant. And it argues that the human form of life is simply irrelevant when we think about what each type of animal needs and deserves. What is relevant is their own forms of life. Just as humans seek to be able to enjoy the characteristic goods of a human life, so a finch seeks a finch's life and the whale a whale's life. We should extend ourselves and learn, not lazily picture animals as lesser humans, seeking a life sort of like our own. According to the CA, each sentient creature should have the opportunity to flourish in the form of life characteristic for that creature.

① The CA values animals based on how similar they are to human beings.
② The CA respects each animal's unique way of life.
③ The CA rejects the idea of treating animals as inferior humans.
④ The CA believes every sentient being deserves the chance to live fully as itself.
⑤ The CA treats all animals, from small birds to large whales, with equal concern.

25-10-고1-35

59. 다음 글의 내용과 일치하지 **않는** 것은?

Social media serves as an important context to facilitate autobiographical remembering. Personal events posted on social media platforms are better remembered and less forgotten than those not posted, independent of the characteristics of the events. This may be because sharing memories online allows individuals to rehearse and make sense of what happened, thus facilitating longterm memory retention. Online feedback such as comments and likes as well as technological features such as algorithms and periodic reminders can further serve as memory cues for the posted event details. As a result, event details shared on social media are likely stabilized and remembered over time, whereas those not shared may become inaccessible or forgotten.

① Social media platforms can help people retain personal memories for a longer time.
② People tend to remember events shared online better than those not shared.
③ Feedback and reminders on social media can function as cues to recall memories.
④ The effectiveness of social media in memory retention depends strongly on event characteristics.
⑤ Events not posted online may be more easily forgotten over time.

25-10-고1-36

60. 다음 글의 내용과 일치하지 **않는** 것은?

Multisensory experiences are a central part of our everyday lives, yet we often take them for granted, especially when our senses function normally or are corrected to normal with aids like glasses. However, closer inspection to any, even the most ordinary experiences, reveals the remarkable multisensory world in which we live. Consider the experience of eating a regular meal. At first, it may seem like an ordinary experience, but it is actually a fusion of the senses. We first eat with our eyes, but we are also exposed to countless sensory signals that influence our eating experience such as food textures, tastes, and smells. And it does not stop there. Even the sounds that come both from the atmospheres in which we eat and our interactions with the food (such as chewing) and the tools we use to eat influence our eating experience.

① Our daily experiences involve multiple senses interacting with each other.
② We often overlook the multisensory nature of ordinary activities.
③ The experience of eating mainly depends on our sense of sight.
④ Sounds related to eating can affect the overall eating experience.
⑤ Textures, tastes, and smells all play a role in how we perceive food.

25-10-고1-37

61. 다음 글의 내용과 일치하지 **않는** 것은?

As children, the principle of opposites is foreign. Children perceive words and their meanings separately from each other. It is only in later development that we understood that individual words directly connect to one another. For many children, for instance, it is not clear that 'Right' is the opposite of 'Left'. A vivid example of this can be seen when children learn to ride a bicycle. If parents tell their child "Don't go to the left," they will often find that the child will continue riding straight ahead and not automatically turn to the right. The same applies to the logical connection between 'Yes' and 'No' as perceived by parents. When we were children and were told, for example, "No, don't eat with your hands," we were confused and didn't know what our parents expected from us. Our confusion was about whether we should continue eating or not and if so, how? Only later did we recognize the connection and understand that we should continue eating, but not with our hands but with a fork or a spoon.

① Children initially find it difficult to grasp the concept of opposites.
② The relationship between words like "Right" and "Left" is immediately clear to young children.
③ Parents' negative instructions can confuse children about what to do next.
④ Understanding word connections develops later as children grow older.
⑤ Children eventually learn that "No, don't eat with your hands" means to use utensils instead.

25-10-고1-38

62. 다음 글의 내용과 일치하지 **않는** 것은?

Humans are not the most social animal. Ants, bees, and termites put humanity to shame on many metrics of sociality. A wide variety of relatives live together with perfectly harmonious behavior and collectively care for their young. But while insect colonies are impressively social places, it's not our kind of social life. Bees always build hexagonal hives, ants march in lines, and termites move in zigzag formations. These patterns recur predictably because they are tightly programmed genetically and propelled pheromonally. We humans are more free, less tightly programmed genetically, so our social patterns can be more diverse and dynamic. Every group dances a slightly different dance, and these choreographies change across generations. We still think and act in ways that are in harmony with others around us, but it is through patterns that are more shaped by nurture, not just nature.

① Insect colonies demonstrate predictable and genetically programmed social behaviors.
② Human social behavior shows more flexibility and variation than that of insects.
③ Human social interactions are largely shaped by genetic programming.
④ The social patterns of insects like bees and ants are consistent and repetitive.
⑤ Human groups exhibit changing social patterns across generations.

25-10-고1-39

63. 다음 글의 내용과 일치하지 **않는** 것은?

Those who purchase the goods of a company are called customers. Individuals who purchase goods for personal use are called consumers: beings who consume. Therefore, companies have invented multiple ways to ensure that their customers consume the produced items in larger and larger quantities and more and more frequently. Those who sell food have an easy time, for food is literally consumed, so there is always a need to purchase new food. But with more permanent things, companies must invent reasons for their customers to continue to consume them. One approach is to make the stuff that people already have outdated by convincing them that it is no longer fashionable. The entire fashion industry is built to convince people that fashion matters, so they must purchase new clothing, even though the old is still perfectly functionable. Fashion today extends to far more things than clothes: automobiles, mobile phones, computers — the list is extended indefinitely, limited only by the limits of the creative minds of the marketing divisions of companies.

① Food sellers have little difficulty encouraging customers to buy again.
② Companies use various strategies to make customers purchase more frequently.
③ The fashion industry persuades people to replace functional clothes with new ones.
④ Permanent products require no additional marketing effort to maintain consumption.
⑤ The concept of fashion now influences many products beyond clothing.

25-10-고1-40

64. 다음 글의 내용과 일치하지 **않는** 것은?

Kivetz, Urminsky, and Zheng partnered with a café to test the motivating effect of illusory progress in an experiment. Customers received a reward card that offered one free coffee after they'd bought ten. While half of the customers received a card with ten open slots, the other half got a card with twelve open slots. Yet the twelve-slot card had two preexisting "bonus" stamps, so, strictly speaking, these were identical reward programs. Every customer who got a card needed to make ten coffee purchases (and collect ten stamps) to get their free coffee. But the appeal of the free stamps was high. People who thought they'd gotten a head start came back to the café more often, filling in their reward card more quickly than the others. When the card came with two out of twelve slots already filled, it felt to customers like they were already 16 percent finished with the goal before they'd even started. Believing they were closer to the reward, they were more motivated to reach the finish line.

① The researchers collaborated with a café to study customer motivation.
② Both groups of customers had to buy ten coffees to receive a free one.
③ The bonus stamps gave some customers the illusion of being closer to their goal.
④ The group with the ten-slot cards completed their cards faster than the others.
⑤ Customers who believed they had already made progress visited the café more often.

25-10-고1-41~42

65. 다음 글의 내용과 일치하지 **않는** 것은?

Creativity is the ability to generate novel and valuable ideas. It involves divergent thinking, imagination, and a willingness to experiment and take risks. While AI can be a powerful tool for creative efforts, it also carries the risk of limiting originality and innovation. AI algorithms are trained on existing datasets, often identifying patterns and trends in past creations. While this can be useful for generating new content in similar styles or formats, it can also lead to derivative works that lack genuine originality. If artists and designers rely too heavily on AI for inspiration and content generation, they may find themselves trapped in a cycle of imitation, unable to break free from the constraints of the AI's training data. Moreover, the ease with which AI can generate content can discourage the kind of struggle and experimentation that often leads to breakthroughs. The creative process is often messy and repetitive, involving numerous failures and setbacks. It is through these challenges that we refine our skills, develop our unique perspectives, and push the boundaries of what is possible. If AI provides instant solutions, it can skip this essential process of learning through trial and error, ultimately inhibiting the development of true creative talent.

① Creativity requires imagination, risk-taking, and experimentation.
② AI can both assist and potentially hinder human creativity.
③ Overreliance on AI can trap creators in repetitive imitation.
④ The process of repeated failure and experimentation is unnecessary for real creativity.
⑤ Instant AI-generated solutions may prevent genuine skill development.

25-10-고1-43~45

66. 다음 글의 내용과 일치하지 **않는** 것은?

When billionaire James Walker was once asked by a journalist, "Is there anyone richer than you?", he replied, "Yes, there is one young man I'll never forget." He told the story of when he first met David at a New York airport. Years ago, James was broke and stuck at the airport, killing time reading newspaper headlines at the newsstand. One headline caught his eye, but he had no money to buy the paper. Just then, David, working at the newsstand noticed James. He asked, "Would you like to buy this, sir?" But, James hesitated, saying he had no money. David smiled and said, "Me, too. But I have enough for this. Take it as a gift." Three months later, James, still broke, met him at the newsstand once more. Again, David gave him a newspaper without expecting anything in return. Years passed and James became a wealthy businessman, but he never forgot the young man he had met at the airport. He found David running a small bookstore and visited him there. He introduced himself, saying, "David, you helped me twice when you had almost nothing. I want to give you anything you wish." He looked at him and said, "You can't truly compensate me." James asked, "Why not?" David replied, "Because I gave to you when I had almost nothing. You're offering me something now that you have everything. That's just generosity at convenience. So, I can't accept your offer." James realized that money doesn't make someone rich. Remembering that moment, he said to the journalist, "It's the willingness to give even when you have very little that makes you wealthy. And so, David is the richest person I have ever met."

① James met David for the first time when he was broke at an airport.
② David gave James a newspaper as a gift even though he had little money.
③ When James became wealthy, David eagerly accepted his generous offer.
④ David believed that true wealth comes from giving even when one has little.
⑤ James later realized that money alone does not define true richness.

2025 고1 10월 모의고사

❶ voca　　❷ text　　❸ [/]　　❹ _____　　❺ quiz 1　　❻ quiz 2　　❼ quiz 3　　❽ quiz 4　　❾ quiz 5

☑ 다음 글을 읽고 물음에 답하시오. 25-10-고1-18

Dear Mr. Kelly, My name is Mark Smith, and I am the manager of Lomos Tours. I express our sincere appreciation for your continued trust and loyalty. ⓐ <u>Next year, as part of a new promoted campaign, Lomos Tours will be aired by an advertisement.</u> (가) <u>우리는 우리의 가장 소중한 몇몇 고객님들의 경험을 담을 계획입니다.</u> Since you traveled with us last summer, I would like to ^{정중히} _______ ask if you would be willing to share a few words about your experience. Your feedback would be ^{소중한} __________ in helping us promote our services. A member of our team will be in touch with you shortly. Thank you in advance for your ^{기여} _____________
Warm regards, Mark Smith

1. 힌트를 참고하여 각 빈칸에 알맞은 단어를 쓰시오.

2. 밑줄 친 ⓐ에서, 어법 혹은 문맥상 어색한 부분을 찾아 올바르게 고쳐 쓰시오.
　　ⓐ　　　　잘못된 표현　　　　　　　바른 표현
　　(　　　　　　　) ⇨ (　　　　　　　)
　　(　　　　　　　) ⇨ (　　　　　　　)

3. 위 글에 주어진 (가)의 한글과 같은 의미를 가지도록, 각각의 주어진 단어들을 알맞게 배열하시오.

(가) clients. / the experiences of / valued / our most / We / some of / to / plan / include

☑ 다음 글을 읽고 물음에 답하시오. 25-10-고1-19

ⓐ <u>After finished my shopping, I walk out of the grocery store and headed the spot which I'd parked my car.</u> But it wasn't there. (가) <u>나는 내가 주차했던 장소를 잊어버릴 그런 사람이 아니었다.</u> I knew I was in the right place — so where was my car? I looked around, but nothing made ^{느낌} _______ Not knowing what to do, I called my husband at home and said, "My car is missing! I can't find my car." I heard him laughing on the other end of the line. "Your car is here outside the house! You took mine today, remember?" I turned around — and there it was. I couldn't help but laugh at myself. With a sigh of ^{안도} _______ I walked over to the car. Everything was fine after all.

4. 힌트를 참고하여 각 빈칸에 알맞은 단어를 쓰시오.

5. 밑줄 친 ⓐ에서, 어법 혹은 문맥상 어색한 부분을 찾아 올바르게 고쳐 쓰시오.
　　ⓐ　　　　잘못된 표현　　　　　　　바른 표현
　　(　　　　　　　) ⇨ (　　　　　　　)
　　(　　　　　　　) ⇨ (　　　　　　　)
　　(　　　　　　　) ⇨ (　　　　　　　)
　　(　　　　　　　) ⇨ (　　　　　　　)

6. 위 글에 주어진 (가)의 한글과 같은 의미를 가지도록, 각각의 주어진 단어들을 알맞게 배열하시오.

(가) I'd / wasn't / the kind of / where / forget / parked. / person / to / I

☑ 다음 글을 읽고 물음에 답하시오. 25-10-고1-20

One of the most important ᵉ측면 ________ of sustaining long-term relationships is communication. It's easy to connect with someone and then let the relationship get stuck due to a ᵉ부족 _____ of follow-up. To keep the connection alive, make a ᵉ의식적인 _________ effort to stay in touch. (가) 이는 요청이나 최근 소식을 가지고 끊임없이 연락을 취하는 것이 아니라 오히려 친근하고 일관된 소통의 끈을 유지하는 것을 의미한다. A simple message to check in or share something of value can go a long way in ᵉ강화하는 __________ your relationship. ⓐ For example, if you had come across an article or resource what you think might interests a connection, share them with it , even if you haven't spoken in a while. This shows that you're thinking of them and are invested in ᵉ지속하는 __________ the relationship.

7. 힌트를 참고하여 각 빈칸에 알맞은 단어를 쓰시오.

8. 밑줄 친 ⓐ에서, 어법 혹은 문맥상 어색한 부분을 찾아 올바르게 고쳐 쓰시오.

ⓐ	잘못된 표현		바른 표현
(	)	⇨ (	)
(	)	⇨ (	)
(	)	⇨ (	)
(	)	⇨ (	)
(	)	⇨ (	)

9. 위 글에 주어진 (가)의 한글과 같은 의미를 가지도록, 각각의 주어진 단어들을 알맞게 배열하시오.

(가) with / This / or updates / communication. / mean / line of / and consistent / constantly reaching out / but rather / a friendly / requests / maintaining / doesn't

---

☑ 다음 글을 읽고 물음에 답하시오. 25-10-고1-21

ⓐ Currently, urban generating projects in upgraded areas have been promoting as improving the wellbeing of residents and solution environmental injustice problems. However, such environmental ᵉ향상 __________ in ethnic communities and/or low-income households can create an ᵉ도시의 ______ green space ᵉ역설 ________ (가) 새로운 양질의 녹색 공간의 조성은 매력을 증가시킬 수 있어 이 지역을 더 탐나게 만든다. By contrast, the cost of housing can rise, and ᵉ거주자 _________ may not be able to afford the rent. This results in the ᵉ배제 _________ or ᵉ퇴거 __________ of the poor neighbourhood's residents, who were ᵉ의도한 ________ to benefit from the ecosystem services provided by the new green space. In turn, the residents may only be able to afford to live in a similar ᵉ낙후된 ________ neighbourhood to the one they left, with low access to green infrastructure.

10. 힌트를 참고하여 각 빈칸에 알맞은 단어를 쓰시오.

11. 밑줄 친 ⓐ에서, 어법 혹은 문맥상 어색한 부분을 찾아 올바르게 고쳐 쓰시오.

ⓐ	잘못된 표현		바른 표현
(	)	⇨ (	)
(	)	⇨ (	)
(	)	⇨ (	)
(	)	⇨ (	)

12. 위 글에 주어진 (가)의 한글과 같은 의미를 가지도록, 각각의 주어진 단어들을 알맞게 배열하시오.

(가) green / desirable. / more / attractiveness, / making / new, high-quality / spaces / increase / can / The creation of / these neighbourhoods

☑ **다음 글을 읽고 물음에 답하시오.** 25-10-고1-22

An increasing 인식 __________ of our effect on the ocean is slowly 스며드는 ________ into the public agenda, dragging behind it a conversation that is decades 미뤄 온 _________ But this conversation faces a 거대한 ________ obstacle. It's almost impossible to discuss what to do about something changing if you don't 애초에 _________ know how it works. If a doctor tells a patient that they have a problem with their kidneys, the patient probably already has at least a 모호한 ______ idea about where their kidneys are and what they're up to. (가) <u>그들은 학교에서 자기 개인의 생명 유지 체계의 그 부분에 대해 배웠다.</u> But that's not the case for the oceans. ⓐ <u>When we have seen a news story about the long-term incline in the numbers of krill in the Southern Ocean, it sound generally likely a bad thing.</u> But there's far more to it than the risk of whales going hungry. Krill are a part of the ocean engine. We need to understand at least some of the 맥락 ________ before we can discuss the change and take 적절한 ___________ action.

13. 힌트를 참고하여 각 <u>빈칸에</u> 알맞은 단어를 쓰시오.

14. 밑줄 친 ⓐ에서, 어법 혹은 문맥상 어색한 부분을 찾아 올바르게 고쳐 쓰시오.

    ⓐ   잘못된 표현   바른 표현

    (   ) ⇨ (   )

    (   ) ⇨ (   )

    (   ) ⇨ (   )

    (   ) ⇨ (   )

15. 위 글에 주어진 (가)의 한글과 같은 의미를 가지도록, 각각의 주어진 단어들을 알맞게 배열하시오.

(가) at school. / learned / personal / part of / system / about / They / life-support / their own / that

☑ **다음 글을 읽고 물음에 답하시오.** 25-10-고1-23

Rome was said to have been a melting pot from the very start. ⓐ <u>The historian Livy claims the city's original population be comprised with immigrants flood in from all directions, attraction by Romulus's deliberate policy of discrimination</u>. It was this ^{초기의} ________ openness, Livy ^{주장하다} ________ that laid the foundations for the later strength and ^{성공} ________ of the city. (가) <u>로마인들은 도시의 설립 이후 여러 세대에 걸쳐 자신들의 도시를 다문화적이라고 묘사했다.</u> Tradition held that only a minority of the city's ^{전설적인} ________ kings were Romanborn, with the others all arriving as immigrants before being chosen for the throne for their ^{덕성} ________ and merits. As the empire ^{확장하다} ________ across three continents, Rome eagerly adopted new cultural influences and ^{흡수하다} ________ incoming groups — perhaps a little too eagerly for some, who, like the poet Juvenal, complained about the rapid rate of cultural change.

16. 힌트를 참고하여 각 빈칸에 알맞은 단어를 쓰시오.

17. 밑줄 친 ⓐ에서, 어법 혹은 문맥상 어색한 부분을 찾아 올바르게 고쳐 쓰시오.

 ⓐ 잘못된 표현   바른 표현
  (   ) ⇨ (   )
  (   ) ⇨ (   )
  (   ) ⇨ (   )
  (   ) ⇨ (   )
  (   ) ⇨ (   )
  (   ) ⇨ (   )

18. 위 글에 주어진 (가)의 한글과 같은 의미를 가지도록, 각각의 주어진 단어들을 알맞게 배열하시오.

(가) its foundation. / their / described / city / Romans / as multicultural / after / in the generations

☑ **다음 글을 읽고 물음에 답하시오.** 25-10-고1-24

(가) <u>물리학 법칙들과 상수들 그리고 우리 우주의 근본 힘들은 매우 정밀한 공식의 형태들과 값들을 가진다.</u> This means that, if they were only very slightly different, life would not have been possible. For instance, the ^{정확한} ________ value of gravity has enabled our universe to arise by permitting the ^{응집} ________ of dust and gas particles to ^{원시 항성} ________ around which planets later came to orbit, including the Earth around the Sun. ⓐ <u>If the value of the electron being ever so slightly larger or smaller, chemistry, as we knowing it, would not have been impossible and life, where is based on organic chemistry, could have started.</u> The universe was not designed for us to evolve, we have no privileged position in the universe; however, the laws and ^{상수} ________ of physics allowed advanced life to evolve.

19. 힌트를 참고하여 각 빈칸에 알맞은 단어를 쓰시오.

20. 밑줄 친 ⓐ에서, 어법 혹은 문맥상 어색한 부분을 찾아 올바르게 고쳐 쓰시오.

 ⓐ 잘못된 표현   바른 표현
  (   ) ⇨ (   )
  (   ) ⇨ (   )
  (   ) ⇨ (   )
  (   ) ⇨ (   )
  (   ) ⇨ (   )

21. 위 글에 주어진 (가)의 한글과 같은 의미를 가지도록, 각각의 주어진 단어들을 알맞게 배열하시오.

(가) of physics / forms / The laws / precise / have / and values. / and constants / universe / and the fundamental / forces / in our / very

☑ **다음 글을 읽고 물음에 답하시오.** 25-10-고1-26

Dalip Singh Saund was an Indianborn American politician. ⓐ <u>Before graduating the University of Punjab in India, he moved the U.S. to attend to graduate school.</u> He earned his ^{박사} _________ degree at the University of California in 1924 but could not get a job because of his ^{국적} ___________ The next year, he began farming in Imperial Valley, but he was not able to buy land without U.S. ^{시민권} ___________ (가) <u>Dalip은 정치학에 대한 관심을 발전시켰고 그는 종종 인도 및 정치 주제에 대해 발언했다.</u> He went to Washington, D.C. and promoted a bill that would allow Indians to become U.S. citizens. The bill was passed in 1946, and three years later Dalip ^{받다} _________ U.S. citizenship. He later became the first Asian to be ^{당선된} _________ to the U.S. Congress.

22. 힌트를 참고하여 각 빈칸에 알맞은 단어를 쓰시오.

23. 밑줄 친 ⓐ에서, 어법 혹은 문맥상 어색한 부분을 찾아 올바르게 고쳐 쓰시오.

    ⓐ   잘못된 표현   바른 표현

    (   ) ⇨ (   )

    (   ) ⇨ (   )

    (   ) ⇨ (   )

    (   ) ⇨ (   )

24. 위 글에 주어진 (가)의 한글과 같은 의미를 가지도록, 각각의 주어진 단어들을 알맞게 배열하시오.

(가) and political / in politics / Dalip / on Indian / an interest / topics. / often spoke out / developed / and he

☑ **다음 글을 읽고 물음에 답하시오.** 25-10-고1-29

Human beings have ^{진화된} _________ to make the most of the resources available to them in ways that are ^{미묘한} _______ and complicated. ⓐ <u>When we keep our diets, especially what we are so quickly, we are ineffectively conducting huge contributions in nutrition.</u> We ought to have more ^{겸손} _________ (가) <u>영양학은 여전히 역사가 짧고 우리가 모르는 것이 너무나 많다.</u> If we have eaten certain foods in certain ways for millennia, we should assume until it is ^{증명된} _______ otherwise that there is probably a good reason why. Traditional foods that don't fit neatly on the ^{현대의} ___________ dietary food plate should generally be chosen over highly ^{가공된} _________ ones that do. We should assume that traditionally made fatty blood sausages are preferable to lean, factory-made salamis; that spoonfuls of honey are ^{우등한} _________ to sprinkles of sweeteners. Witnessing how poorly traditional societies are faring as they ^{겪다} _______ a nutrition transition should make those who have already completed it question whether their diets have moved too far.

25. 힌트를 참고하여 각 빈칸에 알맞은 단어를 쓰시오.

26. 밑줄 친 ⓐ에서, 어법 혹은 문맥상 어색한 부분을 찾아 올바르게 고쳐 쓰시오.

    ⓐ   잘못된 표현   바른 표현

    (   ) ⇨ (   )

    (   ) ⇨ (   )

    (   ) ⇨ (   )

    (   ) ⇨ (   )

    (   ) ⇨ (   )

27. 위 글에 주어진 (가)의 한글과 같은 의미를 가지도록, 각각의 주어진 단어들을 알맞게 배열하시오.

(가) is / and there / is / do not / Nutritional / know. / science / so much / we / still young

☑ **다음 글을 읽고 물음에 답하시오.** 25-10-고1-30

While ^{편리성} ___________ and technology are crucial, they are not the only factors driving Gen Z's ^{재정상} _________ decisions. This generation is incredibly values-driven, and they want to bank with institutions that match their personal beliefs and values. ^{투명성} ___________ is vital. Gen Z is ^{회의적인} _________ of large corporations and institutions that lack ^{책무성} _____________ ⓐ <u>They have been grown up in a world which information is scarcely available, and they expect complete transportation from the brands they support.</u> Banks, for example, must clearly communicate fees, terms, and conditions, as well as how they handle customers' data. Moreover, ^{윤리적인} ________ banking practices are more important than ever. Gen Z cares about the environment, social justice, and the ethical ^{함의} ___________ of their financial decisions. They are interested in sustainable investing, supporting businesses that match their values, and ^{보장하는} ________ that their money is not being used to fund harmful practices. (가) <u>사회적으로 책임 있는 투자 기회를 제공하고 환경적 지속 가능성에 전념하는 은행은 Z세대의 관심을 끌 것이다.</u>

28. 힌트를 참고하여 각 <u>빈칸에 알맞은</u> 단어를 쓰시오.

29. 밑줄 친 ⓐ에서, 어법 혹은 문맥상 어색한 부분을 찾아 올바르게 고쳐 쓰시오.

   ⓐ   잘못된 표현   바른 표현

   (   ) ⇨ (   )

   (   ) ⇨ (   )

   (   ) ⇨ (   )

   (   ) ⇨ (   )

30. 위 글에 주어진 (가)의 한글과 같은 의미를 가지도록, 각각의 주어진 단어들을 알맞게 배열하시오.

(가) attention. / and are / attract / offer / Gen Z's / socially responsible / that / environmental / investment / opportunities / committed to / sustainability / will / Banks

☑ 다음 글을 읽고 물음에 답하시오. 25-10-고1-31

Myths aren't only stories. For example, a well-known myth that ^{지속하는} __________ today is the supposed high iron ^{함량} __________ in spinach. This is a legend that dates back to 1890 and originates from a simple ^{계산 착오} _____________ by physiologist Gustav von Bunge. ⓐ <u>He accurate determined what 100 grams of spinach was contained 35 milligrams of iron but he was analyzed dried spinach, which was held ten times less iron to the same amount of fresh leafy greens.</u> (가) <u>그 오류는 빠르게 수정되었지만 그 수정은 그만큼 빠르게 잊혀졌다.</u> The myth had taken hold. Popeye, who gained superhuman strength from the leafy greens and ^{방어하다} __________ himself with iron fists, contributed to its ^{지속} __________ and even today, some nearly 150 years later, parents the world over use this tale to try to ^{설득하다} __________ their children into eating the healthy vegetable.

31. 힌트를 참고하여 각 빈칸에 알맞은 단어를 쓰시오.

32. 밑줄 친 ⓐ에서, 어법 혹은 문맥상 어색한 부분을 찾아 올바르게 고쳐 쓰시오.

   ⓐ   잘못된 표현   바른 표현

   (   ) ⇨ (   )
   (   ) ⇨ (   )
   (   ) ⇨ (   )
   (   ) ⇨ (   )
   (   ) ⇨ (   )
   (   ) ⇨ (   )
   (   ) ⇨ (   )

33. 위 글에 주어진 (가)의 한글과 같은 의미를 가지도록, 각각의 주어진 단어들을 알맞게 배열하시오.

(가) the correction / corrected, / Although / the error / just as / was / was / swiftly forgotten. / swiftly

☑ 다음 글을 읽고 물음에 답하시오. 25-10-고1-32

ⓐ <u>The technical term often using to describe animals' judgement of numbers are the accurate number system.</u> What it does not provide is ^{정확성} __________ It shows—and this is the same in every species tested—a characteristic pattern of errors, with ^{판별} _____________ becoming less accurate as the ^양 __________ get bigger. Rhesus monkeys can tell one from two, two from three, three from four, four from five ... but start to fail from five upwards. Rats that learned to press a lever a given number of times, from four up to twenty-four, became ^{두드러지게} __________ less and less precise in their responses as the number increased: by the top end of the range they would ^{단지} _______ produce a spread of numbers around the target. (가) <u>동물의 수 감각의 정확성을 측정할 때, 숫자의 크기가 중요하다는 것은 공통된 관찰이다.</u>

34. 힌트를 참고하여 각 빈칸에 알맞은 단어를 쓰시오.

35. 밑줄 친 ⓐ에서, 어법 혹은 문맥상 어색한 부분을 찾아 올바르게 고쳐 쓰시오.

   ⓐ   잘못된 표현   바른 표현

   (   ) ⇨ (   )
   (   ) ⇨ (   )
   (   ) ⇨ (   )

36. 위 글에 주어진 (가)의 한글과 같은 의미를 가지도록, 각각의 주어진 단어들을 알맞게 배열하시오.

(가) that / matters. / the accuracy of / sense, / a common / animals' number / observation / It / the numbers / is / the size of / testing / when

☑ **다음 글을 읽고 물음에 답하시오.** 25-10-고1-33

Despite the cultural 비유적 표현 ______ 묘사하는 _________ emotions as the opposite of rational thought, cognition — what we commonly refer to as thinking — is actually a key building block of emotion. How we think about our circumstances shapes the emotions we experience; then those emotions echo back to influence how we think. For instance, if you walk into a test thinking you are bad at taking tests, your 긴장 _______ will be increased. ⓐ <u>Then you don't feel bad about your performance on the test, and what becomes confidence for continuing to think that you're bad at test taking.</u> In this way there's simply no pulling emotion and 인지 _________ apart. (가) <u>인지와 감정의 이러한 양방향성은 우리가 생각하는 방식을 바꿈으로써 어려운 감정들을 조정하는 것을 가능하게 한다.</u> By thinking differently — I get nervous sometimes, but I'm still a good test taker, or that nervous feeling is just 흥분 _________ and 기대 __________ it means I'm ready — you can work those 경로 ________ to your advantage.

37. 힌트를 참고하여 각 <u>빈칸에</u> 알맞은 단어를 쓰시오.

38. 밑줄 친 ⓐ에서, 어법 혹은 문맥상 어색한 부분을 찾아 올바르게 고쳐 쓰시오.

   ⓐ   잘못된 표현   바른 표현

   (   ) ⇨ (   )

   (   ) ⇨ (   )

   (   ) ⇨ (   )

39. 위 글에 주어진 (가)의 한글과 같은 의미를 가지도록, 각각의 주어진 단어들을 알맞게 배열하시오.

(가) bi-directionality / us / we / This / to / allows / think. / difficult / the way / and emotion / adjust / of cognition / emotions / by changing

☑ **다음 글을 읽고 물음에 답하시오.** 25-10-고1-34

What is the Capabilities Approach (CA), and why would lawyers 열정을 가진 _________ about animal justice care about it? It is easy to say what it is not. ⓐ <u>The CA does not ranks animals by likeness to humans or seeking special privileges for those considered least "like us," as are some others popular theoretical approaches.</u> The CA has concern for the finch and the pig as much as the whale and the elephant. (가) <u>그리고 그것은 우리가 각 종류의 동물이 필요로 하고 마땅히 누려야 할 것에 대해 생각할 때, 인간의 삶의 형태는 그저 무관하다고 주장한다.</u> What is 관련된 ________ is their own forms of life. Just as humans seek to be able to enjoy the characteristic goods of a human life, so a finch seeks a finch's life and the whale a whale's life. We should 확장하다 _______ ourselves and learn, not 성의 없이 _______ picture animals as lesser humans, seeking a life sort of like our own. According to the CA, each sentient creature should have the opportunity to 번영하다 _________ in the form of life characteristic for that creature.

40. 힌트를 참고하여 각 <u>빈칸에</u> 알맞은 단어를 쓰시오.

41. 밑줄 친 ⓐ에서, 어법 혹은 문맥상 어색한 부분을 찾아 올바르게 고쳐 쓰시오.

   ⓐ   잘못된 표현   바른 표현

   (   ) ⇨ (   )

   (   ) ⇨ (   )

   (   ) ⇨ (   )

   (   ) ⇨ (   )

   (   ) ⇨ (   )

42. 위 글에 주어진 (가)의 한글과 같은 의미를 가지도록, 각각의 주어진 단어들을 알맞게 배열하시오.

(가) think / what / and deserves. / each type / of animal / that / the human / form / argues / of life / simply irrelevant / about / is / when / And / it / we / needs

☑ 다음 글을 읽고 물음에 답하시오. 25-10-고1-35

(가) <u>소셜 미디어는 자전적 기억을 촉진하는 중요한 맥락으로 작용한다.</u> Personal events posted on social media platforms are better remembered and less forgotten than those not posted, ^{무관한} ___________ of the characteristics of the events. ⓐ <u>This may be because share memories online allow individuals to rehearse and making sense of what happened, thus facilitate longterm memory attention</u>. Online feedback such as comments and likes as well as ^{기술적} ___________ features such as algorithms and ^{주기적인} _________ reminders can further serve as memory cues for the posted event details. As a result, event details shared on social media are likely ^{안정화되는} ___________ and remembered over time, whereas those not shared may become inaccessible or forgotten.

43. 힌트를 참고하여 각 빈칸에 알맞은 단어를 쓰시오.

44. 밑줄 친 ⓐ에서, 어법 혹은 문맥상 어색한 부분을 찾아 올바르게 고쳐 쓰시오.

    ⓐ   잘못된 표현   바른 표현

    (   ) ⇨ (   )

    (   ) ⇨ (   )

    (   ) ⇨ (   )

    (   ) ⇨ (   )

    (   ) ⇨ (   )

45. 위 글에 주어진 (가)의 한글과 같은 의미를 가지도록, 각각의 주어진 단어들을 알맞게 배열하시오.

(가) context / an important / remembering. / autobiographical / as / serves / to facilitate / Social media

☑ 다음 글을 읽고 물음에 답하시오. 25-10-고1-36

Multisensory experiences are a ^{주요한} ________ part of our everyday lives, yet we often take them for granted, ^{특히} __________ when our senses function normally or are corrected to normal with aids like glasses. However, closer ^{점검} __________ to any, even the most ordinary experiences, ^{드러내다} ________ the remarkable multisensory world in which we live. Consider the experience of eating a regular meal. (가) <u>처음에는 그것이 평범한 경험처럼 보일 수 있지만, 실제로 그것은 감각들의 융합이다.</u> ⓐ <u>We first eat with our eyes, but we are also exposure to countless sensory signals what influence our eaten experience such as food textures, tastes, and smells.</u> And it does not stop there. Even the sounds that come both from the ^{상황} __________ in which we eat and our ^{상호 작용} ___________ with the food (such as chewing) and the tools we use to eat influence our eating experience.

46. 힌트를 참고하여 각 빈칸에 알맞은 단어를 쓰시오.

47. 밑줄 친 ⓐ에서, 어법 혹은 문맥상 어색한 부분을 찾아 올바르게 고쳐 쓰시오.

    ⓐ   잘못된 표현   바른 표현

    (   ) ⇨ (   )

    (   ) ⇨ (   )

    (   ) ⇨ (   )

48. 위 글에 주어진 (가)의 한글과 같은 의미를 가지도록, 각각의 주어진 단어들을 알맞게 배열하시오.

(가) At first, / may seem / it / like / an ordinary / the senses. / but / a fusion of / it is actually / experience,

☑ 다음 글을 읽고 물음에 답하시오. 25-10-고1-37

As children, the ^{원리} _________ of opposites is ^{낯선} _________ (가) 아이들은 단어들과 그 의미들을 서로 분리해서 인식한다. It is only in later development that we understood that individual words ^{직접적으로} _________ connect to one another. For many children, for instance, it is not clear that 'Right' is the opposite of 'Left'. A ^{생생한} ______ example of this can be seen when children learn to ride a bicycle. ⓐ <u>If parents telling their child "Don't go to the left," they will often find what the child will continue rides straight ahead and not manually turn to the left</u> . The same applies to the ^{논리적인} _________ connection between 'Yes' and 'No' as perceived by parents. When we were children and were told, for example, "No, don't eat with your hands," we were confused and didn't know what our parents expected from us. Our ^{혼란} _________ was about whether we should continue eating or not and if so, how? Only later did we recognize the connection and understand that we should continue eating, but not with our hands but with a fork or a spoon.

49. 힌트를 참고하여 각 빈칸에 알맞은 단어를 쓰시오.

50. 밑줄 친 ⓐ에서, 어법 혹은 문맥상 어색한 부분을 찾아 올바르게 고쳐 쓰시오.

　　ⓐ　　　　잘못된 표현　　　　　　　바른 표현
　　(　　　　　　　　　) ⇨ (　　　　　　　　　)
　　(　　　　　　　　　) ⇨ (　　　　　　　　　)
　　(　　　　　　　　　) ⇨ (　　　　　　　　　)
　　(　　　　　　　　　) ⇨ (　　　　　　　　　)
　　(　　　　　　　　　) ⇨ (　　　　　　　　　)

51. 위 글에 주어진 (가)의 한글과 같은 의미를 가지도록, 각각의 주어진 단어들을 알맞게 배열하시오.

(가) Children / separately / other. / their meanings / words / perceive / each / from / and

☑ 다음 글을 읽고 물음에 답하시오. 25-10-고1-38

Humans are not the most social animal. Ants, bees, and termites put humanity to ^{부끄럼} ______ on many metrics of sociality. (가) 매우 다양한 동족들이 완벽하게 조화로운 행동으로 함께 살고 집단적으로 그들의 어린 새끼들을 돌본다. But while insect colonies are ^{인상적으로} _________ social places, it's not our kind of social life. Bees always build hexagonal hives, ants march in lines, and termites move in zigzag formations. ⓐ <u>These patterns recur unpredictably because they are loosely programmed genetically and propel pheromonally.</u> We humans are more free, less tightly programmed genetically, so our social patterns can be more ^{다양한} _________ and ^{역동적인} _________ Every group dances a slightly different dance, and these choreographies change across generations. We still think and act in ways that are in harmony with others around us, but it is through patterns that are more shaped by ^{양육} _________ not just nature.

52. 힌트를 참고하여 각 빈칸에 알맞은 단어를 쓰시오.

53. 밑줄 친 ⓐ에서, 어법 혹은 문맥상 어색한 부분을 찾아 올바르게 고쳐 쓰시오.

　　ⓐ　　　　잘못된 표현　　　　　　　바른 표현
　　(　　　　　　　　　) ⇨ (　　　　　　　　　)
　　(　　　　　　　　　) ⇨ (　　　　　　　　　)
　　(　　　　　　　　　) ⇨ (　　　　　　　　　)

54. 위 글에 주어진 (가)의 한글과 같은 의미를 가지도록, 각각의 주어진 단어들을 알맞게 배열하시오.

(가) relatives / for / perfectly / their young. / and collectively / variety of / with / care / A wide / behavior / together / live / harmonious

☑ **다음 글을 읽고 물음에 답하시오.** 25-10-고1-39

Those who purchase the goods of a company are called customers. (가) <u>개인적인 용도로 상품을 구매하는 사람들은 소비자, 즉 소비하는 존재라 불린다.</u> Therefore, companies have invented multiple ways to ^{보장하다} _______ that their customers consume the produced items in larger and larger quantities and more and more ^{자주} _________ Those who sell food have an easy time, for food is ^{말 그대로} _________ consumed, so there is always a need to ^{구매하다} ________ new food. ⓐ <u>But with more temporary things, companies must invest reasons for their customers to continue to consumption them.</u> One ^{접근방법} ________ is to make the stuff that people already have outdated by ^{설득하는} _________ them that it is no longer fashionable. The entire fashion industry is built to convince people that fashion matters, so they must purchase new clothing, even though the old is still perfectly functionable. Fashion today extends to far more things than clothes: automobiles, mobile phones, computers — the list is ^{확장된} ________ indefinitely, limited only by the limits of the creative minds of the marketing divisions of companies.

55. 힌트를 참고하여 각 빈칸에 알맞은 단어를 쓰시오.

56. 밑줄 친 ⓐ에서, 어법 혹은 문맥상 어색한 부분을 찾아 올바르게 고쳐 쓰시오.

　ⓐ　　　　잘못된 표현　　　　　　　바른 표현
　(　　　　　　　) ⇨ (　　　　　　　)
　(　　　　　　　) ⇨ (　　　　　　　)
　(　　　　　　　) ⇨ (　　　　　　　)

57. 위 글에 주어진 (가)의 한글과 같은 의미를 가지도록, 각각의 주어진 단어들을 알맞게 배열하시오.

(가) called / goods / Individuals / who / consumers: beings / for personal / who / consume. / purchase / are / use

☑ **다음 글을 읽고 물음에 답하시오.** 25-10-고1-40

Kivetz, Urminsky, and Zheng partnered with a café to test the motivating effect of ^{착각의} ________ ^{진전} ________ in an experiment. (가) <u>고객들은 열 잔을 산 후에 무료 커피 한 잔을 제공하는 보상 카드를 받았다.</u> While half of the customers ^{받다} ________ a card with ten open slots, the other half got a card with twelve open slots. ⓐ <u>Yet the twelve-slot card has two exist "bonus" stamps, so, strictly speaking, these were different reward programs.</u> Every customer who got a card needed to make ten coffee purchases (and collect ten stamps) to get their free coffee. But the ^{매력} ______ of the free stamps was high. People who thought they'd gotten a head start came back to the café more often, filling in their reward card more quickly than the others. When the card came with two out of twelve slots already filled, it felt to customers like they were already 16 percent finished with the goal before they'd even started. Believing they were closer to the reward, they were more ^{동기 부여된} _________ to reach the finish line.

58. 힌트를 참고하여 각 빈칸에 알맞은 단어를 쓰시오.

59. 밑줄 친 ⓐ에서, 어법 혹은 문맥상 어색한 부분을 찾아 올바르게 고쳐 쓰시오.

　ⓐ　　　　잘못된 표현　　　　　　　바른 표현
　(　　　　　　　) ⇨ (　　　　　　　)
　(　　　　　　　) ⇨ (　　　　　　　)
　(　　　　　　　) ⇨ (　　　　　　　)

60. 위 글에 주어진 (가)의 한글과 같은 의미를 가지도록, 각각의 주어진 단어들을 알맞게 배열하시오.

(가) that / bought / a reward card / they'd / coffee / offered / received / ten. / after / Customers / one free

☑ **다음 글을 읽고 물음에 답하시오.** 25-10-고1-41~42

Creativity is the ability to generate ^{새로운} ______ and valuable ideas. It involves ^{확산적} ________ thinking, imagination, and a willingness to experiment and take risks. While AI can be a powerful tool for creative efforts, it also carries the risk of limiting ^{독창성} _________ and ^{혁신} __________ (가) <u>AI 알고리즘은 종종 과거의 창작물에서 패턴과 경향을 식별하며 기존의 데이터 세트를 바탕으로 훈련된다.</u> While this can be useful for generating new content in similar styles or formats, it can also lead to ^{모방적인} _________ works that lack ^{진정한} _______ originality. ⓐ <u>If artists and designers rely too heavily on AI for perspiration and content generation, they may found themselves trapping in a cycle of limitation , unable to break free from the constants of the AI's training data.</u> Moreover, the ease with which AI can generate content can ^{방해하다} _________ the kind of struggle and experimentation that often leads to breakthroughs. The creative process is often messy and ^{반복적인} _________ involving numerous failures and setbacks. It is through these challenges that we ^{연마하다} ______ our skills, develop our unique perspectives, and push the boundaries of what is possible. If AI provides instant solutions, it can skip this essential process of learning through trial and error, ^{궁극적으로} _________ ^{방해하는} _________ the development of true creative talent.

61. 힌트를 참고하여 각 <u>빈칸에 알맞은</u> 단어를 쓰시오.

62. 밑줄 친 ⓐ에서, 어법 혹은 문맥상 어색한 부분을 찾아 올바르게 고쳐 쓰시오.

   ⓐ   잘못된 표현   바른 표현

   (   ) ⇨ (   )
   (   ) ⇨ (   )
   (   ) ⇨ (   )
   (   ) ⇨ (   )
   (   ) ⇨ (   )

63. 위 글에 주어진 (가)의 한글과 같은 의미를 가지도록, 각각의 주어진 단어들을 알맞게 배열하시오.

(가) creations. / patterns / are / AI algorithms / trained on / existing / in past / and trends / often identifying / datasets,

☑ 다음 글을 읽고 물음에 답하시오. 25-10-고1-43~45

When billionaire James Walker was once asked by a journalist, "Is there anyone richer than you?", he replied, "Yes, there is one young man I'll never forget." He told the story of when he first met David at a New York airport. ⓐ <u>Years ago, James was broken and stuck at the airport, kills time reading newspaper headlines at the newsstand.</u> One headline caught his eye, but he had no money to buy the paper. Just then, David, working at the newsstand noticed James. He asked, "Would you like to buy this, sir?" But, James 주저했다 __________ saying he had no money. David smiled and said, "Me, too. But I have enough for this. Take it as a gift." Three months later, James, still broke, met him at the newsstand once more. Again, David gave him a newspaper without expecting anything in return. (가) <u>수년이 흘러서 James는 부유한 사업가가 되었지만, 그는 그가 공항에서 만났던 그 청년을 결코 잊지 못했다.</u> He found David running a small bookstore and visited him there. He introduced himself, saying, "David, you helped me twice when you had almost nothing. I want to give you anything you wish." He looked at him and said, "You can't truly 보상하다 __________ me." James asked, "Why not?" David replied, "Because I gave to you when I had almost nothing. You're offering me something now that you have everything. That's just 관대함 __________ at convenience. So, I can't accept your offer." James realized that money doesn't make someone rich. Remembering that moment, he said to the journalist, "It's the 의지 __________ to give even when you have very little that makes you wealthy. And so, David is the richest person I have ever met."

64. 힌트를 참고하여 각 <u>빈칸에 알맞은</u> 단어를 쓰시오.

65. 밑줄 친 ⓐ에서, 어법 혹은 문맥상 어색한 부분을 찾아 올바르게 고쳐 쓰시오.
　　ⓐ　　　　잘못된 표현　　　　　　　　바른 표현
　　　(　　　　　　　　　　) ⇨ (　　　　　　　　　　)
　　　(　　　　　　　　　　) ⇨ (　　　　　　　　　　)

66. 위 글에 주어진 (가)의 한글과 같은 의미를 가지도록, 각각의 주어진 단어들을 알맞게 배열하시오.

(가) Years / a wealthy / but / the young man / had / he / passed / at the airport. / never forgot / businessman, / and James / became / met / he

25-10-고1-18

67. 박스 안의 보기를 재배열하여 주제를 완성하시오.

Dear Mr. Kelly, My name is Mark Smith, and I am the manager of Lomos Tours. I express our sincere appreciation for your continued trust and loyalty. Next year, as part of a new promotional campaign, Lomos Tours will be airing an advertisement. We plan to include the experiences of some of our most valued clients. Since you traveled with us last summer, I would like to kindly ask if you would be willing to share a few words about your experience. Your feedback would be invaluable in helping us promote our services. A member of our team will be in touch with you shortly. Thank you in advance for your contributions.
Warm regards, Mark Smith

> feature in / seeking valuable / service promotion / the company / will contact / strengthen future / advertising and / him soon, / feedback to

25-10-고1-19

68. 박스 안의 보기를 재배열하여 주제를 완성하시오.

After finishing my shopping, I walked out of the grocery store and headed to the spot where I'd parked my car. But it wasn't there. I wasn't the kind of person to forget where I'd parked. I knew I was in the right place — so where was my car? I looked around, but nothing made sense. Not knowing what to do, I called my husband at home and said, "My car is missing! I can't find my car." I heard him laughing on the other end of the line. "Your car is here outside the house! You took mine today, remember?" I turned around — and there it was. I couldn't help but laugh at myself. With a sigh of relief, I walked over to the car. Everything was fine after all.

> after shopping / parking spot / remembered driving / relaxed / because her / was empty, / but she / her husband's / she panicked / car and

25-10-고1-20

69. 박스 안의 보기를 재배열하여 주제를 완성하시오.

One of the most important aspects of sustaining long-term relationships is communication. It's easy to connect with someone and then let the relationship get stuck due to a lack of follow-up. To keep the connection alive, make a conscious effort to stay in touch. This doesn't mean constantly reaching out with requests or updates but rather maintaining a friendly and consistent line of communication. A simple message to check in or share something of value can go a long way in reinforcing your relationship. For example, if you come across an article or resource that you think might interest a connection, share it with them, even if you haven't spoken in a while. This shows that you're thinking of them and are invested in maintaining the relationship.

after long / signal interest / share helpful / relationships even / articles or / gaps / contacts because / thoughtful updates / resources with / and strengthen

25-10-고1-21

70. 박스 안의 보기를 재배열하여 주제를 완성하시오.

Currently, urban regeneration projects in degraded areas have been promoted as improving the wellbeing of residents and solving environmental injustice problems. However, such environmental improvements in ethnic communities and/or low-income households can create an urban green space paradox. The creation of new, high-quality green spaces can increase attractiveness, making these neighbourhoods more desirable. By contrast, the cost of housing can rise, and residents may not be able to afford the rent. This results in the exclusion or displacement of the poor neighbourhood's residents, who were intended to benefit from the ecosystem services provided by the new green space. In turn, the residents may only be able to afford to live in a similar degraded neighbourhood to the one they left, with low access to green infrastructure.

limited green / similarly degraded / lose access / intended beneficiaries / displacement pushes / services because / areas with / them into / to ecosystem / infrastructure

25-10-고1-22

71. 박스 안의 보기를 재배열하여 주제를 완성하시오.

An increasing awareness of our effect on the ocean is slowly seeping into the public agenda, dragging behind it a conversation that is decades overdue. But this conversation faces a massive obstacle. It's almost impossible to discuss what to do about something changing if you don't initially know how it works. If a doctor tells a patient that they have a problem with their kidneys, the patient probably already has at least a vague idea about where their kidneys are and what they're up to. They learned about that part of their own personal life-support system at school. But that's not the case for the oceans. When we see a news story about the long-term decline in the numbers of krill in the Southern Ocean, it sounds generally like a bad thing. But there's far more to it than the risk of whales going hungry. Krill are a part of the ocean engine. We need to understand at least some of the context before we can discuss the change and take appropriate action.

> solutions because / few people / we cannot / like krill's / function is / responsibly discuss / oceans work, / so context / essential / learn how

25-10-고1-23

72. 박스 안의 보기를 재배열하여 주제를 완성하시오.

Rome was said to have been a melting pot from the very start. The historian Livy claimed the city's original population was comprised of immigrants flooding in from all directions, attracted by Romulus's deliberate policy of nondiscrimination. It was this initial openness, Livy asserts, that laid the foundations for the later strength and success of the city. Romans described their city as multicultural in the generations after its foundation. Tradition held that only a minority of the city's legendary kings were Romanborn, with the others all arriving as immigrants before being chosen for the throne for their virtues and merits. As the empire expanded across three continents, Rome eagerly adopted new cultural influences and absorbed incoming groups — perhaps a little too eagerly for some, who, like the poet Juvenal, complained about the rapid rate of cultural change.

> merit won / foreign-born, and / kings were / absorbed diverse / them thrones / while Rome / many early / influences / tradition claimed

25-10-고1-24

73. 박스 안의 보기를 재배열하여 주제를 완성하시오.

The laws and constants of physics and the fundamental forces in our universe have very precise forms and values. This means that, if they were only very slightly different, life would not have been possible. For instance, the precise value of gravity has enabled our universe to arise by permitting the aggregation of dust and gas particles to protostars around which planets later came to orbit, including the Earth around the Sun. If the value of the electron had been ever so slightly larger or smaller, chemistry, as we know it, would not have been possible and life, which is based on organic chemistry, could not have started. The universe was not designed for us to evolve, we have no privileged position in the universe; however, the laws and constants of physics allowed advanced life to evolve.

because of / Earth orbits / protostars and / gravity's precise / strength enabled / it / form, and / planets to / the Sun

25-10-고1-26

74. 박스 안의 보기를 재배열하여 주제를 완성하시오.

Dalip Singh Saund was an Indianborn American politician. After graduating from the University of Punjab in India, he moved to the U.S. to attend graduate school. He earned his doctoral degree at the University of California in 1924 but could not get a job because of his nationality. The next year, he began farming in Imperial Valley, but he was not able to buy land without U.S. citizenship. Dalip developed an interest in politics and he often spoke out on Indian and political topics. He went to Washington, D.C. and promoted a bill that would allow Indians to become U.S. citizens. The bill was passed in 1946, and three years later Dalip received U.S. citizenship. He later became the first Asian to be elected to the U.S. Congress.

naturalization in / Congress until / in Imperial / he lobbied / 1946 / Valley because / Indians gained / barred, and / he farmed / jobs were

25-10-고1-29

75. 박스 안의 보기를 재배열하여 주제를 완성하시오.

Human beings have evolved to make the most of the resources available to them in ways that are subtle and complicated. When we change our diets, especially when we do so quickly, we are effectively conducting huge experiments in nutrition. We ought to have more humility. Nutritional science is still young and there is so much we do not know. If we have eaten certain foods in certain ways for millennia, we should assume until it is proven otherwise that there is probably a good reason why. Traditional foods that don't fit neatly on the contemporary dietary food plate should generally be chosen over highly processed ones that do. We should assume that traditionally made fatty blood sausages are preferable to lean, factory-made salamis; that spoonfuls of honey are superior to sprinkles of sweeteners. Witnessing how poorly traditional societies are faring as they undergo a nutrition transition should make those who have already completed it question whether their diets have moved too far.

processed alternatives / rapid dietary / favor traditional / shifts are / experiments, so / because nutrition / we should / science is / foods over / young

25-10-고1-30

76. 박스 안의 보기를 재배열하여 주제를 완성하시오.

While convenience and technology are crucial, they are not the only factors driving Gen Z's financial decisions. This generation is incredibly values-driven, and they want to bank with institutions that match their personal beliefs and values. Transparency is vital. Gen Z is skeptical of large corporations and institutions that lack accountability. They have grown up in a world where information is freely available, and they expect complete transparency from the brands they support. Banks, for example, must clearly communicate fees, terms, and conditions, as well as how they handle customers' data. Moreover, ethical banking practices are more important than ever. Gen Z cares about the environment, social justice, and the ethical implications of their financial decisions. They are interested in sustainable investing, supporting businesses that match their values, and ensuring that their money is not being used to fund harmful practices. Banks that offer socially responsible investment opportunities and are committed to environmental sustainability will attract Gen Z's attention.

clearly explain / banks attract / how customer / investing and / data is / handled and / offer sustainable / Gen Z / when they / protected

25-10-고1-31

77. 박스 안의 보기를 재배열하여 주제를 완성하시오.

Myths aren't only stories. For example, a well-known myth that persists today is the supposed high iron content in spinach. This is a legend that dates back to 1890 and originates from a simple miscalculation by physiologist Gustav von Bunge. He accurately determined that 100 grams of spinach contained 35 milligrams of iron but he was analyzing dried spinach, which held ten times more iron than the same amount of fresh leafy greens. Although the error was swiftly corrected, the correction was just as swiftly forgotten. The myth had taken hold. Popeye, who gained superhuman strength from the leafy greens and defended himself with iron fists, contributed to its endurance and even today, some nearly 150 years later, parents the world over use this tale to try to persuade their children into eating the healthy vegetable.

reinforced the / corrections faded / the spinach / miscalculation, yet / and culture / began with / iron myth / a dried-sample / error

25-10-고1-32

78. 박스 안의 보기를 재배열하여 주제를 완성하시오.

The technical term often used to describe animals' judgement of numbers is the approximate number system. What it does not provide is precision. It shows—and this is the same in every species tested—a characteristic pattern of errors, with discrimination becoming less accurate as the quantities get bigger. Rhesus monkeys can tell one from two, two from three, three from four, four from five … but start to fail from five upwards. Rats that learned to press a lever a given number of times, from four up to twenty-four, became markedly less and less precise in their responses as the number increased: by the top end of the range they would merely produce a spread of numbers around the target. It is a common observation that when testing the accuracy of animals' number sense, the size of the numbers matters.

struggle increasingly / five and / reliably, but / Rhesus monkeys / distinguish one / through four / failing around / with larger / they begin / sets

박스 안의 보기를 재배열하여 주제를 완성하시오.

79. 25-10-고1-33

Despite the cultural trope depicting emotions as the opposite of rational thought, cognition — what we commonly refer to as thinking — is actually a key building block of emotion. How we think about our circumstances shapes the emotions we experience; then those emotions echo back to influence how we think. For instance, if you walk into a test thinking you are bad at taking tests, your anxiety will be increased. Then you don't feel good about your performance on the test, and that becomes evidence for continuing to think that you're bad at test taking. In this way there's simply no pulling emotion and cognition apart. This bi-directionality of cognition and emotion allows us to adjust difficult emotions by changing the way we think. By thinking differently — I get nervous sometimes, but I'm still a good test taker, or that nervous feeling is just excitement and anticipation, it means I'm ready — you can work those pathways to your advantage.

emotions and / interpretations can / regulate feelings / outcomes like / thoughts shape / test performance / each other, / so changing / and improve

25-10-고1-34

80. 박스 안의 보기를 재배열하여 주제를 완성하시오.

What is the Capabilities Approach (CA), and why would lawyers passionate about animal justice care about it? It is easy to say what it is not. The CA does not rank animals by likeness to humans or seek special privileges for those considered most "like us," as do some other popular theoretical approaches. The CA has concern for the finch and the pig as much as the whale and the elephant. And it argues that the human form of life is simply irrelevant when we think about what each type of animal needs and deserves. What is relevant is their own forms of life. Just as humans seek to be able to enjoy the characteristic goods of a human life, so a finch seeks a finch's life and the whale a whale's life. We should extend ourselves and learn, not lazily picture animals as lesser humans, seeking a life sort of like our own. According to the CA, each sentient creature should have the opportunity to flourish in the form of life characteristic for that creature.

because justice / their lives / whales alike, / it values / pursue characteristic / requires enabling / finches and / species to / goods of

25-10-고1-35

81. 박스 안의 보기를 재배열하여 주제를 완성하시오.

Social media serves as an important context to facilitate autobiographical remembering. Personal events posted on social media platforms are better remembered and less forgotten than those not posted, independent of the characteristics of the events. This may be because sharing memories online allows individuals to rehearse and make sense of what happened, thus facilitating longterm memory retention. Online feedback such as comments and likes as well as technological features such as algorithms and periodic reminders can further serve as memory cues for the posted event details. As a result, event details shared on social media are likely stabilized and remembered over time, whereas those not shared may become inaccessible or forgotten.

memory because / posting personal / and feedback / reinforce details / strengthens autobiographical / sharing, rehearsal, / social media / events on / over time

25-10-고1-36

82. 박스 안의 보기를 재배열하여 주제를 완성하시오.

Multisensory experiences are a central part of our everyday lives, yet we often take them for granted, especially when our senses function normally or are corrected to normal with aids like glasses. However, closer inspection to any, even the most ordinary experiences, reveals the remarkable multisensory world in which we live. Consider the experience of eating a regular meal. At first, it may seem like an ordinary experience, but it is actually a fusion of the senses. We first eat with our eyes, but we are also exposed to countless sensory signals that influence our eating experience such as food textures, tastes, and smells. And it does not stop there. Even the sounds that come both from the atmospheres in which we eat and our interactions with the food (such as chewing) and the tools we use to eat influence our eating experience.

careful attention / they transform / senses seem / unnoticed when / ordinary meals / normal, but / Multisensory cues / reveals how / often go

25-10-고1-37

83. 박스 안의 보기를 재배열하여 주제를 완성하시오.

As children, the principle of opposites is foreign. Children perceive words and their meanings separately from each other. It is only in later development that we understood that individual words directly connect to one another. For many children, for instance, it is not clear that 'Right' is the opposite of 'Left'. A vivid example of this can be seen when children learn to ride a bicycle. If parents tell their child "Don't go to the left," they will often find that the child will continue riding straight ahead and not automatically turn to the right. The same applies to the logical connection between 'Yes' and 'No' as perceived by parents. When we were children and were told, for example, "No, don't eat with your hands," we were confused and didn't know what our parents expected from us. Our confusion was about whether we should continue eating or not and if so, how? Only later did we recognize the connection and understand that we should continue eating, but not with our hands but with a fork or a spoon.

later learn / grasp opposites, / children initially / during biking / fail to / like right / and they / versus left / words connect,

25-10-고1-38

84. 박스 안의 보기를 재배열하여 주제를 완성하시오.

Humans are not the most social animal. Ants, bees, and termites put humanity to shame on many metrics of sociality. A wide variety of relatives live together with perfectly harmonious behavior and collectively care for their young. But while insect colonies are impressively social places, it's not our kind of social life. Bees always build hexagonal hives, ants march in lines, and termites move in zigzag formations. These patterns recur predictably because they are tightly programmed genetically and propelled pheromonally. We humans are more free, less tightly programmed genetically, so our social patterns can be more diverse and dynamic. Every group dances a slightly different dance, and these choreographies change across generations. We still think and act in ways that are in harmony with others around us, but it is through patterns that are more shaped by nurture, not just nature.

social insects, / dynamic, and / less genetically / shaped by / humans are / so our / programmed than / social patterns / are diverse, / nurture

25-10-고1-39

85. 박스 안의 보기를 재배열하여 주제를 완성하시오.

Those who purchase the goods of a company are called customers. Individuals who purchase goods for personal use are called consumers: beings who consume. Therefore, companies have invented multiple ways to ensure that their customers consume the produced items in larger and larger quantities and more and more frequently. Those who sell food have an easy time, for food is literally consumed, so there is always a need to purchase new food. But with more permanent things, companies must invent reasons for their customers to continue to consume them. One approach is to make the stuff that people already have outdated by convincing them that it is no longer fashionable. The entire fashion industry is built to convince people that fashion matters, so they must purchase new clothing, even though the old is still perfectly functionable. Fashion today extends to far more things than clothes: automobiles, mobile phones, computers — the list is extended indefinitely, limited only by the limits of the creative minds of the marketing divisions of companies.

consume more, / customers to / especially durable / cycles across / companies push / creating obsolescence / and fashion / clothing and / goods, by / technology

25-10-고1-40

86. 박스 안의 보기를 재배열하여 주제를 완성하시오.

Kivetz, Urminsky, and Zheng partnered with a café to test the motivating effect of illusory progress in an experiment. Customers received a reward card that offered one free coffee after they'd bought ten. While half of the customers received a card with ten open slots, the other half got a card with twelve open slots. Yet the twelve-slot card had two preexisting "bonus" stamps, so, strictly speaking, these were identical reward programs. Every customer who got a card needed to make ten coffee purchases (and collect ten stamps) to get their free coffee. But the appeal of the free stamps was high. People who thought they'd gotten a head start came back to the café more often, filling in their reward card more quickly than the others. When the card came with two out of twelve slots already filled, it felt to customers like they were already 16 percent finished with the goal before they'd even started. Believing they were closer to the reward, they were more motivated to reach the finish line.

coffee, yet / quicker because / both programs / purchases for / progress felt / real / a free / head-start customers / completed cards / required ten

25-10-고1-41~42

87. 박스 안의 보기를 재배열하여 주제를 완성하시오.

Creativity is the ability to generate novel and valuable ideas. It involves divergent thinking, imagination, and a willingness to experiment and take risks. While AI can be a powerful tool for creative efforts, it also carries the risk of limiting originality and innovation. AI algorithms are trained on existing datasets, often identifying patterns and trends in past creations. While this can be useful for generating new content in similar styles or formats, it can also lead to derivative works that lack genuine originality. If artists and designers rely too heavily on AI for inspiration and content generation, they may find themselves trapped in a cycle of imitation, unable to break free from the constraints of the AI's training data. Moreover, the ease with which AI can generate content can discourage the kind of struggle and experimentation that often leads to breakthroughs. The creative process is often messy and repetitive, involving numerous failures and setbacks. It is through these challenges that we refine our skills, develop our unique perspectives, and push the boundaries of what is possible. If AI provides instant solutions, it can skip this essential process of learning through trial and error, ultimately inhibiting the development of true creative talent.

trap creators / reliance on / and experimentation, / patterns / AI can / originality, risk, / yet heavy / creativity requires / in derivative

25-10-고1-43~45

88. 박스 안의 보기를 재배열하여 주제를 완성하시오.

When billionaire James Walker was once asked by a journalist, "Is there anyone richer than you?", he replied, "Yes, there is one young man I'll never forget." He told the story of when he first met David at a New York airport. Years ago, James was broke and stuck at the airport, killing time reading newspaper headlines at the newsstand. One headline caught his eye, but he had no money to buy the paper. Just then, David, working at the newsstand noticed James. He asked, "Would you like to buy this, sir?" But, James hesitated, saying he had no money. David smiled and said, "Me, too. But I have enough for this. Take it as a gift." Three months later, James, still broke, met him at the newsstand once more. Again, David gave him a newspaper without expecting anything in return. Years passed and James became a wealthy businessman, but he never forgot the young man he had met at the airport. He found David running a small bookstore and visited him there. He introduced himself, saying, "David, you helped me twice when you had almost nothing. I want to give you anything you wish." He looked at him and said, "You can't truly compensate me." James asked, "Why not?" David replied, "Because I gave to you when I had almost nothing. You're offering me something now that you have everything. That's just generosity at convenience. So, I can't accept your offer." James realized that money doesn't make someone rich. Remembering that moment, he said to the journalist, "It's the willingness to give even when you have very little that makes you wealthy. And so, David is the richest person I have ever met."

later inspired / a poor / gave free / generosity that / a young / the rich / man, showing / newsstand worker / newspapers to / businessman

2025 고1 10월 모의고사

❶ voca ❷ text ❸ [/] ❹ _____ ❺ quiz 1 ❻ quiz 2 ❼ quiz 3 ❽ quiz 4 ❾ quiz 5

25-10-고1-18

다음 글을 요약하고자 한다. 본문의 단어를 활용하여 빈칸에 알맞은 말을 채워 넣으시오. (단, 필요 시 형태를 변화시킬 것)

Dear Mr. Kelly, My name is Mark Smith, and I am the manager of Lomos Tours. I express our sincere appreciation for your continued trust and loyalty. Next year, as part of a new promotional campaign, Lomos Tours will be airing an advertisement. We plan to include the experiences of some of our most valued clients. Since you traveled with us last summer, I would like to kindly ask if you would be willing to share a few words about your experience. Your feedback would be invaluable in helping us promote our services. A member of our team will be in touch with you shortly. Thank you in advance for your contributions.
Warm regards, Mark Smith

Mark Smith, manager of Lomos Tours, thanks Mr. Kelly for his l___________1. and invites him to share f___________2. about his travel e___________3. for an upcoming a___________4. campaign. He notes that a team m___________5. will contact Mr. Kelly soon for details.

25-10-고1-19

다음 글을 요약하고자 한다. 본문의 단어를 활용하여 빈칸에 알맞은 말을 채워 넣으시오. (단, 필요 시 형태를 변화시킬 것)

After finishing my shopping, I walked out of the grocery store and headed to the spot where I'd parked my car. But it wasn't there. I wasn't the kind of person to forget where I'd parked. I knew I was in the right place — so where was my car? I looked around, but nothing made sense. Not knowing what to do, I called my husband at home and said, "My car is missing! I can't find my car." I heard him laughing on the other end of the line. "Your car is here outside the house! You took mine today, remember?" I turned around — and there it was. I couldn't help but laugh at myself. With a sigh of relief, I walked over to the car. Everything was fine after all.

After shopping, the narrator panicked upon not finding her c___________6., certain she p___________7. correctly. C___________8. her husband, she learned she had taken his car instead. R___________9. and amused, she found it nearby and l___________10. at her own mistake.

25-10-고1-20

다음 글을 요약하고자 한다. 본문의 단어를 활용하여 빈칸에 알맞은 말을 채워 넣으시오. (단, 필요 시 형태를 변화시킬 것)

One of the most important aspects of sustaining long-term relationships is communication. It's easy to connect with someone and then let the relationship get stuck due to a lack of follow-up. To keep the connection alive, make a conscious effort to stay in touch. This doesn't mean constantly reaching out with requests or updates but rather maintaining a friendly and consistent line of communication. A simple message to check in or share something of value can go a long way in reinforcing your relationship. For example, if you come across an article or resource that you think might interest a connection, share it with them, even if you haven't spoken in a while. This shows that you're thinking of them and are invested in maintaining the relationship.

S___________[11]. long-term relationships requires consistent c___________[12]. Rather than frequent requests or updates, occasional friendly check-ins strengthen c___________[13]. S___________[14]. useful articles or resources shows thoughtfulness and care, keeping r___________[15]. active and meaningful even after long periods without direct contact.

25-10-고1-21

다음 글을 요약하고자 한다. 본문의 단어를 활용하여 빈칸에 알맞은 말을 채워 넣으시오. (단, 필요 시 형태를 변화시킬 것)

Currently, urban regeneration projects in degraded areas have been promoted as improving the wellbeing of residents and solving environmental injustice problems. However, such environmental improvements in ethnic communities and/or low-income households can create an urban green space paradox. The creation of new, high-quality green spaces can increase attractiveness, making these neighbourhoods more desirable. By contrast, the cost of housing can rise, and residents may not be able to afford the rent. This results in the exclusion or displacement of the poor neighbourhood's residents, who were intended to benefit from the ecosystem services provided by the new green space. In turn, the residents may only be able to afford to live in a similar degraded neighbourhood to the one they left, with low access to green infrastructure.

Urban r___________[16]. projects aim to improve wellbeing and fix environmental i___________[17]., yet new green spaces often raise h___________[18]. costs. This "urban green space paradox" d___________[19]. low-income residents, forcing them into similarly d___________[20]. areas with limited access to green infrastructure.

25-10-고1-22

다음 글을 요약하고자 한다. 본문의 단어를 활용하여 빈칸에 알맞은 말을 채워 넣으시오. (단, 필요 시 형태를 변화시킬 것)

An increasing awareness of our effect on the ocean is slowly seeping into the public agenda, dragging behind it a conversation that is decades overdue. But this conversation faces a massive obstacle. It's almost impossible to discuss what to do about something changing if you don't initially know how it works. If a doctor tells a patient that they have a problem with their kidneys, the patient probably already has at least a vague idea about where their kidneys are and what they're up to. They learned about that part of their own personal life-support system at school. But that's not the case for the oceans. When we see a news story about the long-term decline in the numbers of krill in the Southern Ocean, it sounds generally like a bad thing. But there's far more to it than the risk of whales going hungry. Krill are a part of the ocean engine. We need to understand at least some of the context before we can discuss the change and take appropriate action.

P____________21. awareness of human impact on oceans is growing, yet real progress is hindered by limited u____________22.. Unlike familiar body organs, ocean systems like k____________23. populations are poorly understood, making informed d____________24. and effective a____________25. toward ocean conservation difficult.

25-10-고1-23

다음 글을 요약하고자 한다. 본문의 단어를 활용하여 빈칸에 알맞은 말을 채워 넣으시오. (단, 필요 시 형태를 변화시킬 것)

Rome was said to have been a melting pot from the very start. The historian Livy claimed the city's original population was comprised of immigrants flooding in from all directions, attracted by Romulus's deliberate policy of nondiscrimination. It was this initial openness, Livy asserts, that laid the foundations for the later strength and success of the city. Romans described their city as multicultural in the generations after its foundation. Tradition held that only a minority of the city's legendary kings were Romanborn, with the others all arriving as immigrants before being chosen for the throne for their virtues and merits. As the empire expanded across three continents, Rome eagerly adopted new cultural influences and absorbed incoming groups — perhaps a little too eagerly for some, who, like the poet Juvenal, complained about the rapid rate of cultural change.

From its founding, Rome was a m____________26. pot built on o____________27.. Livy wrote that Romulus's n____________28. policy attracted i____________29., forming the city's strength. Later kings and citizens reflected this diversity, though some, like Juvenal, lamented Rome's rapid c____________30. change.

25-10-고1-24

다음 글을 요약하고자 한다. 본문의 단어를 활용하여 빈칸에 알맞은 말을 채워 넣으시오. (단, 필요 시 형태를 변화시킬 것)

The laws and constants of physics and the fundamental forces in our universe have very precise forms and values. This means that, if they were only very slightly different, life would not have been possible. For instance, the precise value of gravity has enabled our universe to arise by permitting the aggregation of dust and gas particles to protostars around which planets later came to orbit, including the Earth around the Sun. If the value of the electron had been ever so slightly larger or smaller, chemistry, as we know it, would not have been possible and life, which is based on organic chemistry, could not have started. The universe was not designed for us to evolve, we have no privileged position in the universe; however, the laws and constants of physics allowed advanced life to evolve.

The universe's physical laws and c____________31. are finely tuned; even slight variations would prevent life. Precise g____________32. enabled star and planet formation, while electron properties made c____________33. possible. Though not d____________34. for us, these constants allowed complex life to e____________35..

25-10-고1-26

다음 글을 요약하고자 한다. 본문의 단어를 활용하여 빈칸에 알맞은 말을 채워 넣으시오. (단, 필요 시 형태를 변화시킬 것)

Dalip Singh Saund was an Indianborn American politician. After graduating from the University of Punjab in India, he moved to the U.S. to attend graduate school. He earned his doctoral degree at the University of California in 1924 but could not get a job because of his nationality. The next year, he began farming in Imperial Valley, but he was not able to buy land without U.S. citizenship. Dalip developed an interest in politics and he often spoke out on Indian and political topics. He went to Washington, D.C. and promoted a bill that would allow Indians to become U.S. citizens. The bill was passed in 1946, and three years later Dalip received U.S. citizenship. He later became the first Asian to be elected to the U.S. Congress.

Dalip Singh Saund, an I____________36.–born American, earned a Ph.D. in California but faced discrimination preventing employment and I____________37. ownership. He promoted a 1946 b____________38. granting Indians U.S. c____________39., gained his own in 1949, and became the f____________40. Asian U.S. congressman.

25-10-고1-29

다음 글을 요약하고자 한다. 본문의 단어를 활용하여 빈칸에 알맞은 말을 채워 넣으시오. (단, 필요 시 형태를 변화시킬 것)

Human beings have evolved to make the most of the resources available to them in ways that are subtle and complicated. When we change our diets, especially when we do so quickly, we are effectively conducting huge experiments in nutrition. We ought to have more humility. Nutritional science is still young and there is so much we do not know. If we have eaten certain foods in certain ways for millennia, we should assume until it is proven otherwise that there is probably a good reason why. Traditional foods that don't fit neatly on the contemporary dietary food plate should generally be chosen over highly processed ones that do. We should assume that traditionally made fatty blood sausages are preferable to lean, factory-made salamis; that spoonfuls of honey are superior to sprinkles of sweeteners. Witnessing how poorly traditional societies are faring as they undergo a nutrition transition should make those who have already completed it question whether their diets have moved too far.

Humans evolved to use r____________41. wisely, yet rapid d____________42. changes create risky nutrition experiments. Since nutritional science is young, t____________43. foods should be trusted over p____________44. ones. Modern diets' decline in traditional societies warns against straying too f____________45. from ancestral eating.

25-10-고1-30

다음 글을 요약하고자 한다. 본문의 단어를 활용하여 빈칸에 알맞은 말을 채워 넣으시오. (단, 필요 시 형태를 변화시킬 것)

While convenience and technology are crucial, they are not the only factors driving Gen Z's financial decisions. This generation is incredibly values-driven, and they want to bank with institutions that match their personal beliefs and values. Transparency is vital. Gen Z is skeptical of large corporations and institutions that lack accountability. They have grown up in a world where information is freely available, and they expect complete transparency from the brands they support. Banks, for example, must clearly communicate fees, terms, and conditions, as well as how they handle customers' data. Moreover, ethical banking practices are more important than ever. Gen Z cares about the environment, social justice, and the ethical implications of their financial decisions. They are interested in sustainable investing, supporting businesses that match their values, and ensuring that their money is not being used to fund harmful practices. Banks that offer socially responsible investment opportunities and are committed to environmental sustainability will attract Gen Z's attention.

Gen Z's f____________46. choices are shaped by values as much as convenience or technology. They demand t____________47., ethical practices, and s____________48.. S____________49. of corporations, they favor banks that clearly communicate, act responsibly, and align with their environmental and s____________50. beliefs.

25-10-고1-31

다음 글을 요약하고자 한다. 본문의 단어를 활용하여 빈칸에 알맞은 말을 채워 넣으시오. (단, 필요 시 형태를 변화시킬 것)

Myths aren't only stories. For example, a well-known myth that persists today is the supposed high iron content in spinach. This is a legend that dates back to 1890 and originates from a simple miscalculation by physiologist Gustav von Bunge. He accurately determined that 100 grams of spinach contained 35 milligrams of iron but he was analyzing dried spinach, which held ten times more iron than the same amount of fresh leafy greens. Although the error was swiftly corrected, the correction was just as swiftly forgotten. The myth had taken hold. Popeye, who gained superhuman strength from the leafy greens and defended himself with iron fists, contributed to its endurance and even today, some nearly 150 years later, parents the world over use this tale to try to persuade their children into eating the healthy vegetable.

The m__________51. of spinach's high iron content began in 1890 from Gustav von Bunge's m__________52. using dried, not fresh, spinach. Though c__________53., it persisted—popularized by Popeye—and still influences p__________54. encouraging children to eat the l__________55. vegetable today.

25-10-고1-32

다음 글을 요약하고자 한다. 본문의 단어를 활용하여 빈칸에 알맞은 말을 채워 넣으시오. (단, 필요 시 형태를 변화시킬 것)

The technical term often used to describe animals' judgement of numbers is the approximate number system. What it does not provide is precision. It shows—and this is the same in every species tested—a characteristic pattern of errors, with discrimination becoming less accurate as the quantities get bigger. Rhesus monkeys can tell one from two, two from three, three from four, four from five ... but start to fail from five upwards. Rats that learned to press a lever a given number of times, from four up to twenty-four, became markedly less and less precise in their responses as the number increased: by the top end of the range they would merely produce a spread of numbers around the target. It is a common observation that when testing the accuracy of animals' number sense, the size of the numbers matters.

Animals use an a__________56. number system to judge quantities, but it lacks p__________57.. A__________58. decreases as numbers grow larger—monkeys struggle beyond five, and rats pressing levers become imprecise at higher counts—showing number s__________59. affects animals' numerical d__________60..

25-10-고1-33

다음 글을 요약하고자 한다. 본문의 단어를 활용하여 빈칸에 알맞은 말을 채워 넣으시오. (단, 필요 시 형태를 변화시킬 것)

Despite the cultural trope depicting emotions as the opposite of rational thought, cognition — what we commonly refer to as thinking — is actually a key building block of emotion. How we think about our circumstances shapes the emotions we experience; then those emotions echo back to influence how we think. For instance, if you walk into a test thinking you are bad at taking tests, your anxiety will be increased. Then you don't feel good about your performance on the test, and that becomes evidence for continuing to think that you're bad at test taking. In this way there's simply no pulling emotion and cognition apart. This bi-directionality of cognition and emotion allows us to adjust difficult emotions by changing the way we think. By thinking differently — I get nervous sometimes, but I'm still a good test taker, or that nervous feeling is just excitement and anticipation, it means I'm ready — you can work those pathways to your advantage.

Emotion and c__________61. are interconnected, each s__________62. the other. Thoughts influence feelings, and emotions affect t__________63.. Negative beliefs, like fearing tests, heighten a__________64., while reframing thoughts —seeing nerves as readiness—can regulate emotions, improving confidence and performance through c__________65. adjustment.

25-10-고1-34

다음 글을 요약하고자 한다. 본문의 단어를 활용하여 빈칸에 알맞은 말을 채워 넣으시오. (단, 필요 시 형태를 변화시킬 것)

What is the Capabilities Approach (CA), and why would lawyers passionate about animal justice care about it? It is easy to say what it is not. The CA does not rank animals by likeness to humans or seek special privileges for those considered most "like us," as do some other popular theoretical approaches. The CA has concern for the finch and the pig as much as the whale and the elephant. And it argues that the human form of life is simply irrelevant when we think about what each type of animal needs and deserves. What is relevant is their own forms of life. Just as humans seek to be able to enjoy the characteristic goods of a human life, so a finch seeks a finch's life and the whale a whale's life. We should extend ourselves and learn, not lazily picture animals as lesser humans, seeking a life sort of like our own. According to the CA, each sentient creature should have the opportunity to flourish in the form of life characteristic for that creature.

The C__________66. Approach (CA) values each animal's ability to flourish according to its o__________67. nature, not its similarity to humans. It rejects ranking species by human l__________68., emphasizing that every s_________ _69. being deserves opportunities suited to its c__________70. life.

25-10-고1-35

다음 글을 요약하고자 한다. 본문의 단어를 활용하여 빈칸에 알맞은 말을 채워 넣으시오. (단, 필요 시 형태를 변화시킬 것)

Social media serves as an important context to facilitate autobiographical remembering. Personal events posted on social media platforms are better remembered and less forgotten than those not posted, independent of the characteristics of the events. This may be because sharing memories online allows individuals to rehearse and make sense of what happened, thus facilitating longterm memory retention. Online feedback such as comments and likes as well as technological features such as algorithms and periodic reminders can further serve as memory cues for the posted event details. As a result, event details shared on social media are likely stabilized and remembered over time, whereas those not shared may become inaccessible or forgotten.

Sharing personal events on social media strengthens a____________71. memory. Posting helps people r____________72. and interpret experiences, while comments, likes, and reminders act as c____________73.. Thus, s____________74. events remain memorable over time, unlike unposted ones, which fade or become i____________75..

25-10-고1-36

다음 글을 요약하고자 한다. 본문의 단어를 활용하여 빈칸에 알맞은 말을 채워 넣으시오. (단, 필요 시 형태를 변화시킬 것)

Multisensory experiences are a central part of our everyday lives, yet we often take them for granted, especially when our senses function normally or are corrected to normal with aids like glasses. However, closer inspection to any, even the most ordinary experiences, reveals the remarkable multisensory world in which we live. Consider the experience of eating a regular meal. At first, it may seem like an ordinary experience, but it is actually a fusion of the senses. We first eat with our eyes, but we are also exposed to countless sensory signals that influence our eating experience such as food textures, tastes, and smells. And it does not stop there. Even the sounds that come both from the atmospheres in which we eat and our interactions with the food (such as chewing) and the tools we use to eat influence our eating experience.

Everyday life is rich with m____________76. experiences, though often t____________77. for granted. E____________78., for example, involves sight, smell, taste, touch, and sound—each shaping perception. Visual appeal, texture, aroma, and even chewing or ambient sounds combine to create a unified s____________79. dining e____________80..

25-10-고1-37

다음 글을 요약하고자 한다. 본문의 단어를 활용하여 빈칸에 알맞은 말을 채워 넣으시오. (단, 필요 시 형태를 변화시킬 것)

As children, the principle of opposites is foreign. Children perceive words and their meanings separately from each other. It is only in later development that we understood that individual words directly connect to one another. For many children, for instance, it is not clear that 'Right' is the opposite of 'Left'. A vivid example of this can be seen when children learn to ride a bicycle. If parents tell their child "Don't go to the left," they will often find that the child will continue riding straight ahead and not automatically turn to the right. The same applies to the logical connection between 'Yes' and 'No' as perceived by parents. When we were children and were told, for example, "No, don't eat with your hands," we were confused and didn't know what our parents expected from us. Our confusion was about whether we should continue eating or not and if so, how? Only later did we recognize the connection and understand that we should continue eating, but not with our hands but with a fork or a spoon.

C__________81. initially fail to grasp o__________82., seeing words s__________83.. When told "Don't go left," they may go straight, not right. Similarly, "No, don't eat with your hands" c__________84. them until later u__________85. that opposites imply alternative actions.

25-10-고1-38

다음 글을 요약하고자 한다. 본문의 단어를 활용하여 빈칸에 알맞은 말을 채워 넣으시오. (단, 필요 시 형태를 변화시킬 것)

Humans are not the most social animal. Ants, bees, and termites put humanity to shame on many metrics of sociality. A wide variety of relatives live together with perfectly harmonious behavior and collectively care for their young. But while insect colonies are impressively social places, it's not our kind of social life. Bees always build hexagonal hives, ants march in lines, and termites move in zigzag formations. These patterns recur predictably because they are tightly programmed genetically and propelled pheromonally. We humans are more free, less tightly programmed genetically, so our social patterns can be more diverse and dynamic. Every group dances a slightly different dance, and these choreographies change across generations. We still think and act in ways that are in harmony with others around us, but it is through patterns that are more shaped by nurture, not just nature.

Insects like ants and bees surpass humans in s__________86. coordination, guided by g__________87. and chemical p__________88.. Human sociality, however, is freer and more flexible—shaped by culture and learning—allowing d__________89., changing social patterns across groups and g__________90..

25-10-고1-39

다음 글을 요약하고자 한다. 본문의 단어를 활용하여 빈칸에 알맞은 말을 채워 넣으시오. (단, 필요 시 형태를 변화시킬 것)

Those who purchase the goods of a company are called customers. Individuals who purchase goods for personal use are called consumers: beings who consume. Therefore, companies have invented multiple ways to ensure that their customers consume the produced items in larger and larger quantities and more and more frequently. Those who sell food have an easy time, for food is literally consumed, so there is always a need to purchase new food. But with more permanent things, companies must invent reasons for their customers to continue to consume them. One approach is to make the stuff that people already have outdated by convincing them that it is no longer fashionable. The entire fashion industry is built to convince people that fashion matters, so they must purchase new clothing, even though the old is still perfectly functionable. Fashion today extends to far more things than clothes: automobiles, mobile phones, computers — the list is extended indefinitely, limited only by the limits of the creative minds of the marketing divisions of companies.

C__________91. buy goods, while c__________92. use them. To boost consumption, companies encourage f__________93. replacement, especially for durable items, by making them seem o__________94.. Fashion drives this cycle, now e__________95. beyond clothing to cars, phones, and countless marketed products.

25-10-고1-40

다음 글을 요약하고자 한다. 본문의 단어를 활용하여 빈칸에 알맞은 말을 채워 넣으시오. (단, 필요 시 형태를 변화시킬 것)

Kivetz, Urminsky, and Zheng partnered with a café to test the motivating effect of illusory progress in an experiment. Customers received a reward card that offered one free coffee after they'd bought ten. While half of the customers received a card with ten open slots, the other half got a card with twelve open slots. Yet the twelve-slot card had two preexisting "bonus" stamps, so, strictly speaking, these were identical reward programs. Every customer who got a card needed to make ten coffee purchases (and collect ten stamps) to get their free coffee. But the appeal of the free stamps was high. People who thought they'd gotten a head start came back to the café more often, filling in their reward card more quickly than the others. When the card came with two out of twelve slots already filled, it felt to customers like they were already 16 percent finished with the goal before they'd even started. Believing they were closer to the reward, they were more motivated to reach the finish line.

In an experiment by Kivetz, Urminsky, and Zheng, café customers with r__________96. cards showing two pre-stamped slots bought coffee more o__________97.. The illusion of progress—feeling 16% c__________98. to the goal—m__________99. faster completion of i__________100. ten-purchase reward programs.

25-10-고1-41~42

다음 글을 요약하고자 한다. 본문의 단어를 활용하여 빈칸에 알맞은 말을 채워 넣으시오. (단, 필요 시 형태를 변화시킬 것)

Creativity is the ability to generate novel and valuable ideas. It involves divergent thinking, imagination, and a willingness to experiment and take risks. While AI can be a powerful tool for creative efforts, it also carries the risk of limiting originality and innovation. AI algorithms are trained on existing datasets, often identifying patterns and trends in past creations. While this can be useful for generating new content in similar styles or formats, it can also lead to derivative works that lack genuine originality. If artists and designers rely too heavily on AI for inspiration and content generation, they may find themselves trapped in a cycle of imitation, unable to break free from the constraints of the AI's training data. Moreover, the ease with which AI can generate content can discourage the kind of struggle and experimentation that often leads to breakthroughs. The creative process is often messy and repetitive, involving numerous failures and setbacks. It is through these challenges that we refine our skills, develop our unique perspectives, and push the boundaries of what is possible. If AI provides instant solutions, it can skip this essential process of learning through trial and error, ultimately inhibiting the development of true creative talent.

Creativity involves i___________101., risk-taking, and producing original ideas. While AI can assist creativity, reliance on its p___________102.-based outputs risks i___________103. and reduced o___________104.. True creativity requires struggle, experimentation, and failure—processes AI's i___________105. solutions may undermine, hindering genuine artistic growth.

25-10-고1-43~45

다음 글을 요약하고자 한다. 본문의 단어를 활용하여 빈칸에 알맞은 말을 채워 넣으시오. (단, 필요 시 형태를 변화시킬 것)

When billionaire James Walker was once asked by a journalist, "Is there anyone richer than you?", he replied, "Yes, there is one young man I'll never forget." He told the story of when he first met David at a New York airport. Years ago, James was broke and stuck at the airport, killing time reading newspaper headlines at the newsstand. One headline caught his eye, but he had no money to buy the paper. Just then, David, working at the newsstand noticed James. He asked, "Would you like to buy this, sir?" But, James hesitated, saying he had no money. David smiled and said, "Me, too. But I have enough for this. Take it as a gift." Three months later, James, still broke, met him at the newsstand once more. Again, David gave him a newspaper without expecting anything in return. Years passed and James became a wealthy businessman, but he never forgot the young man he had met at the airport. He found David running a small bookstore and visited him there. He introduced himself, saying, "David, you helped me twice when you had almost nothing. I want to give you anything you wish." He looked at him and said, "You can't truly compensate me." James asked, "Why not?" David replied, "Because I gave to you when I had almost nothing. You're offering me something now that you have everything. That's just generosity at convenience. So, I can't accept your offer." James realized that money doesn't make someone rich. Remembering that moment, he said to the journalist, "It's the willingness to give even when you have very little that makes you wealthy. And so, David is the richest person I have ever met."

When b___________106. James Walker recalled his past, he shared how a poor n___________107. worker, David, twice gave him a free newspaper when he was b___________108.. Years later, wealthy James offered repayment, but David refused, teaching him that true w___________109. lies in g___________110. even when one has little.

정답

WORK BOOK

—

2025 시행 고1 10월 모의고사 내신대비용 WorkBook & 변형문제

Answers

1) express
2) loyalty
3) new
4) airing
5) include
6) share
7) promote
8) shortly
9) headed
10) nothing
11) called
12) laughing
13) turned
14) laugh
15) Everything
16) aspects
17) is
18) let
19) due to
20) conscious
21) constantly
22) consistent
23) simple
24) that
25) it
26) that
27) have
28) injustice
29) low-income
30) create
31) increase
32) more
33) rise
34) results in
35) were intended
36) live
37) degraded
38) low
39) increasing
40) public
41) massive
42) what
43) vague
44) personal
45) long-term
46) like
47) more
48) take
49) was
50) initial
51) described
52) after
53) minority
54) were
55) expanded
56) adopted
57) absorbed
58) rapid
59) fundamental
60) that
61) different
62) has
63) permitting
64) had
65) possible
66) which
67) evolve
68) allowed
69) moved
70) attend
71) earned
72) because of
73) to become

74) was passed
75) received
76) have
77) them
78) subtle
79) complicated
80) more
81) much
82) have
83) neatly
84) highly
85) do
86) that
87) are
88) poorly
89) have
90) have
91) are
92) driving
93) match
94) skeptical
95) have
96) complete
97) communicate
98) are
99) financial
100) supporting
101) are
102) that
103) originates
104) that
105) analyzing
106) which
107) correction
108) had
109) defended
110) contributed
111) to persuade
112) describe
113) is
114) less
115) fail
116) precise
117) merely
118) that
119) matters
120) Despite
121) what
122) shapes
123) echo
124) increased
125) bad
126) allows
127) difficult
128) differently
129) advantage
130) it
131) seek
132) popular
133) much
134) that
135) irrelevant
136) relevant
137) enjoy
138) extend
139) picture
140) creature
141) autobiographical
142) are
143) those
144) independent
145) because
146) what
147) facilitating
148) further
149) shared
150) likely

151) inaccessible
152) central
153) normally
154) with
155) ordinary
156) reveals
157) in which
158) Consider
159) ordinary
160) influence
161) come
162) influence
163) principle
164) separately
165) that
166) directly
167) not
168) vivid
169) that
170) connection
171) were told
172) were confused
173) did
174) understand
175) social
176) shame
177) perfectly
178) collectively
179) impressively
180) because
181) more
182) less
183) slightly
184) others
185) nurture
186) nature
187) are
188) are
189) have
190) that
191) frequently
192) always
193) permanent
194) them
195) them
196) convince
197) perfectly
198) more
199) creative
200) progress
201) offered
202) the
203) identical
204) was
205) **filling**
206) the
207) before
208) more
209) generate
210) take
211) limiting
212) past
213) similar
214) lack
215) heavily
216) themselves
217) generate
218) failures
219) that
220) possible
221) inhibiting
222) killing
223) noticed
224) anything
225) had
226) anything
227) Because

228) that
229) little
230) have

반칸형 **Answers**

1) appreciation
2) loyalty
3) campaign
4) airing
5) valued
6) invaluable
7) headed
8) sense
9) end
10) line
11) help
12) relief
13) sustaining
14) stuck
15) alive
16) conscious
17) reaching
18) consistent
19) value
20) reinforcing
21) resource
22) invested
23) maintaining
24) regeneration
25) degraded
26) promoted
27) wellbeing
28) injustice
29) households
30) paradox
31) attractiveness
32) desirable.
33) rent
34) exclusion
35) displacement
36) intended
37) infrastructure
38) seeping
39) agenda
40) overdue.
41) obstacle
42) initially
43) vague
44) case
45) generally
46) going
47) engine
48) context
49) action
50) melting
51) pot
52) population
53) comprised
54) flooding
55) directions
56) deliberate
57) nondiscrimination
58) initial
59) later
60) multicultural
61) minority
62) throne
63) virtues
64) merits
65) adopted
66) incoming
67) eagerly
68) rate

69) constants
70) fundamental
71) precise
72) possible
73) universe
74) aggregation
75) protostars
76) orbit
77) value
78) designed
79) privileged
80) advanced
81) attend
82) earned
83) nationality
84) citizenship
85) interest
86) promoted
87) bill
88) passed
89) elected
90) available
91) subtle
92) diets
93) conducting
94) experiments
95) ought
96) humility
97) proven
98) Traditional
99) neatly
100) contemporary
101) processed
102) preferable
103) lean
104) spoonfuls
105) sweeteners
106) faring
107) transition
108) question
109) convenience
110) financial
111) bank
112) match
113) Transparency
114) vital
115) skeptical
116) corporations
117) accountability
118) expect
119) support
120) terms
121) conditions
122) ethical
123) practices
124) implications
125) sustainable
126) fund
127) responsible
128) committed
129) sustainability
130) attract
131) persists
132) content
133) originates
134) miscalculation
135) analyzing
136) fresh
137) swiftly
138) hold
139) endurance
140) tale
141) persuade
142) term
143) approximate
144) precision
145) characteristic

146) discrimination
147) quantities
148) upwards
149) increased
150) range
151) spread
152) target
153) accuracy
154) sense
155) size
156) matters
157) trope
158) building
159) echo
160) anxiety
161) performance
162) evidence
163) apart
164) directionality
165) adjust
166) anticipation
167) advantage
168) passionate
169) rank
170) likeness
171) privileges
172) concern
173) irrelevant
174) relevant
175) forms
176) characteristic
177) extend
178) lesser
179) sentient
180) flourish
181) creature
182) serves
183) facilitate
184) platforms
185) independent
186) rehearse
187) retention
188) feedback
189) features
190) periodic
191) cues
192) stabilized
193) inaccessible
194) granted
195) corrected
196) aids
197) inspection
198) ordinary
199) remarkable
200) fusion
201) exposed
202) textures
203) atmospheres
204) interactions
205) opposites
206) foreign
207) separately
208) development
209) directly
210) straight
211) automatically
212) applies
213) logical
214) confused
215) expected
216) later
217) recognize
218) humanity
219) shame
220) metrics
221) harmonious
222) collectively

223) colonies
224) impressively
225) march
226) recur
227) genetically
228) propelled
229) patterns
230) dynamic
231) choreographies
232) generations
233) nurture
234) nature
235) customers
236) personal
237) produced
238) quantities
239) frequently
240) easy
241) need
242) permanent
243) invent
244) outdated
245) convincing
246) fashionable
247) functionable
248) extended
249) limits
250) creative
251) motivating
252) illusory
253) reward
254) preexisting
255) identical
256) appeal
257) head
258) filled,
259) finished
260) started
261) closer
262) reward
263) motivated
264) reach
265) novel
266) divergent
267) willingness
268) originality
269) existing
270) identifying
271) past
272) formats
273) derivative
274) rely
275) inspiration
276) content
277) trapped
278) imitation
279) constraints
280) discourage
281) breakthroughs
282) repetitive
283) setbacks
284) refine
285) boundaries
286) instant
287) inhibiting
288) broke
289) stuck
290) killing
291) hesitated
292) return
293) wealthy
294) introduced
295) compensate
296) generosity
297) convenience
298) Remembering
299) willingness

300) little

Quiz 1 **Answers**

1. [정답] ②
2. [정답] ③
3. [정답] ④
4. [정답] ③
5. [정답] ③
6. [정답] ③
7. [정답] ②
8. [정답] ③
9. [정답] ⑤
10. [정답] ③
11. [정답] ②
12. [정답] ⑤
13. [정답] ②
14. [정답] ②
15. [정답] ②
16. [정답] ②
17. [정답] ②
18. [정답] ②
19. [정답] ④
20. [정답] ③
21. [정답] ④
22. [정답] ③
23. [정답] (A)-(C)-(B)
24. [정답] (A)-(B)-(C)
25. [정답] (B)-(C)-(A)
26. [정답] (B)-(C)-(A)
27. [정답] (A)-(C)-(B)
28. [정답] (C)-(A)-(B)
29. [정답] (B)-(A)-(C)
30. [정답] (C)-(B)-(A)
31. [정답] (A)-(C)-(B)
32. [정답] (B)-(C)-(A)
33. [정답] (C)-(B)-(A)
34. [정답] (A)-(C)-(B)
35. [정답] (C)-(A)-(B)
36. [정답] (B)-(A)-(C)
37. [정답] (B)-(C)-(A)
38. [정답] (A)-(B)-(C)
39. [정답] (C)-(B)-(A)
40. [정답] (A)-(C)-(B)
41. [정답] (C)-(B)-(A)
42. [정답] (C)-(A)-(B)
43. [정답] (A)-(C)-(B)
44. [정답] (B)-(C)-(A)

Quiz 2 **Answers**

1. [정답 및 해설] ②
ⓑ betrayal => loyalty
ⓒ exclude => include
ⓔ little => few

2. [정답 및 해설] ③
ⓒ knowing not => Not knowing
ⓓ missed => missing

3. [정답 및 해설] ⑤
ⓖ with => of
ⓗ forcing => reinforcing
ⓘ requested => invested

4. [정답 및 해설] ④
ⓐ generation => regeneration
ⓘ from => in

5. [정답 및 해설] ②
ⓑ sweeping => seeping
ⓔ that => what
ⓘ most => least

6. [정답 및 해설] ⑤
ⓑ stereotype => original
ⓖ discrimination => nondiscrimination
ⓟ rejected => absorbed

7. [정답 및 해설] ①
ⓒ uniform => different
ⓕ obligation => aggregation
ⓖ which => around which

8. [정답 및 해설] ②
ⓑ attend to => attend
ⓒ politic => politics

9. [정답 및 해설] ③
ⓑ more => most
ⓓ are => do
ⓘ neat => neatly

10. [정답 및 해설] ①
ⓓ matches => match
ⓔ transformation => Transparency
ⓖ pretension => attention

11. [정답 및 해설] ①
ⓐ perishes => persists
ⓒ originates => originates from
ⓙ offended => defended

12. [정답 및 해설] ⑤
ⓔ specie => species
ⓙ abnormal => common
ⓛ inaccuracy => accuracy

13. [정답 및 해설] ①
ⓐ although => Despite
ⓔ shape => shapes

14. [정답 및 해설] ③
ⓕ considering => considered
ⓜ expend => extend
ⓟ wither => flourish

15. [정답 및 해설] ⑤
ⓑ worsen => facilitate
ⓕ rehearse => to rehearse
ⓚ is => are

16. [정답 및 해설] ④
ⓐ get => take
ⓙ where => that

17. [정답 및 해설] ①
ⓓ which => that
ⓙ unreasonable => logical
ⓝ were => did

18. [정답 및 해설] ③
ⓘ less => more

ⓝ nurture => nature

19. [정답 및 해설] ①
ⓔ prolonged => outdated
ⓕ what => that

20. [정답 및 해설] ③
ⓓ compartive => identical
ⓙ undone => finished
ⓛ less => more

21. [정답 및 해설] ①
ⓒ freeing => limiting
ⓙ able => unable
ⓛ encourage => discourage

22. [정답 및 해설] ②
ⓐ that => when
ⓒ less => more

23. [정답 및 해설]
① distrust ➜ trust
② betrayal ➜ loyalty
③ exclude ➜ include
④ valuing ➜ valued
⑥ valueless ➜ invaluable

24. [정답 및 해설]
① headed ➜ headed to
③ knowing not ➜ Not knowing
④ missed ➜ missing
⑥ laughing ➜ laugh
⑦ finely ➜ fine

25. [정답 및 해설]
③ got ➜ get
④ an abundance ➜ a lack
⑤ living ➜ alive
⑥ forcing ➜ maintaining
⑧ forcing ➜ reinforcing

26. [정답 및 해설]
① generation ➜ regeneration
② promoted ➜ been promoted
③ ethic ➜ ethnic
⑥ in addition ➜ By contrast
⑪ assess ➜ access

27. [정답 및 해설]
② sweeping ➜ seeping
⑦ what ➜ that
⑫ most ➜ least
⑬ text ➜ context
⑭ disscuss about ➜ discuss

28. [정답 및 해설]
④ consisted ➜ comprised
⑨ failure ➜ success
⑫ arrived ➜ arriving
⑭ contracted ➜ expanded
⑯ rejected ➜ absorbed

29. [정답 및 해설]
② vague ➜ precise

⑥ obligation ➔ aggregation
⑦ which ➔ around which
⑧ has ➔ had
⑨ impossible ➔ possible

30. [정답 및 해설]
② attend to ➔ attend
③ politic ➔ politics
④ processed ➔ promoted
⑥ rejected ➔ received
⑦ elect ➔ be elected

31. [정답 및 해설]
① revolved ➔ evolved
⑤ deducting ➔ conducting
⑥ less ➔ more
⑨ neat ➔ neatly
⑭ inferior ➔ superior

32. [정답 및 해설]
③ banking ➔ bank
④ matches ➔ match
⑦ irresponsibility ➔ accountability
⑧ unavailable ➔ available
⑭ resistable ➔ sustainable

33. [정답 및 해설]
② context ➔ content
③ originates ➔ originates from
⑥ less ➔ more
⑦ different ➔ same
⑪ insurance ➔ endurance

34. [정답 및 해설]
④ different ➔ same
⑤ specie ➔ species
⑥ more ➔ less
⑪ observance ➔ observation
⑫ inaccuracy ➔ accuracy

35. [정답 및 해설]
① although ➔ Despite
② similar ➔ opposite
⑤ shape ➔ shapes
⑥ effect ➔ influence
⑩ participation ➔ anticipation

36. [정답 및 해설]
② indifferent ➔ passionate
③ cares ➔ care
⑥ considering ➔ considered
⑦ are ➔ do
⑭ us ➔ ourselves

37. [정답 및 해설]
① content ➔ context
② impede ➔ facilitate
⑦ that ➔ what
⑩ sociable ➔ social
⑪ is ➔ are

38. [정답 및 해설]
② abnormally ➔ normally

③ retrospection ➔ inspection
④ extraordinary ➔ ordinary
⑨ confusion ➔ fusion
⑩ where ➔ that

39. [정답 및 해설]
① principal ➔ principle
② are ➔ is
⑪ fused ➔ confused
⑫ that ➔ what
⑬ fusion ➔ confusion

40. [정답 및 해설]
② individuality ➔ sociality
③ so ➔ But
⑪ uniform ➔ different
⑬ nature ➔ nurture
⑭ nurture ➔ nature

41. [정답 및 해설]
④ temporary ➔ permanent
⑤ prolonged ➔ outdated
⑦ of that ➔ that
⑧ despite ➔ though
⑩ limitless ➔ limited

42. [정답 및 해설]
① affect ➔ effect
③ prevented ➔ offered
④ compartive ➔ identical
⑤ customers ➔ customer
⑧ filled ➔ filling

43. [정답 및 해설]
① valueless ➔ valuable
② convergent ➔ divergent
⑥ inventive ➔ derivative
⑫ encourage ➔ discourage
⑯ that ➔ what

44. [정답 및 해설]
① that ➔ when
④ something ➔ anything
⑥ genuineness ➔ generosity
⑦ relieved ➔ realized
⑧ remember ➔ Remembering

Quiz 3 **Answers**

1. ④
해설
① 감사의 표현이 서두에 포함되어 있으나, 글의 핵심 목적을 포괄하지 못합니다.
② 새로운 여행 상품의 발표에 대한 내용은 제시되지 않습니다.
③ 고객 로열티 프로그램 참여 요청이 아니라, 경험 공유 요청이 중심입니다.
④ 광고 캠페인을 위해 고객 경험을 제공해 달라는 요청이 글의 핵심 목적이므로 가장 적절합니다.
⑤ 서비스 정책 설명이나 안내를 다루지 않습니다.

2. ①
해설
① 이 글은 쇼핑 후 주차한 차가 없다고 착각했지만, 알고 보니 남편의 차를 타고 나왔던 단순한 실수였음을 깨닫고 안도감을 느낀 이야기입니다. 따라서 ① Relief after realizing a simple mistake가 글의 핵심 주제를 가장 잘 반영합니다.
② 는 실제 도난 사건이 아니므로 부적절합니다.
③ 은 유머 요소가 있긴 하지만, 글의 초점은 오해가 풀린 안도감입니다.
④ 는 부부 간 의사소통이 중심 주제가 아닙니다.
⑤ 는 스트레스나 과로로 인한 건망증을 다루지 않습니다.

3. ②
해설
① 은 심리적 이점을 다루지 않으며, 글의 초점은 관계 유지 방법입니다.
② 는 지속적인 관계 유지를 위한 일관된 소통의 중요성을 강조하므로 핵심 주제와 일치합니다.
③ 은 갈등 해결 방법을 다루지 않습니다.
④ 는 공감보다는 연락의 지속성과 의도적 유지에 초점을 둡니다.
⑤ 는 과도한 소통의 부정적 영향을 언급하지 않으므로 부적절합니다.

4. ③
해설
① 은 녹지 개발의 경제적 이익에 초점을 맞추지만, 글은 부정적 역효과를 다룹니다.
② 는 해결책을 제시하지 않으며, 글은 문제점을 분석합니다.
③ 은 저소득 지역에서 녹지 조성이 오히려 기존 주민의 축출로 이어지는 '도시 녹지 역설'을 설명하므로 핵심 주제에 부합합니다.
④ 는 도시재생의 역사적 배경이 아니라 현재의 사회적 문제를 다룹니다.
⑤ 는 주택 가격과 환경정책의 관계를 언급하긴 하지만, 글의 초점은 녹지 확충의 역효과에 있습니다.

5. ②
해설
① 은 크릴의 역할을 일부 예로 들고 있지만, 글의 초점은 바다 전체에 대한 이해의 필요성입니다.
② 는 해양 문제를 논의하고 해결하기 위해서는 먼저 해양의 작동 원리를 이해해야 한다는 점을 강조하므로 글의 핵심 주제와 일치합니다.
③ 은 인간 활동의 영향을 직접적으로 다루지 않습니다.
④ 는 교육 방법 자체가 아니라, 해양 지식의 부족을 문제로 삼습니다.
⑤ 는 정부의 대응 지연이 아닌, 사회적 인식과 이해 부족을 중점적으로 다룹니다.

6. ②
해설
① 은 제국 확장의 정치적 주체를 강조하나, 글의 초점은 다양성의 역할입니다.
② 는 초기 이민자 수용 정책과 문화적 개방성이 로마의 성장과 강성의 기반이 되었음을 강조하므로 글의 핵심 주제와 일치합니다.
③ 은 반이민 정서를 일부 언급하지만, 주제의 중심은 포용과 융합입니다.

④ 는 제도적 기원보다 문화적 기원을 중심으로 논의되므로 부적절합니다.
⑤ 는 리비우스의 기록의 사실 여부가 아니라, 그의 주장이 전달하는 의미에 초점을 둡니다.

7. ②
해설
① 은 우주가 인간을 위해 설계되었다는 논쟁을 다루지 않으며, 글은 오히려 이를 부정합니다.
② 이 글은 물리 법칙과 상수들이 매우 정밀하게 조정되어 있어, 그 값이 조금만 달라도 생명이 존재할 수 없었을 것이라는 과학적 관점을 설명합니다. 따라서 ② Scientific explanation for the fine-tuning of the universe가 글의 핵심 주제를 가장 잘 반영합니다.
③ 은 중력의 역할을 부분적으로 언급하지만 주제의 일부에 불과합니다.
④ 는 화학의 중요성을 언급하나, 중심은 우주 상수의 정밀성입니다.
⑤ 는 창조론적 논쟁을 다루지 않으며, 글은 과학적 관찰에 기반하고 있습니다.

8. ⑤
해설
① 농업 현장의 어려움만을 강조하여 지문의 핵심인 시민권 획득과 정치적 성취를 포괄하지 못합니다.
② 대학원 교육의 영향에 초점을 두지만, 지문은 교육보다 시민권 법 통과와 정치 입문을 중심으로 전개됩니다.
③ 1946년 법안의 세부 절차를 다루지 않으며, 지문은 법 제정의 영향과 개인의 여정을 강조합니다.
④ 국적에 따른 고용차별은 일부 근거이지만, 전체 서사는 시민권 취득과 최초의 아시아계 연방 하원의원 당선으로 귀결됩니다.
⑤ 인도 출신 이민자인 사운드가 시민권 법 통과를 추진하고 시민권을 얻은 뒤 미 연방 의회에 최초의 아시아계로 선출된 과정을 종합하여 제시하므로 지문의 핵심 주제를 가장 정확히 반영합니다.

9. ①
해설
① 은 인류가 오랜 세월 유지해온 전통적 식습관을 급격히 바꾸는 데 있어 신중함과 겸손이 필요하다는 주장을 정확히 반영하므로 핵심 주제에 부합합니다.
② 는 영양학의 발전 과정을 중심으로 하지 않습니다.
③ 은 예시 중 하나를 과도하게 좁혀 주제를 축소시킵니다.
④ 는 산업적 식품 생산의 영향만 강조하나 글의 초점은 식단 변화의 속도와 신중함입니다.
⑤ 는 식문화 다양성보다 전통 식습관의 가치에 중점을 둡니다.

10. ②
해설
① 은 기술적 편의성만 강조하지만, 글의 핵심은 Gen Z가 윤리성과 투명성을 중시하며 가치관에 맞는 금융기관을 선호한다는 점입니다.
② 는 이러한 세대적 특성과 은행이 가져야 할 대응 원칙(투명성, 사회적 책임, 지속가능성)을 모두 포괄하므로 핵심 주제에 가장 부합합니다.
③ 은 지속가능 투자에 관한 부분적 내용을 강조하지만, 글 전체의 중심은 금융 전반의 가치 기반 선택입니다.
④ 는 금융 리터러시나 SNS의 역할을 다루지 않습니다.
⑤ 는 비용 절감이나 혁신 전략이 아닌, 윤리적 금융관계 형성

을 다룹니다.

11. ①
해설
①은 시금치의 철분 함량에 관한 잘못된 믿음이 어떻게 생겨나고 오랫동안 지속되었는지를 설명하므로 글의 핵심 주제와 완전히 일치합니다.
②는 미디어가 직접적인 확산 원인으로 언급되지 않았으므로 부적절합니다.
③은 시금치의 상징적 의미보다는 사실적 오류에 초점을 둡니다.
④는 영양학적 발견보다는 잘못된 계산과 그 영향이 중심입니다.
⑤는 신화의 심리적 지속 이유보다는 구체적 사례의 기원을 다룹니다.

12. ①
해설
①은 동물이 수량을 판단할 때 수가 커질수록 정확성이 떨어지는 경향, 즉 수 크기와 판단 정확도의 관계를 명확히 설명하므로 글의 핵심 주제를 가장 잘 반영합니다.
②는 종 간의 능력 차이를 비교하지 않으므로 부적절합니다.
③은 기원에 대한 논의가 없습니다.
④는 실험 방법이 언급되지만, 중심 내용은 결과의 경향성입니다.
⑤는 훈련의 효과보다는 본질적 한계를 다루고 있습니다.

13. ②
해설
①은 감정 표현에 대한 문화적 고정관념을 다루지 않으며, 글의 초점은 인지와 감정의 상호작용입니다.
②는 사고가 감정을 형성하고, 감정이 다시 사고를 영향을 미치며, 생각을 바꿈으로써 감정을 조절할 수 있다는 내용을 가장 정확히 반영합니다.
③은 시험 수행력이나 감성 지능의 관계를 직접 다루지 않습니다.
④는 연습을 통한 두려움 극복이 아닌, 사고 전환을 통한 감정 조절을 설명합니다.
⑤는 자기 인식보다는 인지적 과정의 작용에 초점을 둡니다.

14. ③
해설
①은 모든 생명체의 도덕적 평등을 강조하지만, 글은 구체적으로 역량 접근법(CA)의 핵심 원리를 설명합니다.
②는 인간 중심적 이론의 한계를 언급하긴 하지만, 그것은 부차적 내용입니다.
③은 각 생명체가 자신의 종 특성에 맞는 삶을 누릴 수 있도록 하는 것이 CA의 본질이라는 글의 주장을 정확히 반영합니다.
④는 종 다양성에 대한 윤리적 의무를 다루지 않습니다.
⑤는 여러 철학적 견해의 비교가 아닌, 특정 접근법(CA)의 설명에 초점을 둡니다.

15. ①
해설
①은 소셜미디어에 개인적 경험을 공유하는 것이 기억을 강화하고 잊힘을 줄이는 인지적 이점을 설명하므로 글의 핵심 주제를 가장 정확히 반영합니다.
②는 댓글과 좋아요의 역할을 언급하긴 하지만, 글의 중심은 '기억 향상'입니다.

③은 주의력 감소와 관련이 없으며, 글의 초점과 다릅니다.
④는 감정 표현이 아닌 기억 유지에 관한 내용입니다.
⑤는 온라인과 오프라인 기억의 비교를 직접적으로 다루지 않습니다.

16. ②
해설
①은 보조기구의 역할에 초점을 맞추지만, 글의 중심은 일상 속 감각의 통합입니다.
②는 먹는 행위와 같은 일상적 경험이 여러 감각의 융합으로 이루어져 있음을 설명하므로 글의 핵심 주제를 가장 잘 반영합니다.
③은 청각의 영향만을 좁게 다룹니다.
④는 시각적 요인에 한정되며, 다감각적 맥락을 포함하지 않습니다.
⑤는 환경적 요인보다는 감각의 상호작용을 중심으로 논의합니다.

17. ④
해설
①은 도덕 학습보다는 언어 인식 발달에 관한 내용입니다.
②는 명령어의 이해보다는 '반대 개념'의 인지 발달이 중심 주제입니다.
③은 모방 학습의 역할을 다루지 않습니다.
④는 어린 시절 단어의 반대 의미를 이해하지 못하다가 발달 과정에서 논리적 관계를 인식하게 되는 변화를 정확히 반영합니다.
⑤는 맥락의 중요성보다는 인지적 성장 과정이 핵심입니다.

18. ②
해설
①은 단순한 협동 수준의 비교에 그치지만, 글의 초점은 인간 사회의 유연성과 다양성입니다.
②는 인간의 사회적 행동이 본능적 유전보다 문화와 학습(nurture)에 의해 더 다양하고 유동적으로 형성된다는 내용을 정확히 반영합니다.
③은 유전적 요인을 설명하는 부분은 일부 있지만, 인간의 자유로운 사회적 패턴이 핵심입니다.
④는 페로몬의 역할이 중심 주제가 아니며, 예시에 불과합니다.
⑤는 사회적 계층 구조의 진화를 다루지 않습니다.

19. ③
해설
①은 품질 향상 전략이 아닌, 소비 촉진 전략에 대한 내용입니다.
②는 소비자의 심리적 요인보다는 기업의 소비 유도 조작(planned obsolescence)에 초점이 맞춰져 있습니다.
③은 기업이 제품을 인위적으로 구식으로 만들거나 유행을 조작해 지속적인 소비를 유도하는 방식을 다루므로 핵심 주제에 부합합니다.
④는 기술과 마케팅의 관계가 아니라, 소비 촉진의 구조적 메커니즘을 설명합니다.
⑤는 패션 산업의 경제적 이익이 아닌, 소비 조작의 본질을 논의하므로 부적절합니다.

20. ⑤
해설
①은 내적·외적 동기의 구분을 다루지 않습니다.
②는 목표 설정 그 자체보다 진행 착각(illusory progress)이 동기를 자극하는 과정을 설명합니다.

③은 노력과 보상의 인식적 가치보다는 목표에 대한 심리적 거리감에 초점이 맞춰져 있습니다.
④는 카페 사례가 나오지만, 주제는 특정 마케팅 전략이 아니라 심리적 효과의 실험적 검증입니다.
⑤는 '이미 어느 정도 진척이 이루어진 것처럼 보이는 착각'이 사람의 동기를 강화한다는 핵심 실험 결과를 가장 정확히 반영합니다.

21. ①
해설
①은 AI의 편리함이 창의적 사고를 제한하고, 진정한 창의력 형성과 학습 과정을 방해할 수 있다는 위험성을 강조하므로 글의 핵심 주제에 부합합니다.
②는 인간과 인공지능의 학습 방식 비교가 아니라 창의성에 대한 의존 문제를 다룹니다.
③은 윤리적 문제를 언급하지 않습니다.
④는 기술 발전의 긍정적 측면보다는 부정적 영향을 중심으로 논의합니다.
⑤는 인간과 AI의 협업보다는 과도한 의존의 위험성을 경고하고 있습니다.

22. ③
해설
①은 사회적 명성과 부의 관계가 아니라 개인의 내적 가치에 초점이 맞춰져 있습니다.
②는 겸손보다는 이타적 베풂의 본질적 가치를 중심으로 다룹니다.
③은 물질적 부가 아니라, 가진 것이 적을 때도 베푸는 마음이 진정한 부임을 강조하므로 글의 핵심 주제를 가장 정확히 반영합니다.
④는 감사의 태도보다는 베풂의 진정성에 초점을 둡니다.
⑤는 어린 시절의 경험이 아닌, 한 사건을 통한 가치 깨달음을 중심으로 전개됩니다.

23. [정답] ④
[요약문] A tour manager requests a loyal client's brief testimonial for an upcoming advertisement highlighting customer experiences next year.

24. [정답] ⑤
[요약문] She searched the lot and felt confused, but she spotted his vehicle nearby and realized everything was fine.

25. [정답] ③
[요약문] You should maintain contact without constant requests, and you can send quick messages that show care and attention.

26. [정답] ②
[요약문] Urban regeneration can improve environments and wellbeing, but new green spaces raise housing costs and displace low-income residents.

27. [정답] ①
[요약문] Public awareness of ocean impacts is rising, but action requires understanding ocean systems and the crucial role of krill.

28. [정답] ②
[요약문] From its founding, Rome welcomed immigrants, and Livy says this openness built strength as kings and culture mixed.

29. [정답] ③
[요약문] We lack a privileged cosmic status, yet life arose because physics constants permitted complex chemistry and evolutionary development.

30. [정답] ①
[요약문] Indian-born Dalip Singh Saund earned a PhD in California, faced barriers, then helped secure citizenship rights for Indians.

31. [정답] ②
[요약문] Traditional communities suffer during nutrition transitions, so people should question whether contemporary diets have drifted too far.

32. [정답] ⑤
[요약문] Gen Z values alignments drive banking choices, and they demand transparency about fees, terms, data, and corporate accountability.

33. [정답] ④
[요약문] Gustav von Bunge measured dried spinach accurately, but people misapplied it to fresh leaves and believed exaggerated iron.

34. [정답] ②
[요약문] Animals use an approximate number system that lacks precision, and discrimination worsens as quantities increase across tested species.

35. [정답] ①
[요약문] Thinking you are bad at tests increases anxiety, and that feeling then reinforces negative beliefs about your ability.

36. [정답] ③
[요약문] The Capabilities Approach rejects ranking animals by human likeness and instead asks what each species needs to flourish.

37. [정답] ⑤
[요약문] Events not shared online lack rehearsal and cues, so their details fade faster and may become inaccessible or forgotten.

38. [정답] ③
[요약문] We first eat with eyes, yet aromas, flavors, and textures combine with background and chewing sounds to influence perception.

39. [정답] ③
[요약문] Instructions such as do not go left confuse kids, because they do not infer turning right without explicit guidance.

40. [정답] ⑤
[요약문] Ants, bees, and termites surpass humans in sociality, yet their behaviors are rigidly programmed,

while human societies flexibly evolve.

41. [정답] ①
[요약문] Marketing reframes still functional products as unfashionable, so consumers feel compelled to buy new cars, phones, and computers.

42. [정답] ⑤
[요약문] An experiment showed that pre-stamped loyalty cards create illusory progress, so customers return more often and finish rewards faster.

43. [정답] ③
[요약문] Because AI learns from existing data, it generates familiar styles, and artists may struggle to escape training constraints.

44. [정답] ②
[요약문] James realized real wealth lies in selfless giving, so he declared David the richest person he had ever met.

45. ②
해설
① 편지에서 Mark Smith가 Lomos Tours의 매니저라고 밝히므로 일치합니다.
② 본문에 Mr. Kelly가 지난여름에 여행했다고 명시되어 있어, 한 번도 이용하지 않았다는 내용은 불일치이므로 정답입니다.
③ 내년에 광고를 방영할 계획이라고 했으므로 일치합니다.
④ 가치 있는 고객들의 경험을 포함할 계획이라고 했으므로 일치합니다.
⑤ 곧 팀원이 연락할 것이라고 했으므로 일치합니다.

46. ④
해설
① 장을 본 후 자신의 차가 도난당했다고 생각했다는 내용은 지문과 일치합니다.
② 자신이 주차한 위치를 기억하고 있었다는 설명은 일치합니다.
③ 남편이 그녀에게 오늘은 자신의 차를 타고 나갔다고 상기시켰다는 내용은 일치합니다.
④ 결국 자신의 차가 여전히 사라졌다고 판단해 경찰에 신고했다는 내용은 지문과 반대이며, 실제로는 차를 바로 발견하고 안도했으므로 불일치이며 정답입니다.
⑤ 차를 발견하고 안도하며 웃었다는 내용은 일치합니다.

47. ③
해설
① 장기적인 관계를 유지하는 데 있어 의사소통이 중요하다는 내용은 지문과 일치합니다.
② 꾸준히 연락을 유지하는 것이 관계가 정체되는 것을 막는다는 설명은 일치합니다.
③ 지속적으로 부탁을 하는 것이 관계 유지의 최선의 방법이라는 내용은 지문과 반대이며, 실제로는 친근하고 일관된 소통이 중요하다고 했으므로 불일치이며 정답입니다.
④ 상대에게 유익한 정보를 공유하는 것이 관계 강화에 도움이 된다는 내용은 일치합니다.
⑤ 친근하고 꾸준한 태도가 관계를 유지하는 데 도움이 된다는 설명은 일치합니다.

48. ③
해설
① 도시 재생이 주민 복지 향상과 환경 불평등 해소를 목표로 한다는 내용은 지문과 일치합니다.
② 새로운 녹지가 지역의 매력을 높여 외부인에게 더 선호되는 곳으로 만든다는 내용은 일치합니다.
③ 녹지 조성이 항상 지역 주민의 경제적 안정을 보장한다는 설명은 지문과 반대이며, 실제로는 주거비 상승으로 주민이 쫓겨날 수 있다고 했으므로 불일치이며 정답입니다.
④ 주거비 상승이 기존 주민의 이주를 초래할 수 있다는 내용은 일치합니다.
⑤ 쫓겨난 주민이 녹지가 거의 없는 비슷하게 열악한 지역으로 이동할 수 있다는 내용도 일치합니다.

49. ④
해설
① 해양 변화에 대한 공공 논의가 이제 막 시작되고 있다는 내용은 지문과 일치합니다.
② 많은 사람들이 해양 생태계의 작동 원리를 잘 모른다는 내용은 일치합니다.
③ 크릴 개체수 감소에 대한 뉴스가 실제 문제를 단순화한다는 설명은 일치합니다.
④ 사람들이 해양 시스템을 자신의 장기처럼 잘 알고 있다는 설명은 지문과 반대이며, 실제로는 해양에 대한 이해가 부족하다고 했으므로 불일치이며 정답입니다.
⑤ 해양의 변화를 논의하고 행동하기 위해선 그 작동 원리를 이해해야 한다는 설명은 일치합니다.

50. ②
해설
① 리비가 로마의 개방성이 도시의 성공 기반이 되었다고 본다는 내용은 지문과 일치합니다.
② 로물루스가 로마의 정체성을 보호하기 위해 차별 정책을 펼쳤다는 설명은 지문과 반대이며, 실제로는 차별 없는 개방 정책을 펼쳤다고 했으므로 불일치이며 정답입니다.
③ 로마의 전설적인 왕 중 다수가 이민자로서 덕과 능력으로 선택되었다는 설명은 일치합니다.
④ 제국이 확장되며 로마가 새로운 문화를 적극적으로 받아들였다는 내용은 일치합니다.
⑤ 제국 내 빠른 문화 변화 속도를 비판한 로마인들이 있었다는 내용도 일치합니다.

51. ④
해설
① 물리 상수가 조금만 달랐어도 생명이 존재할 수 없었을 것이라는 내용은 지문과 일치합니다.
② 중력의 정밀한 값이 항성 및 행성의 형성을 가능하게 했다는 설명은 일치합니다.
③ 전자의 값이 달랐다면 우리가 아는 화학이 존재할 수 없었을 것이라는 내용은 일치합니다.
④ 우주가 인간의 진화를 위해 의도적으로 설계되었다는 설명은 지문과 반대이며, 실제로는 우주가 인간을 위해 만들어진 것이 아니지만 물리 법칙이 생명을 가능하게 했다고 했으므로 불일치이며 정답입니다.
⑤ 생명이 진화할 수 있었던 이유가 물리 법칙이 그것을 허용했기 때문이라는 설명은 일치합니다.

52. ③
해설
① 캘리포니아 대학교에서 박사 학위를 받았다는 내용은 지문

과 일치합니다.
② 국적 때문에 직장을 구하기 어려웠다는 내용은 일치합니다.
③ 시민권을 얻기 전에 임페리얼 밸리에서 농지를 구입할 수 있었다는 설명은 지문과 반대이며, 실제로는 시민권이 없어 토지를 구입하지 못했다고 했으므로 불일치이며 정답입니다.
④ 인도인이 미국 시민이 될 수 있도록 하는 법안을 추진했다는 내용은 일치합니다.
⑤ 달립이 미국 의회에 선출된 최초의 아시아계 정치인이 되었다는 설명은 일치합니다.

53. ②
해설
① 식습관을 빠르게 바꾸는 것은 영양학적 대규모 실험과 같다는 설명은 지문과 일치합니다.
② 영양학이 인간의 식단 영향을 완벽히 설명했다고 주장한다는 내용은 지문과 반대이며, 실제로는 영양학은 아직 미성숙하며 우리가 모르는 것이 많다고 했으므로 불일치이며 정답입니다.
③ 전통적인 음식이 가공식품보다 일반적으로 낫다는 설명은 일치합니다.
④ 오랜 식습관을 쉽게 버리지 말고 신중해야 한다는 내용은 일치합니다.
⑤ 전통 사회의 건강 악화를 보며 현대의 식습관을 반성해야 한다는 설명도 일치합니다.

54. ④
해설
① Z세대가 은행의 고객 정보 관리 방식을 투명하게 공개하길 기대한다는 내용은 지문과 일치합니다.
② 책임감 있는 대기업과 기관이 Z세대의 신뢰를 얻는다는 설명은 일치합니다.
③ 환경 및 윤리적 요인이 Z세대의 금융 결정에 큰 영향을 미친다는 내용은 일치합니다.
④ Z세대가 편의성과 기술만 중시하고 도덕적 요인은 무시한다는 내용은 지문과 반대이며, 실제로는 가치관과 윤리적 책임을 매우 중요시하므로 불일치이며 정답입니다.
⑤ 사회적 책임 투자 기회가 Z세대의 관심을 끈다는 내용은 일치합니다.

55. ③
해설
① 시금치의 철분 함량에 대한 신화가 과학적 계산 실수에서 비롯되었다는 내용은 지문과 일치합니다.
② 본게가 건조 시금치를 분석하여 철분 함량을 잘못 계산했다는 내용은 일치합니다.
③ 그 오류가 즉시 인식되어 대중의 믿음에서 완전히 사라졌다는 설명은 지문과 반대이며, 실제로는 오류가 수정되었으나 곧 잊혀져 신화가 지속되었다고 했으므로 불일치이며 정답입니다.
④ 만화 캐릭터 포파이가 시금치 신화를 강화시켰다는 내용은 일치합니다.
⑤ 전 세계 부모들이 여전히 아이들에게 시금치가 힘을 준다는 이야기를 들려준다는 내용도 일치합니다.

56. ②
해설
① 동물들이 수량을 대략적으로 판단하는 능력을 'approximate number system'이라 부른다는 내용은 지문과 일치합니다.
② 수량이 커질수록 동물들의 수 구별 능력이 향상된다는 설명은 지문과 반대이며, 실제로는 수량이 커질수록 구별 정확도가 떨어진다고 했으므로 불일치이며 정답입니다.
③ 붉은털원숭이가 다섯 이상부터 구별에 실패하기 시작한다는 내용은 일치합니다.
④ 쥐가 레버를 누를 때 목표 수가 커질수록 정확성이 떨어진다는 내용은 일치합니다.
⑤ 동물의 수 감각 정확도가 숫자의 크기에 따라 달라진다는 설명도 일치합니다.

57. ④
해설
① 사고와 감정이 서로 영향을 주고받는다는 설명은 지문과 일치합니다.
② 사고방식을 바꾸면 감정을 조절할 수 있다는 내용은 일치합니다.
③ 긴장을 준비된 상태로 인식하면 불안을 줄일 수 있다는 설명은 일치합니다.
④ 감정과 사고가 완전히 분리된 정신 과정이라는 설명은 지문과 반대이며, 실제로는 둘을 분리할 수 없다고 했으므로 불일치이며 정답입니다.
⑤ 상황에 대한 우리의 사고가 경험하는 감정을 형성한다는 내용은 일치합니다.

58. ①
해설
① 능력 접근(CA)이 인간과의 유사성을 기준으로 동물을 평가한다는 설명은 지문과 반대이며, 실제로는 CA가 인간과의 유사성을 전혀 고려하지 않는다고 했으므로 불일치이며 정답입니다.
② 각 동물의 고유한 삶의 방식을 존중한다는 내용은 지문과 일치합니다.
③ 동물을 인간의 열등한 존재로 보는 시각을 거부한다는 설명은 일치합니다.
④ 모든 감각 있는 존재가 자신 고유의 방식으로 번성할 기회를 가져야 한다는 내용은 일치합니다.
⑤ 참새부터 고래까지 모든 동물을 동등하게 중요하게 여긴다는 설명도 일치합니다.

59. ④
해설
① 소셜 미디어가 개인의 기억을 오래 유지하는 데 도움이 된다는 설명은 지문과 일치합니다.
② 온라인에 공유된 사건을 더 잘 기억한다는 내용도 일치합니다.
③ 댓글, '좋아요', 알고리즘, 알림 등이 기억 회상의 단서 역할을 한다는 설명 역시 일치합니다.
④ 기억 유지의 효과가 사건의 특성에 크게 의존한다는 설명은 지문과 반대이며, 실제로는 사건 특성과 무관하게 온라인 게시가 기억을 돕는다고 했으므로 불일치이며 정답입니다.
⑤ 온라인에 게시되지 않은 사건이 시간이 지나며 더 쉽게 잊힌다는 내용은 일치합니다.

60. ③
해설
① 일상 경험이 여러 감각의 상호작용으로 이루어진다는 내용은 지문과 일치합니다.
② 평범한 활동의 다감각적 특성을 종종 간과한다는 설명도 일치합니다.
③ 식사의 경험이 주로 시각에 의존한다는 내용은 지문과 반대이며, 실제로는 시각뿐 아니라 촉각, 미각, 후각, 청각 등 다

양한 감각이 함께 작용한다고 했으므로 불일치이며 정답입니다.
④ 음식과 관련된 소리가 식사 경험에 영향을 미친다는 설명은 일치합니다.
⑤ 음식의 질감, 맛, 냄새가 식사 인식에 영향을 준다는 내용 역시 일치합니다.

61. ②
해설
① 어린이들이 처음에는 반대 개념을 이해하기 어렵다는 설명은 지문과 일치합니다.
② 'Right'와 'Left' 같은 단어의 관계가 어린이에게 즉시 명확하다는 설명은 지문과 반대이며, 실제로는 어린이에게 그 관계가 명확하지 않다고 했으므로 불일치이며 정답입니다.
③ 부모의 부정 명령이 아이들에게 혼란을 줄 수 있다는 내용은 일치합니다.
④ 단어 간의 연결 이해가 성장하면서 발달한다는 내용도 일치합니다.
⑤ 아이들이 나중에 손 대신 식기를 써야 한다는 의미를 깨닫는다는 설명 역시 지문과 일치합니다.

62. ③
해설
① 곤충 집단의 사회적 행동이 유전적으로 프로그램되어 예측 가능하다는 설명은 지문과 일치합니다.
② 인간의 사회적 행동이 곤충보다 더 유연하고 다양하다는 내용은 일치합니다.
③ 인간의 사회적 상호작용이 주로 유전적 요인에 의해 결정된다는 설명은 지문과 반대이며, 실제로는 인간의 사회 패턴이 양육(nurture)에 의해 더 많이 형성된다고 했으므로 불일치이며 정답입니다.
④ 벌과 개미 같은 곤충의 사회적 패턴이 일정하고 반복된다는 내용은 일치합니다.
⑤ 인간 집단의 사회적 패턴이 세대를 거치며 변화한다는 내용 역시 일치합니다.

63. ④
해설
① 음식 판매자가 재구매를 유도하는 데 큰 어려움이 없다는 설명은 지문과 일치합니다.
② 기업이 고객이 더 자주, 더 많이 구매하도록 여러 전략을 사용한다는 내용은 일치합니다.
③ 패션 산업이 아직 쓸 수 있는 옷을 새 옷으로 바꾸게 만든다는 설명도 일치합니다.
④ 영속적인 제품에는 소비 유지를 위한 추가적인 마케팅 노력이 필요하지 않다는 설명은 지문과 반대이며, 실제로는 회사가 고객이 계속 소비하도록 이유를 만들어야 한다고 했으므로 불일치이며 정답입니다.
⑤ 패션 개념이 옷을 넘어 자동차, 휴대폰, 컴퓨터 등 다양한 제품으로 확장되었다는 내용은 일치합니다.

64. ④
해설
① 연구자들이 카페와 협력하여 고객의 동기부여를 연구했다는 내용은 지문과 일치합니다.
② 두 그룹 모두 무료 커피를 받기 위해 10잔을 구매해야 했다는 내용 역시 일치합니다.
③ 보너스 도장이 목표에 더 가까워졌다는 착각을 불러일으켰다는 설명은 일치합니다.
④ 10칸짜리 카드를 받은 그룹이 더 빨리 카드를 완성했다는

내용은 지문과 반대이며, 실제로는 보너스 도장을 받은 12칸 카드 그룹이 더 빨리 완성했다고 했으므로 불일치이며 정답입니다.
⑤ 이미 진전이 있다고 믿은 고객이 카페를 더 자주 방문했다는 설명은 일치합니다.

65. ④
해설
① 창의성이 상상력, 위험 감수, 실험을 포함한다는 내용은 지문과 일치합니다.
② AI가 창의성을 도울 수도 있지만 동시에 제한할 위험이 있다는 내용은 일치합니다.
③ AI에 과도하게 의존하면 모방의 순환에 갇힐 수 있다는 내용은 일치합니다.
④ 반복적인 실패와 실험의 과정이 진정한 창의성에 불필요하다는 설명은 지문과 반대이며, 실제로는 이 과정이 창의력과 기술 발전에 필수적이라고 했으므로 불일치이며 정답입니다.
⑤ AI가 즉각적인 해답을 제공함으로써 진정한 기술 개발을 방해할 수 있다는 내용은 일치합니다.

66. ③
해설
① 제임스가 공항에서 돈이 없을 때 처음 데이비드를 만났다는 내용은 지문과 일치합니다.
② 데이비드가 거의 가진 것이 없었음에도 신문을 선물했다는 내용은 일치합니다.
③ 제임스가 부자가 된 후 제안을 하자 데이비드가 기꺼이 받아들였다는 설명은 지문과 반대이며, 실제로는 그의 제안을 거절했으므로 불일치이며 정답입니다.
④ 데이비드가 가진 것이 거의 없을 때 베푸는 것이 진정한 부라는 생각을 표현했다는 내용은 일치합니다.
⑤ 제임스가 돈이 진정한 부를 의미하지 않는다는 것을 깨달았다는 내용은 일치합니다.

Quiz 4 **Answers**

1. 정중히 – kindly // 소중한 – invaluable // 기여 – contributions.

2. ⓐ
promoted ⇨ promotional
aired by ⇨ airing

3. (가) We plan to include the experiences of some of our most valued clients.

4. 느낌 – sense. // 안도 – relief,

5. ⓐ
finished ⇨ finishing
walk ⇨ walked
headed ⇨ headed to
which ⇨ where

6. (가) I wasn't the kind of person to forget where I'd parked.

7. 측면 – aspects // 부족 – lack // 의식적인 – conscious // 강화하는 – reinforcing // 지속하는 – maintaining

8. ⓐ
had come ⇨ come
what ⇨ that
interests ⇨ interest
them ⇨ it
it ⇨ them

9. (가) This doesn't mean constantly reaching out with requests or updates but rather maintaining a friendly and consistent line of communication.

10. 향상 – improvements // 도시의 – urban // 역설 – paradox. // 거주자 – residents // 배제 – exclusion // 퇴거 – displacement // 의도한 – intended // 낙후된 – degraded

11. ⓐ
generating ⇨ regeneration
upgraded ⇨ degraded
promoting ⇨ promoted
solution ⇨ solving

12. (가) The creation of new, high-quality green spaces can increase attractiveness, making these neighbourhoods more desirable.

13. 인식 – awareness // 스며드는 – seeping // 미뤄 온 – overdue. // 거대한 – massive // 애초에 – initially // 모호한 – vague // 맥락 – context // 적절한 – appropriate

14. ⓐ
have seen ⇨ see
incline ⇨ decline
sound ⇨ sounds
likely ⇨ like

15. (가) They learned about that part of their own personal life-support system at school.

16. 초기의 – initial // 주장하다 – asserts, // 성공 – success // 전설적인 – legendary // 덕성 – virtues // 확장하다 – expanded // 흡수하다 – absorbed

17. ⓐ
claims ⇨ claimed
be ⇨ was
with ⇨ of
flood ⇨ flooding
attraction ⇨ attracted
discrimination ⇨ nondiscrimination

18. (가) Romans described their city as multicultural in the generations after its foundation.

19. 정확한 – precise // 응집 – aggregation // 원시 항성 – protostars // 상수 – constants

20. ⓐ
being ⇨ had been
knowing ⇨ know
impossible ⇨ possible
where ⇨ which
could ⇨ could not

21. (가) The laws and constants of physics and the fundamental forces in our universe have very precise forms and values.

22. 박사 – doctoral // 국적 – nationality. // 시민권 – citizenship. // 받다 – received // 당선된 – elected

23. ⓐ
Before ⇨ After
the ⇨ from the
moved ⇨ moved to
attend to ⇨ attend

24. (가) Dalip developed an interest in politics and he often spoke out on Indian and political topics.

25. 진화된 – evolved // 미묘한 – subtle // 겸손 – humility. // 증명된 – proven // 현대의 – contemporary // 가공된 – processed // 우등한 – superior // 겪다 – undergo

26. ⓐ
keep ⇨ change
what ⇨ when
are ⇨ do
ineffectively ⇨ effectively
contributions ⇨ experiments

27. (가) Nutritional science is still young and there is so much we do not know.

28. 편리성 – convenience // 재정상 – financial // 투명성 – Transparency // 회의적인 – skeptical // 책무성 – accountability. // 윤리적인 – ethical // 함의 – implications // 보장하는 – ensuring

29. ⓐ
been grown ⇨ grown
which ⇨ where
scarcely ⇨ freely
transportation ⇨ transparency

30. (가) Banks that offer socially responsible investment opportunities and are committed to environmental sustainability will attract Gen Z's attention.

31. 지속하는 – persists // 함량 – content // 계산 착오 – miscalculation // 방어하다 – defended // 지속 – endurance // 설득하다 – persuade

32. ⓐ
accurate ⇨ accurately
what ⇨ that
was contained ⇨ contained
analyzed ⇨ analyzing
was held ⇨ held
less ⇨ more
to ⇨ than

33. (가) Although the error was swiftly corrected, the correction was just as swiftly forgotten.

34. 정확성 – precision. // 판별 – discrimination // 양 – quantities // 두드러지게 – markedly // 단지 – merely

35. ⓐ
using ⇨ used
are ⇨ is
accurate ⇨ approximate

36. (가) It is a common observation that when testing the accuracy of animals' number sense, the size of the numbers matters.

37. 비유적 표현 – trope // 묘사하는 – depicting // 긴장 – anxiety // 인지 – cognition // 흥분 – excitement // 기대 – anticipation, // 경로 – pathways

38. ⓐ
bad ⇨ good
what ⇨ that
confidence ⇨ evidence

39. (가) This bi-directionality of cognition and emotion allows us to adjust difficult emotions by changing the way we think.

40. 열정을 가진 – passionate // 관련된 – relevant // 확장하다 – extend // 성의 없이 – lazily // 번영하다 – flourish

41. ⓐ
ranks ⇨ rank
seeking ⇨ seek
least ⇨ most
are ⇨ do
others ⇨ other

42. (가) And it argues that the human form of life is simply irrelevant when we think about what each type of animal needs and deserves.

43. 무관한 – independent // 기술적 – technological // 주기적인 – periodic // 안정화되는 – stabilized

44. ⓐ
share ⇨ sharing
allow ⇨ allows
making ⇨ make
facilitate ⇨ facilitating
attention ⇨ retention

45. (가) Social media serves as an important context to facilitate autobiographical remembering.

46. 주요한 – central // 특히 – especially // 점검 – inspection // 드러내다 – reveals // 상황 – atmospheres // 상호 작용 – interactions

47. ⓐ
exposure ⇨ exposed
what ⇨ that
eaten ⇨ eating

48. (가) At first, it may seem like an ordinary experience, but it is actually a fusion of the senses.

49. 원리 – principle // 낯선 – foreign. // 직접적으로 – directly // 생생한 – vivid // 논리적인 – logical // 혼란

– confusion

50. ⓐ
telling ⇨ tell
what ⇨ that
rides ⇨ riding
manually ⇨ automatically
left ⇨ right

51. (가) Children perceive words and their meanings separately from each other.

52. 부끄럼 – shame // 인상적으로 – impressively // 다양한 – diverse // 역동적인 – dynamic. // 양육 – nurture,

53. ⓐ
unpredictably ⇨ predictably
loosely ⇨ tightly
propel ⇨ propelled

54. (가) A wide variety of relatives live together with perfectly harmonious behavior and collectively care for their young.

55. 보장하다 – ensure // 자주 – frequently. // 말 그대로 – literally // 구매하다 – purchase // 접근방법 – approach // 설득하는 – convincing // 확장된 – extended

56. ⓐ
temporary ⇨ permanent
invest ⇨ invent
consumption ⇨ consume

57. (가) Individuals who purchase goods for personal use are called consumers: beings who consume.

58. 착각의 – illusory // 진전 – progress // 받다 – received // 매력 – appeal // 동기 부여된 – motivated

59. ⓐ
has ⇨ had
exist ⇨ preexisting
different ⇨ identical

60. (가) Customers received a reward card that offered one free coffee after they'd bought ten.

61. 새로운 – novel // 확산적 – divergent // 독창성 – originality // 혁신 – innovation. // 모방적인 – derivative // 진정한 – genuine // 방해하다 – discourage // 반복적인 – repetitive, // 연마하다 – refine // 궁극적으로 – ultimately // 방해하는 – inhibiting

62. ⓐ
perspiration ⇨ inspiration
found ⇨ find
trapping ⇨ trapped
limitation ⇨ imitation
constants ⇨ constraints

63. (가) AI algorithms are trained on existing datasets, often identifying patterns and trends in past

creations.

64. 주저했다 – hesitated, // 보상하다 – compensate // 관대함 – generosity // 의지 – willingness

65. ⓐ
broken ⇨ broke
kills ⇨ killing

66. (가) Years passed and James became a wealthy businessman, but he never forgot the young man he had met at the airport.

67. The company will contact him soon, seeking valuable feedback to feature in advertising and strengthen future service promotion.

68. She panicked after shopping because her parking spot was empty, but she remembered driving her husband's car and relaxed.

69. Share helpful articles or resources with contacts because thoughtful updates signal interest and strengthen relationships even after long gaps.

70. Intended beneficiaries lose access to ecosystem services because displacement pushes them into similarly degraded areas with limited green infrastructure

71. We cannot responsibly discuss solutions because few people learn how oceans work, so context like krill's function is essential.

72. Tradition claimed many early kings were foreign–born, and merit won them thrones while Rome absorbed diverse influences.

73. Gravity's precise strength enabled protostars and planets to form, and Earth orbits the Sun because of it.

74. He farmed in Imperial Valley because jobs were barred, and he lobbied Congress until Indians gained naturalization in 1946.

75. Rapid dietary shifts are experiments, so we should favor traditional foods over processed alternatives because nutrition science is young.

76. Banks attract Gen Z when they offer sustainable investing and clearly explain how customer data is handled and protected.

77. The spinach iron myth began with a dried–sample miscalculation, yet corrections faded and culture reinforced the error.

78. Rhesus monkeys distinguish one through four reliably, but they begin failing around five and struggle increasingly with larger sets.

79. Emotions and thoughts shape each other, so changing interpretations can regulate feelings and improve outcomes like test performance.

80. It values finches and whales alike, because justice requires enabling species to pursue characteristic goods of their lives.

81. Posting personal events on social media strengthens autobiographical memory because sharing, rehearsal, and feedback reinforce details over time.

82. Multisensory cues often go unnoticed when senses seem normal, but careful attention reveals how they transform ordinary meals.

83. Children initially fail to grasp opposites, and they later learn words connect, like right versus left during biking.

84. Humans are less genetically programmed than social insects, so our social patterns are diverse, dynamic, and shaped by nurture.

85. Companies push customers to consume more, especially durable goods, by creating obsolescence and fashion cycles across clothing and technology.

86. Both programs required ten purchases for a free coffee, yet head–start customers completed cards quicker because progress felt real.

87. Creativity requires originality, risk, and experimentation, yet heavy reliance on AI can trap creators in derivative patterns.

88. A young newsstand worker gave free newspapers to a poor man, showing generosity that later inspired the rich businessman.

Quiz 5 **Answers**

1. loyalty
2. feedback
3. experience
4. advertisement
5. member
6. car
7. parked
8. Calling
9. Relieved
10. laughed
11. Sustaining
12. communication
13. connections
14. Sharing
15. relationships
16. regeneration
17. injustice
18. housing
19. displaces
20. degraded
21. Public
22. understanding
23. krill
24. discussion
25. action
26. melting

27. openness
28. nondiscriminatory
29. immigrants
30. cultural
31. constants
32. gravity
33. chemistry
34. designed
35. evolve
36. Indian
37. land
38. bill
39. citizenship
40. first
41. resources
42. dietary
43. traditional
44. processed
45. far
46. financial
47. transparency
48. sustainability
49. Skeptical
50. social
51. myth
52. miscalculation
53. corrected
54. parents
55. leafy
56. approximate
57. precision
58. Accuracy
59. size
60. discrimination
61. cognition
62. shaping
63. thinking
64. anxiety
65. cognitive
66. Capabilities
67. own
68. likeness
69. sentient
70. characteristic
71. autobiographical
72. rehearse
73. cues
74. shared
75. inaccessible
76. multisensory
77. taken
78. Eating
79. sensory
80. experience
81. Children
82. opposites
83. separately
84. confuses
85. understanding
86. social
87. genetic
88. programming
89. diverse
90. generations
91. Customers
92. consumers
93. frequent
94. outdated
95. extending
96. reward
97. often
98. closer
99. motivated
100. identical
101. imagination
102. pattern
103. imitation

104. originality
105. instant
106. billionaire
107. newsstand
108. broke
109. wealth
110. generosity

2025년 고1 10월 마이갓 모의고사 내신용 변형문제집

지은이 : 보듬내신연구소
펴낸곳 : 보듬책방
경기도 과천시 중앙로 137 604호
펴낸날 : 2025년 10월 16일
ISBN : 979-11-24001-02-8
정 가 : 18,000원